CARTAS
A CRISTINA
REFLEXÕES SOBRE MINHA VIDA E MINHA PRÁXIS

ORGANIZAÇÃO E NOTAS
ANA MARIA ARAÚJO FREIRE

CARTAS A CRISTINA
REFLEXÕES SOBRE MINHA VIDA E MINHA PRÁXIS

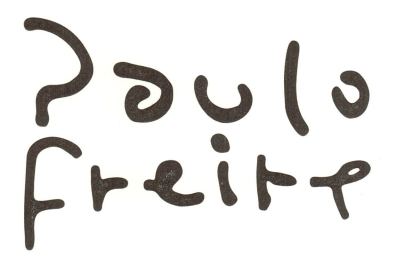

4ª edição

Paz & Terra
Rio de Janeiro | São Paulo
2021

Cartas a Cristina, Paulo Freire
Copyright © 1994 by Editora Villa das Letras
4ª edição. 1ª edição Paz e Terra, 2014.

Direitos de edição da obra em língua portuguesa no Brasil adquiridos pela EDITORA PAZ E TERRA. Todos os direitos reservados. Nenhuma parte desta obra pode ser apropriada e estocada em sistema de banco de dados ou processo similar, em qualquer forma ou meio, seja eletrônico, de fotocópia, gravação etc., sem a permissão do detentor do copyright.

EDITORA PAZ E TERRA LTDA.
RUA DO PARAÍSO, 139, 10º ANDAR, CONJUNTO 101 – PARAÍSO
SÃO PAULO, SP – 04103000
WWW.RECORD.COM.BR

SEJA UM LEITOR PREFERENCIAL RECORD.
CADASTRE-SE E RECEBA INFORMAÇÕES SOBRE NOSSOS LANÇAMENTOS E NOSSAS PROMOÇÕES.

ATENDIMENTO E VENDA DIRETA AO LEITOR:
SAC@RECORD.COM.BR

Texto revisto pelo novo Acordo Ortográfico da Língua Portuguesa.

CIP-BRASIL. CATALOGAÇÃO NA FONTE
SINDICATO NACIONAL DOS EDITORES DE LIVROS, RJ.

F934c
4ª ed.	Freire, Paulo, 1921-1997
        Cartas a Cristina: reflexões sobre minha vida e minha práxis / Paulo Freire; organização e notas Ana Maria Araújo Freire. — São Paulo: Paz e Terra, 2021.
        416 p.

        ISBN 978-85-7753-414-2

        1. Freire, Paulo, 1921-1997. 2. Educadores — Brasil — Biografia. I. Freire, Ana Maria Araújo. II. Título.

                                    CDD: 923.7
13-0933.   CDU: 929.37

Impresso no Brasil
2021

Sumário

Prefácio		11
Adriano S. Nogueira		
Introdução		19
Primeiras palavras		27

Primeira Parte

1ª CARTA	A fome na minha infância. Em tenra idade já pensava que o mundo teria de ser mudado	41
2ª CARTA	A gravata de meu pai e o piano alemão de tia Lourdes	51
3ª CARTA	As almas penadas falando manhosamente e o relógio grande da sala da casa na qual nasci	57
4ª CARTA	A triste e traumática mudança para Jaboatão	72
5ª CARTA	A malvadez da pobreza	77
6ª CARTA	Meus estudos no Colégio Oswaldo Cruz, do Recife. Meus professores e meus amigos mais queridos	90
7ª CARTA	Jaboatão: "aí se encontram as mais remotas razões de minha radicalidade"	103
8ª CARTA	O sonho rompido	117
9ª CARTA	A morte de meu pai: a dor e o vazio por sua perda	122

10ª CARTA	De volta ao Recife: "enfeitiçado pela docência no Colégio Oswaldo Cruz" e andarilhando pelas livrarias de minha cidade	126
11ª CARTA	"Sesi: a prática de pensar teoricamente a prática para praticar melhor"	133
12ª CARTA	Minhas experiências no MCP, no SEC e em Angicos	174
13ª CARTA	Uma carta de transição	226

SEGUNDA PARTE

14ª CARTA	Educação e democracia	231
15ª CARTA	O processo de libertação: a luta dos seres humanos para a realização do *ser mais*	251
16ª CARTA	O papel do orientador de trabalhos acadêmicos numa perspectiva democrática	261
17ª CARTA	O sonho da libertação e a luta contra a dominação	271
18ª CARTA	A problematicidade de algumas questões do fim do século XX	279

CARTA DE CRISTINA	297
NOTAS	301

ANA MARIA ARAÚJO FREIRE

PAULO FREIRE

CARTAS A CRISTINA

NOTAS DE ANA MARIA ARAÚJO FREIRE

A ANA MARIA, minha mulher, não apenas com o meu agradecimento pelas notas, com as quais, pela segunda vez, melhora livro meu, mas também com a minha admiração pela maneira séria e rigorosa com que sempre trabalha.

Paulo Freire

PREFÁCIO

A Paulo Freire,
professor e amigo.

NA VERDADE, EMBORA TENHA SIDO INSTIGADO pelo texto de Paulo, é com você, leitor(a), que estou conversando agora. *Cartas a Cristina* é um texto de memória, sobre a memória. No início, logo nas "primeiras palavras", está escrito: "Gostaria [disse Cristina a Paulo, um dia] que você fosse me escrevendo cartas falando algo de sua vida mesma, de sua infância; aos poucos fosse dizendo das idas e vindas em que você foi se tornando o Educador que está sendo."
Não é à toa que começo falando sobre a memória. Peço ao(à) leitor(a) que se recorde disso. Iremos averiguar, através do livro, o que é que Paulo Freire faz com o trabalho sobre a memória. Os gregos a denominavam *Mnemosyne*. Pensei cá com meus botões, é importante relembrar o significado deste trabalho com Mnemosyne.

Mnemosyne ou Mnemósina vem do verbo grego *mimnéskein*, "lembrar-se de". Ela personifica a memória. Profundamente amada por Zeus, ela concebeu às Musas. Buscando nome para as filhas (as Musas), Mnemosyne derivou de *men-dh* que, no grego clássico, quer dizer: fixar o espírito sobre uma ideia, fixá-lo como arte-criação. O vocábulo que deu nome às filhas da Memória (Musa) relacionou-se, portanto, com o verbo *manthánein*, que significava: aprender, aprender mediante o exercício do espírito poyético.

E por que teria a divindade suprema amado tão profundamente a Mnemosyne? Por que a paixão pela memória? Por que filhas tão especiais?

Após a vitória contra os Titãs, os elementais, os deuses pediram a Zeus que houvesse divindades memoriais. Pediram-lhe divindades cujo canto celebrasse a vitória dos Olímpicos sobre os elementos. Em nove noites, no leito de *Mnemosyne*, foram concebidas as Musas, aquelas cuja fala preside o Pensamento em todas as suas formas: a sabedoria, a eloquência, a persuasão, a poesia, a história, a matemática, a astronomia, a música e a dança.

O trabalho de Paulo é uma espécie de percurso. Um corrimão através do qual fazemos viagens de pensamento: "... idas e vindas...", diz o texto. Para mim ficou bem claro o seguinte: não se trata, apenas, de um lembrar ensimesmado, coisa que os antigos fazem por força de saber que todo dia é ocasião de resgate das significações que despencaram da gente no fluxo das determinações. Mais do que isto, e é por isso que a idade é provecta, lembrar é um percurso de idas e vindas. Nem se trata de um retrocesso interminável, o texto não é aquela correnteza das lembranças de Paulo Freire, como que sugerindo um funil da espiral do tempo. Não se trata de afunilar, mas, sim, de abranger e alargar a compreensão de elos. Este trabalho de memória transmite ao(à) leitor(a) um certo bem-estar em participar, como se fosse um vento suave de verão ampliando e espraiando as relações do(a) leitor(a) com o seu próprio país. O Brasil de muito longe, lugar de há muito tempo (década de 1930 ou 1940), não se põe para o(a) leitor(a) como uma estepe longínqua, envolta de neblina, percorrida apenas pelos voos da vontade dos anciãos. E estes, aqueles com cuja memória se configuram os atos daquele Brasil ancestral, não são uma essência humana emergindo do tempo e da circunstância. São Pessoas Humanas, muito concretas sempre.

Me arrisco a dizer: esta *é a primeiríssima opção, a marca de Paulo Freire*. Gente Humana é processo, exige o trabalho interativo de autoconhecimento. E como é que Paulo delimita este trabalho? Tomar distância é um ato intelectual que formaliza a experiência, humanizando o tempo dela. Paulo, eu diria, vai sendo possuído pela Musa da Sabedoria...

Voltar-me sobre o passado... é um ato de curiosidade necessário. Ao fazê-lo, tomo distância do que houve, objetivo, procurando a razão de ser dos fatos em que me envolvi e suas relações com a realidade social de que participei.

Lembrar, deste modo, é perfilar o tempo. É trazê-lo às suas responsabilidades humanas. Trata-se de assumir o tempo como medida humana, como História. Cada um dos passos dados modifica o futuro e, simultaneamente, re-explica o passado. É postura ante o presente, não se tenha dúvida...

Os "olhos" com que "revejo" já não são os "olhos" com que "vi". Ninguém fala do que passou a não ser na e da perspectiva do que está se passando.

Fincada no presente histórico, *eis aí uma segunda opção de Paulo.* O mundo, a vida e as cidades — sendo humanas — são mutáveis, elas são lugar epistemológico de transformações. Que o(a) leitor(a) confira o engendramento desta opção...

> mesmo quando, na pouca idade de então, me era impossível compreender a origem das nossas dificuldades, jamais me senti inclinado a pensar que a vida era assim mesmo, que o melhor a fazer diante dos obstáculos seria simplesmente aceitá-los ... em tenra idade já pensava que o mundo teria de ser mudado.

Penso que vale a pena averiguar como isso foi se dando. A pergunta seria esta: como foi que se incorporou ao modo de pensamento de Paulo o sopro e o cântico da Musa da História (aquela que, segundo Aristóteles, preside ao movimento, à mutação e à contingência)?

Cá entre nós, prezado(a) leitor(a), o desafio da leitura deste livro é averiguarmos o modo como se constituiu nele, Paulo, o Educador. É instigante o modo como ele constitui a objetividade. O trato com o objeto mostra um caminho. Talvez o percurso pedagógico de aprender através do exercício do espírito poyético. Sob o enfoque da narrativa — que é, no fundo, a concepção dele na leitura — um determinado objeto nunca é natureza morta, coisa imposta pela cotidianidade. O objeto e a objetividade são ocasião de leitura e releitura. Sob o trabalho da curiosidade os objetivos aparecem, desnudados na sua trama de interações. Reparei especialmente em dois casos: o piano alemão da sala de visitas e a gravata no colarinho do capitão Temístocles. Como que fazendo um jogo teórico (o distanciamento refletidor), o enfoque discrimina estes objetos, descreve-os analiticamente e, falando das interações do objeto, nos deixa entrever o "exercício do espírito poyético" construindo a amplidão histórica das significações. O(a) leitor(a) poderá ler...

Dando-se à minha curiosidade o objeto é conhecido por mim. A curiosidade, porém, diante do mundo, diante do "não eu", tanto pode ser puramente espontânea, desarmada, ingênua, que apreende o objeto sem alcançar a razão de ser do mesmo, quanto pode, virando, processualmente, a curiosidade que chamo epistemológica, apreender não o objeto em si mas apreender as relações do objeto, percebendo a razão de ser deste.

Paulo se dá conta (e nos conta) da complexidade desta epistemologia. Eu diria: é um jeito de lidar com a curiosidade, é um modo de tratar a corporalidade da epistemologia. Às vezes lhe ocorre uma certa conversa unilateral, subjetivíssima, nalguma inflexão da corporalidade dele...

hábito que me acompanha até hoje, o de entregar-me, de vez em quando, a um profundo recolhimento em mim mesmo quase como se estivesse isolado do resto. Recolhido... gosto de pensar, gosto de me encontrar no jogo aparente de perder-me...

A partir disso, ele desenvolve aquela objetividade que mencionei. Sai de si, mundo afora. Relacionando, tecendo, propondo: fios de inteligibilidade. Procurando a razão de ser dos fenômenos e dos objetos.

No texto, esse movimento de procura poderia ser chamado *uma terceira opção de Paulo*. Trata-se da leitura da realidade.

Mas... o que é que a exige? Por que esta preocupação dele (Paulo) com a leitura? Observe, leitor(a), estamos descobrindo em Paulo Freire o Educador. Paulo "chegou" à Educação pelo vigor coerente de uma convicção: o Ser Humano extrai de si e de suas interações uma sobre-humanidade (a que ele denomina vocação de ser mais). E educar (*exducere*) é extrair ou, usando termos "freireanos", é partejar. O Ser Humano parteja sua sobre-humanidade educando-se para ela. Na concepção de Paulo, a educação é uma certa antecipação: a prática educativa antecipa o "ser mais" do Ser Humano (os termos dele são: o gosto vivo pela liberdade). À leitura do mundo precede a leitura da palavra. Por quê? Porque a conscientização redige a tomada de consciência; no sentido mesmo de re-digir, *re-digere:* fazer uma re-digestão.

O(a) leitor(a) poderá aprofundar-se nesta coerência. A possibilidade intelectiva de abstrair e, assim, conceber a si mesmo e aos objetos, alcança (constitui) a razão de ser dos fenômenos e dos objetos. Esta objetividade necessária é uma interação permanente, ela é um ato humano de assumir-se e reconhecer-se dentro da mutabilidade do mundo. TUDO ISSO, caro(a) leitor(a), demanda a leitura. Epistemologicamente coerente, Paulo propõe uma terceira opção vital. Eu me atreveria a dizer: a terceira grande opção freireana *é uma determinada concepção de leitura*. Através da leitura uma racionalidade reflexiva toma da matéria bruta do mundo e o lê. Ler é um entendimento participativo. Ler e pronunciar a palavra é reconhecer-se dentro do engendramento da realidade. E como é que Paulo Freire lê a realidade? Vou citar um caso extraído do livro. Falando sobre a alfabetização e sobre o aprendizado, ele situa (objetiviza) um menino da periferia do Recife. Faz um perfil desse menino. Ao fazê-lo, traça parâmetros de reconhecimento e interpretação.

Não precisava consultar estudos científicos que tratassem das relações entre desnutrição e dificuldades de aprendizagem. Eu tinha um conhecimento de primeira mão, existencial, destas relações.

Revia-me naquele perfil raquítico, nos olhos grandes e, às vezes, tristes, nos braços alongados, nas pernas finas de muitos deles. Neles, revia também alguns de meus companheiros de infância... Toinho Morango, Baixa, Dourado, Reginaldo.

A leitura "freireana" da realidade é geográfica, é política, é estética, é ortopédica, é psicossociológica, é filológica, e é afetiva (ele usa o termo otimista). ESTAMOS DIANTE DE UM MODO DE LEITURA QUE ARTICULA elementos de realidade que certa tradição ocidental teima em separar, dicotomizando. Nesta leitura ARTICULAM-SE subjetividade/objetividade, corporalidade/abstração, poesia/ciência. Esta leitura se posiciona tal como, outrora, poderia se posicionar teoricamente um grego possuído de *Mnemosyne* e que, "cantado" pelas Musas, desenvolvia o aprendizado através de movimentos poyéticos do espírito. É como a fala interdisciplinar das Musas, literalmente "realizando" com a memória um modo de apreender (partejando) a realidade.

Repetindo o que eu já disse, o desafio é acompanharmos o surgimento de uma consciência de Educador.

Neste fevereiro,
que chove o verão de 1994,
Adriano S. Nogueira

Introdução

Escrever, para mim, vem sendo tanto um prazer profundamente experimentado quanto um dever irrecusável, uma tarefa política a ser cumprida. A alegria de escrever me toma o tempo todo. Quando escrevo, quando leio e releio o que escrevi, quando recebo as primeiras provas impressas, quando me chega o primeiro exemplar do livro já editado, ainda morno, da editora. Em minha experiência pessoal, escrever, ler e reler as páginas escritas, como também ler textos, ensaios, capítulos de livros que tratam o mesmo tema sobre que estou escrevendo ou temas afins, é um procedimento habitual. Nunca vivo um tempo de puro escrever, porque para mim o tempo de escrita é tempo de leitura e de releituras. Todo dia, antes de começar a escrever, tenho de reler as vinte ou trinta páginas últimas do texto em que trabalho e, de espaço a espaço, me obrigo à leitura de todo o texto já escrito. Nunca faço uma coisa só. Vivo intensamente a relação indicotomizável escrita-leitura. Ler o que acabo de escrever me possibilita escrever melhor o já escrito e me estimula e anima a escrever o ainda não escrito.

Ler criticamente o que escrevo no momento mesmo em que me acho no processo de escrever me "fala" do acerto ou não do que escrevi, da clareza ou não de que fui capaz. Em última análise, é lendo e relendo o que estou escrevendo que me torno mais apto para escrever melhor. Aprendemos a escrever quando, lendo com rigor o que escrevemos, descobrimos ser capazes de reescrever o escrito, melhorando-o, ou mantê-lo por nos satisfazer. Mas, como disse antes, escrever não é uma questão apenas de satisfação pessoal. Não escrevo somente porque me dá prazer escrever, mas também porque me sinto politicamente comprometido, porque gostaria de convencer outras pessoas, sem a elas mentir, de que o sonho ou os sonhos de que falo, sobre que escrevo e por que luto valem a pena ser tentados. A natureza política do ato de escrever, por sua vez, exige compromissos éticos que devo assumir e cumprir. Não posso mentir aos leitores e leitoras, ocultando verdades deliberadamente, não posso fazer afirmações sabendo-as inverídicas, não posso dar a impressão de que tenho conhecimento disto ou daquilo sem o ter. Não posso fazer citação de pura *frase*, sugerindo aos leitores que li a obra toda do autor citado. Me faltará autoridade para continuar escrevendo ou falando de Cristo se discrimino o meu vizinho porque é negro, da mesma forma como não poderei insistir em minhas falas progressistas se, além de discriminar o vizinho porque é negro, o discrimino também porque é operário e a sua mulher porque é negra, operária e mulher.

Não se diga que esteja defendendo o exercício de escrever a puros anjos. Não, escrevem homens e mulheres submetidos a limites que devem ser tanto quanto possível por eles e elas conhecidos. Limites epistemológicos, econômicos, sociais, raciais, de classe etc. Uma fundamental exigência ética ante a qual devo estar sempre advertido é a que me cobra quanto ao conhecimento que devo ter de meus próprios limites. É que não posso assumir autenticamente o magistério *sem ensinar* ou *ensinando errado, desorientando, falseando*. Na verdade, não posso ensinar o que não sei. Não ensino lucidamente quando apenas sei o que ensino, mas quando tenho o alcance de minha ignorância, quando sei o que não sei ou o que não estou sabendo.

Só quando sei cabalmente que não sei ou o que não sei, falo do não sabido não como se o soubesse, mas como ausência superável de conhecimento. E é assim que parto melhor para conhecer o ainda não sabido.

Sem humildade, dificilmente cumpro esta exigência. É que, inumilde, recuso reconhecer minha incompetência, o melhor caminho para superá-la. E a incompetência que escamoteio e disfarço termina por, desnudando-se, desmascarar-me.

O que se espera de quem escreve com responsabilidade é a busca permanente, incansável, da *pureza* que recusa a hipocrisia *puritana* ou a *desfaçatez* da *sem-vergonhice*. O que se espera de quem ensina, falando ou escrevendo, em última análise, *testemunhando*, é que seja rigorosamente coerente, que não se perca na distância enorme entre o que faz e o que diz.

Cumprindo agora a velha promessa de escrever *Cartas a Cristina*, em que falo de minha infância, de minha adolescência, de minha juventude, de minha maturidade, do que fiz com a ajuda de outros e o desafio da própria realidade, teria de perceber, como condição, do meu ponto de vista, *sine qua* para escrever, que devo ser tão leal ao que vivi quanto leal devo ser ao tempo histórico em que escrevo sobre o vivido. É que, enquanto escrevemos, não nos podemos eximir à condição de seres históricos que somos. De seres inseridos nas tramas sociais de que participamos como objetos e sujeitos. Quando hoje, tomando distância de momentos por mim vividos ontem, os rememoro, devo ser, tanto quanto possível, em descrevendo a trama, fiel ao que ocorreu, mas, de outro lado, fiel ao momento em que reconheço e descrevo, o momento antes vivido. Os "olhos" com que "revejo" já não são os "olhos" com que "vi". Ninguém fala do que passou a não ser *na* e *da* perspectiva do *que passa*. O que não me parece válido é pretender que o que passou de certa maneira devesse ter passado como possivelmente, nas condições diferentes de hoje, passaria. Afinal o passado se compreende, não se muda.

É neste sentido, por exemplo, que, ao referir-me, em momentos diferentes destas cartas, às tradições autoritárias da sociedade brasileira, ao todo-poderosismo dos senhores das terras e das gentes, também se acha implícito, quando não explícito, o reconhecimento de que vivemos hoje uma das situações históricas mais significativas de nossa vida política quanto ao aprendizado democrático.

Tornamo-nos capazes, na história, de *impedir* um presidente[1] que, eleito pelo povo pela primeira vez depois de trinta anos de regime militar discricionário, traiu seu próprio povo. Se as coisas não se deram com a rigorosidade que se esperava, se não se foi ainda às últimas consequências, devemos convir em que vivemos um processo. O que nos cabe fazer, reconhecendo a natureza do processo, a resistência à seriedade, à decência que tem caracterizado o poder dominante entre nós, é fortalecer as instituições democráticas.

Nossa preocupação deve ser com melhorar a democracia, e não apedrejá-la, suprimi-la, como se ela fosse a razão de ser da falta de vergonha que aí está. Nossa preocupação deve ser com fortalecer o Congresso. Quem atua contra ele, quem o fecha, são os inimigos da liberdade. Há tanta possibilidade de haver homens e mulheres corruptos no Congresso quanto de haver decentes. Mas há também corruptos em outras instituições. Considerando que somos seres finitos, sujeitos à tentação, o que devemos fazer é aperfeiçoar as instituições, diminuindo as facilidades que ajudam as práticas antiéticas.

Onde quer que hoje no mundo se esteja desnudando a corrupção, punindo com maior eficácia os culpados, é obra da democracia, e não de ditaduras. O que temos de fazer, repitamos, é melhorar a democracia, é fazê-la mais eficaz, diminuindo, por exemplo, a distância entre o eleitor e o eleito. O voto distrital encurta a distância, possibilita que o eleitor fiscalize realmente o candidato em quem votou e, tornando o pleito uma operação menos dispendiosa, viabiliza mais a seriedade do mesmo. Não é com regimes de exceção que ensinamos democracia a ninguém; não é com imprensa amordaçada que aprendemos a ser imprensa livre; não é no *mutismo* que aprendemos a *falar*, como não é na licenciosidade que aprendemos a ser éticos.

Há algo que, realizado entre nós quase acidentalmente, deveria hoje vir tornando-se costumeiro pela obviedade de sua necessidade. A unidade programática das esquerdas. Não se explica que continuemos separados em nome de divergências às vezes adverbiais, ajudando, dessa forma, a direita singular que se fortalece diante da fragilidade a que o antidiálogo das esquerdas entre si as conduz.

Uma das exigências da pós-modernidade progressista é não estarmos demasiado certos de nossas certezas, ao contrário do exagero de certezas da modernidade. O diálogo entre os diferentes, também, se impõe para que, assim, possamos *contradizer*, com possibilidades de vitória, os antagônicos. O que não podemos fazer é transformar uma divergência adjetiva em substantiva. Promover um desacordo conciliável a um obstáculo intransponível. É tratarmo-nos entre *esquerdas* como se estivéssemos entre esquerda e direita: fazendo *pactos* entre nós em lugar de aprofundar o diálogo necessário.

É evidente que minhas netas e meus netos verão e viverão tempo mais criador, menos malvado e perverso do que o que vi e vivi, mas tive e tenho a alegria de escrever e estar escrevendo sobre o que, acontecendo agora, anuncia o que virá.

É com este espírito enraizado no agora que repenso o que vivi. Daí que estas cartas, que não escondem *saudades*, não sejam, em nenhum momento, saudosistas.

Paulo Freire

Primeiras palavras

MINHA EXPERIÊNCIA DE EXÍLIO NÃO DEVE ter sido nem das mais nem das menos ricas em cartas a amigos e amigas. Foi muito mais constante e até intensa a minha correspondência com estudantes ou professores que, ora passando por Santiago, ora sendo informados em seus países a respeito do que fizera no Brasil e continuava, de maneira adequada, fazendo no Chile, me escreviam, quer para continuar o diálogo antes iniciado, quer para começar conversas, algumas das quais prosseguem até hoje. Este processo me acompanhou em minhas andanças de exilado. Do Chile aos Estados Unidos, dos Estados Unidos à Suíça, onde vivi por dez anos. Não importa qual a razão por que um dia amanhecemos em terra estranha. O fato de experimentá-lo, trabalha, com o tempo, para que novas situações nos re-ponham no Mundo. O mesmo vai se dando com quem ficou na terra original. A história não iria parar para elas e eles, esperando que o tempo de nossa ausência passasse e afinal pudéssemos voltar e dizer-lhes no primeiro encontro que não seria um re-encontro, "como ia te dizendo."

As coisas mudam e nós também. Estou certo, nesta altura, de que devo advertir leitoras e leitores que já me leram reflexões sobre o exílio, num ou noutro livro meu, de não estar agora desdizendo-me. De modo algum. Nos "bastidores" destas necessárias "re-posições" no mundo, no mundo dos que mudaram de mundo e no original dos que ficaram porque puderam ou tornaram, com valor, possível ficar, há toda a dramaticidade, de que tanto tenho falado, do desenraizamento. Há toda a necessidade, angustiadamente vivida, de aprender a grande lição histórico-cultural e política de, ocupando-nos no contexto de empréstimo, tornar o nosso, que não abandonamos, mas de que estamos longe, a nossa *pré-ocupação*.*

Quando as razões que nos empurram do nosso para outro contexto são de natureza ostensivamente política, a possível correspondência entre os que partem e os que ficam corre riscos indiscutíveis de criar problemas para ambas as partes. Um destes é o medo, bastante concreto, da perseguição tanto ao exilado e a sua família, quanto ao que ficou no país. Daria para escrever longas páginas, num estilo de "acredite se quiser", sobre perseguições sofridas por exilados e suas famílias e por brasileiros e brasileiras que aqui ficaram e a quem amigo menos cauteloso escreveu cartas insensatas ou *demasiado bem-escritas* cuja compreensão não pode ser corretamente produzida pelos mestres da censura.

Nunca esqueço, por exemplo, da possibilidade que tivemos, certa tarde em Santiago, oferecida por um radioamador, sociólogo, que trabalhava num órgão das Nações Unidas, de conversar, através de outro radioamador do Recife, com familiares nossos. Fomos absolutamente cautelosos. Palavras medidas. Conversa puramente afetiva.

---

* Freire, Paulo. *Pedagogia da esperança: um reencontro com a Pedagogia do oprimido*. Rio de Janeiro: Paz e Terra, 1992 [17ª ed. São Paulo: Paz e Terra, 2011].

Em seguida, o mesmo amigo se ofereceu para possibilitar ao político paulista, Plínio Sampaio, exilado como eu, que falasse com sua família em São Paulo por meio de outro radioamador, por coincidência, amigo de Plínio. Eu estava ao lado de Plínio e me lembro, como se fosse agora, de que, em certo momento, ele diz a seu amigo das saudades que tinha das serenatas que faziam ou de que participavam juntos e acrescentou estar certo de que em breve — essas certezas de saudosos — estariam juntos cantando e ouvindo cantar.

Na escuta, aqui, estava um desses gênios dos "serviços de inteligência". Imagino a alegria com que comunicou a seu não menos genial chefe que Plínio Sampaio se preparava para vir montar uma guerrilha em São Paulo.

Seria a primeira guerrilha de seresteiros a que certamente não faltariam Sílvio Caldas e Nelson Gonçalves. Resultado: o amigo de Plínio teve sua carta de concessão para funcionamento de sua estação de radioamador cancelada e supresso, portanto, seu entretenimento de fins de semana. Não só seu entretenimento, mas, sobretudo, sua possibilidade de ajudar e de servir a outros que fundamenta o sonho de radioamadores, além de ter ficado, daquela tarde em diante, sob a mira irracional dos serviços da repressão.

Por tudo isso fui sempre muito parcimonioso com relação ao horizonte de amigos ou amigas a quem escrevia, no Brasil, nos tempos de exílio, bem como bastante discreto em face de sobre que escrevia. Temia criar dificuldades a amigos por causa de uma frase mal pensada.

Além de minha mãe, que morreu antes de que eu pudesse revê-la e a quem escrevia quase semanalmente nem que fosse apenas um cartão, de irmãos e de minha irmã, de uma prima, meus cunhados e de duas sobrinhas, uma delas Cristina, havia uma dúzia, no máximo, de amigos e amigas, a quem, de vez em quando, escrevia cartas.

Estou convencido, inclusive, de que nós, homens e mulheres, que vivemos a trágica negação de nossa liberdade, desde o direito a nosso passaporte ao mais legítimo direito de *voltar para casa*, passando pela singela prerrogativa de escrever despreocupadamente cartas a amigos, devíamos constantemente dizer aos jovens de hoje, muitos dos quais nem sequer haviam chegado ainda ao mundo, que tudo isso é verdade. Que tudo isso e muito, muitíssimo mais do que isso, aconteceu.

A inibição exercida sobre nós para limitar o nosso direito de escrever cartas e as fantasias diabólicas e estúpidas que eram alimentadas pelos órgãos da repressão por causa deste ou daquele *substantivo*, desta *exclamação* ou daquela *interrogação* ou por causa desses inocentes e quase sempre sem gosto três pontinhos, as chamadas reticências, tudo isso era apenas um *segundo* no tempo imenso em que o arbítrio militar se movia encarcerando, torturando até a morte, dando sumiço nas gentes, ensanguentando corpos que voltavam para suas celas, depois das célebres "sessões da verdade", semivivos, apenas. Corpos trôpegos, cheios, porém, de dignidade, macabramente desfilando, nus e tintos, ao longo do corredor em cujas celas seus companheiros e/ou companheiras esperavam que chegasse a sua vez. É preciso dizer, redizer, mil vezes dizer que tudo isso aconteceu. Dizer com muita força para que, nunca mais,[2] neste país, precisemos, uma vez mais, dizer que estas coisas aconteceram.

Um dia, numa tarde de inverno genebrino, recebi uma pequena carta de minha mãe. Triste, mais do que triste, magoada, ela me dizia não compreender a razão por que eu deixara de escrever-lhe. Um tanto ingenuamente me indagava em torno de se havia dito algo errado em alguma de suas cartas passadas. A última coisa que ela podia admitir é que, por malvadez, não mais do que por malvadez, algum burocrata do golpe interceptasse minhas cartas ou meus cartões semanais a ela. Cartas de querer bem, de pura esperança, de alegria menina. Cartas em que jamais, nem metaforicamente, fiz referência à política brasileira. Era só malvadez.

Escrevi, então, seis cartas para ela, endereçando-as a amigos na África, nos Estados Unidos, no Canadá, na Alemanha, pedindo a eles que enviassem a ela, em seu endereço em Campos, no Estado do Rio. Obviamente a cada um deles expliquei a razão de meu pedido. Algum tempo depois ela me escreveu felicíssima dizendo da alegria de estar recebendo cartas minhas de tão diferentes lugares do mundo.

Deve haver entendido, então, a malvadez que provocara o meu silêncio rompido pela solidariedade de meus amigos, a quem escrevi, no meu nome e no dela, agradecendo o gesto fraternalmente amoroso de todos eles.

Houve um tempo em que a repressão se intensificou e a correspondência diminuiu, necessariamente escasseou. Foi o período inaugurado pelo AI-5 — Ato Institucional n. 5, 13.12.1968.[3] Apenas minha mãe e membros de minha família me escreviam.

Houve gente, naquele período, de cuja presença em Genebra, não importa por que motivo, tive notícia, que evitou visitar-nos. Medo de, na volta ao Brasil, ser chamada para dizer o que escutara de mim, se eu estaria pensando em voltar para montar alguma guerrilha. Uma das eficácias do poder arbitrário está em que, introjetado como *medo*, passa a habitar o corpo das pessoas e, assim, a controlá-las através delas próprias. Delas próprias ou, talvez mais rigorosamente dito, através delas como seres duais e ambíguos: elas e o opressor *morando* nelas. Mas houve também, e em grande maioria, quem nos procurasse. E entre os que nos procuraram não o fizeram apenas os e as que concordavam politicamente conosco, com nossa posição, mas também quem, mesmo noutra linha, nos trazia sua solidariedade. Para não cometer qualquer injustiça, provocada por falha de memória, deixo de fazer referência aos nomes dos e das que nos confortaram com sua presença amiga em nossa casa. Tenho certeza de que aquelas e aqueles que por nossa casa passaram, testemunhando sua generosidade, se lerem este livro recordarão. A elas e a eles o nosso muito obrigado novamente e depois de tanto tempo.

Uma daquelas visitas nos fez intensa dor. Era um jovem casal e uma filhinha de três a quatro anos. Haviam recém-chegado a Genebra e se destinavam a Paris.

O moço era um médico sem maiores compromissos políticos mas absolutamente solidário com sua mulher. Ela, sim, envolvida com atividades antiditadura. Semi ou quase destruída, emocionalmente "esfarrapada", saindo às vezes do concreto certa de que vivia, no momento, o que narrava, tão veemente às vezes no relato das situações quanto, de repente, encolhendo-se no próprio corpo quase desaparecia na cadeira em frente a nós. Às vezes dizia coisas cuja inteligência podíamos somente suspeitar. Retalhos de discursos apenas imaginados ontem na cela de suas terríveis experiências ou nela ditos em máximo risco.

Católica, trabalhava num dos movimentos clandestinos,[4] a única chance que os militares golpistas davam à juventude na época. Na verdade, o golpe fechou não só as *portas*, mas as entreaberturas políticas a quem o recusava, com exceção do partido de oposição que ele mesmo criou para falar em democracia e que ironicamente, mais que ironicamente, dialeticamente, a história fez que virasse mesmo partido de oposição.[5]

Caída e presa, a que se seguiu imediatamente a tortura,[6] por cujas mais diferentes e caprichosas formas de fazer sofrer ela passou, falou a nós por mais de três horas. Ouvimo-la como era nosso dever de companheiros ouvi-la. Ouvimo-la sem dizer ou sequer insinuar um basta, convencidos de que o nosso sofrimento de atentos escutas não se compararia jamais com o dela, que sofrera a dor no corpo sendo rachado por açoites e cuja memória então sendo revivida ela reincorporava ao corpo que *re-sofria* e *re-penava*.

Foi a pessoa, até hoje, na minha experiência de vida, em quem mais senti necessidade de falar de seu padecimento, de sua humilhação, da negação de seu ser, do *zero* a que fora reduzida, mas, ao lado também de uma quase profunda surpresa — a de que aquelas coisas eram possíveis. Gente era capaz de fazer aquilo. Ela falava, quase sempre, como se estivesse discorrendo sobre uma obra de ficção. E o trágico para nós, naquela tarde em nosso apartamento em Genebra, era saber que, no Brasil daqueles dias, a ficção era tratar preso com dignidade e com respeito.

De repente, chorou discretamente. Refez-se um pouco e fez então a afirmação fundamental: "Um dia, Paulo", disse ela, mansa e descontraída, apesar da tensão que deve ter envolvido a experiência de que ela começava a falar, "eu já estava em posição regular para o início da sessão do pau de arara. Falei e disse calma: estou pensando agora em como Deus vê vocês neste momento. Armados, monstruosos, robustos, prontos para continuar a destruição do meu corpo frágil, pequeno e indefeso."

Visivelmente ambíguos, entre quem não acreditava em Deus, mas por segurança era melhor acreditar um pouco, pelo menos, os homens levaram uma fração de tempo indecisos para, em seguida, entre resmungos, desamarrá-la do pau de arara, arriscando-se contudo a dizer, um deles em nome do grupo: "Tá bem, vamos poupar você hoje, mas que Deus mudou, mudou. Não dá pra entender que ele possa ajudar subversivos como você e essa qualidade de padre e freira que anda por aí."

Já de pé, para abraçar-nos, ela disse a frase que possivelmente mais me marcou: "É terrível, Paulo, mas a única vez em que aqueles homens deram sinal de ser gente foi a em que estiveram movidos pelo medo. Não se deixaram tocar ao menos pela fragilidade de meu corpo. Só o medo da possibilidade do inferno, inaugurando um *sui generis* 'pau de arara', os fez recuar da malvadez sem limites a que me submetiam."

O mais importante, porém, daquela tarde, é que o jovem casal, apesar do indizível sofrimento que experimentara e continuava a experimentar, não revelou uma vez sequer, nem como receio, afundar-se numa visão negativa, fatalista da história. De uma história só de maldade, de ruindade, sem justiça. Ambos percebiam que a maldade existia e existe. Foram e estavam sendo objetos dela, mas se recusavam a aceitar que nada havia a fazer além de cruzar os braços e, docilmente, baixar a cabeça à espera do cutelo.

Foi dessa época, começos dos anos 70, que recebi as primeiras cartas de Cristina, adolescente, curiosa em torno não apenas de como vivíamos na Suíça, mas também da renomada beleza do país, do perfil de sua democracia, da proclamada educação de seu povo, dos níveis de sua civilização. Algo de verdade; algo de mítico. Boniteza real: lagos, alpes, campos, paisagens, cidades-postais. Feiura nos e dos preconceitos contra a mulher, contra negros, contra árabes, contra homossexuais, contra trabalhadores imigrantes.

Respeito à pontualidade, virtude; subserviência ao horário, burocratização mental, alienação.

Falava de quase tudo isso a Cristina como era possível fazê-lo a uma adolescente. Falava de outras coisas também. De minhas saudades do Brasil que vinha, desde os começos do exílio, sobretudo no Chile, aprendendo a limitar, a não permitir que virasse nostalgia. Falava do meu trabalho no Conselho Mundial de Igrejas, de algumas de minhas viagens, da nossa cotidianidade em Genebra.

Antes de Cristina, no meu primeiro momento de exílio, o do Chile, após dois meses na Bolívia, tive outra correspondente, Natercinha, prima de Cristina. Compartilhei com ela o espanto e a alegria de criança, em que de novo me tornava, quando não apenas vi, pela primeira vez, a neve caindo em Santiago, nas proximidades da cordilheira onde morávamos, mas também quando fui para a rua com meus filhos "meninizar-me", fazendo bolas de neve e expondo-me inteiro à brancura que caía em flocos sobre a relva, sobre o meu corpo tropical.

O tempo passava. As cartas de Cristina continuavam. As suas indagações aumentavam. O tempo de seus estudos universitários se aproximava e nele, numa tarde de verão, carta sua me chegou com inédita, mas previsível curiosidade: "Até então", dizia ela, "conhecia a pessoa do tio, através do testemunho de minha mãe, de meu pai, de minha avó". Agora, começava uma tímida intimidade com o outro Paulo Freire, o educador. E explode o pedido, cuja resposta há tanto tempo iniciada, começo agora a concluir. "Gostaria", dizia ela, "de que você me fosse escrevendo cartas falando algo de sua vida mesma, de sua infância e, aos poucos, dizendo das idas e vindas em que você foi se tornando o educador que está sendo".

Me lembro ainda de quanto a leitura daquela carta me desafiou e começou a me fazer pensar em como responder a Cristina. No fundo, tinha, em frente a mim, na minha mesa de trabalho, na carta inteligente de minha sobrinha, a proposta de um projeto não só viável mas interessante. Interessante, sobretudo, pensava, se, ao escrever as cartas solicitadas, me alongasse na análise de assuntos sobre cuja compreensão ensaiasse minha posição. Foi então que surgiu em mim a ideia de, no futuro, juntando minhas cartas, publicá-las em livro. Livro a que não poderiam faltar referências várias a momentos de minha prática ao longo dos anos.

Passei então a recolher dados, a pôr em ordem velhas fichas com observações que fizera em diferentes momentos de minha prática. Passei também a conversar com amigos em torno do projeto, recolhendo suas impressões, suas críticas. Mesas de café em Genebra, Paris, Nova York mediatizaram algumas dessas conversas em que o livro foi tomando forma antes mesmo de ser posto no papel. Em que fui percebendo a necessidade de deixar claro, desde o começo, de um lado, que as experiências de que falaria não me pertenciam em termos exclusivos; de outro, que, ainda quando minha intenção não fosse escrever um conjunto de textos autobiográficos, não poderia deixar de fazer, evitando qualquer ruptura entre o homem de hoje e o menino de ontem, referências a certos acontecimentos de minha infância, de minha adolescência, de minha juventude. É que, tais momentos, pelo menos em alguns aspectos, se encontram ligados às opções que iluminam o trabalho que venho realizando como educador. Por isso mesmo, seria uma ingenuidade pretender esquecê-los ou dicotomizá-los das atividades mais recentes, fixando, então, entre eles e estas, rígidas fronteiras. Com efeito, um corte que separasse em dois o menino do adulto que se vem dedicando, desde o começo de sua juventude, a um trabalho de educação, em nada poderia ajudar a compreensão do homem de hoje que, procurando preservar o menino que foi, busca ser também o menino que não pôde ser.

Creio, na verdade, ser interessante chamar a atenção, não só de Cristina, mas dos prováveis leitores do livro, que as cartas constituirão, para o fato de que, ao pôr hoje no papel memórias de ocorridos, é possível que a própria distância em que deles me acho interfira, alterando a exata maneira como se deram, na narração que deles faço. De qualquer modo, porém, toda vez, nestas cartas como na *Pedagogia da esperança*, em que me refiro a velhas tramas em que me envolvi, faço sério esforço para, ao máximo, manter-me fiel aos fatos relatados. Não poderia, por exemplo, neste tipo de trabalho, escrever sobre a mudança de nossa família, em 1932, do Recife para Jaboatão, se nos tivéssemos mudado de um bairro para outro, na própria cidade do Recife. Mas é possível que, ao descrever a mudança, acrescente pormenores que terão se incorporado à memória do acontecido, ao longo de minha vida, e que se põem a mim hoje como concretos, como lembranças incontestáveis.

Neste sentido, é impossível escapar à ficção em qualquer experiência de memoriar. Foi isso ou quase isso que ouvi de Piaget, na sua última entrevista à televisão suíça de Genebra, antes de minha volta do exílio, em 1980. Ele falava exatamente de certas traições a que a memória dos fatos está sujeita, quando a gente, distante deles, deles fala.

Dificilmente, falando de Jaboatão, poderia esquecer a existência das duas bandas de música, a Paroquial e a da Rede Ferroviária Federal, e de suas retretas, mas, ao fazê-lo, posso haver introduzido algum elemento que se incorporou à lembrança por alguma razão e que é tido hoje como indiscutivelmente rememorado e não inserido na lembrança.

Ao me referir a "seu" Armada e ao que ele representava para as crianças que viviam o perigo de vir a ser matriculadas em sua escola, sei lá, pode ser que tenha fantasiado em um ou outro momento. "Seu" Armada, porém, existiu, como concreta foi sua fama de autoritário e duro mestre-escola.

PRIMEIRA PARTE

1ª Carta
A FOME NA MINHA INFÂNCIA. EM TENRA IDADE JÁ PENSAVA QUE O MUNDO TERIA DE SER MUDADO

"Voltar-me sobre minha infância remota é um ato de curiosidade necessário."

QUANTO MAIS ME VOLTO SOBRE A INFÂNCIA DISTANTE, tanto mais descubro que tenho sempre algo a aprender dela. Dela e da adolescência difícil. É que não faço este retorno como quem se embala sentimentalmente numa saudade piegas ou como quem tenta apresentar a infância e a adolescência pouco fáceis como uma espécie de salvo-conduto revolucionário. Esta seria, de resto, uma pretensão ridícula.

No meu caso, porém, as dificuldades que enfrentei, com minha família, na infância e na adolescência, forjaram em mim, ao contrário de uma postura acomodada diante do desafio, uma abertura curiosa e esperançosa diante do mundo. Jamais me senti inclinado, mesmo quando me era ainda impossível compreender a origem de nossas dificuldades, a pensar que a vida era assim mesma, que o melhor a fazer diante dos obstáculos seria simplesmente aceitá-los como eram. Pelo contrário, em tenra idade, já pensava que o mundo teria de ser mudado. Que havia algo errado no mundo que não podia nem devia continuar. Talvez seja esta uma das positividades da negatividade do contexto real em que minha família se moveu. A de, submetido a certos rigores que outras crianças não sofriam, ter me tornado capaz de, pela comparação entre situações contrastantes, admitir que o mundo tivesse algo errado que precisava de conserto. Positividade que hoje veria em dois momentos significativos:

1) o de, experimentando-me na carência, não ter caído no fatalismo;
2) o de, nascido numa família de formação cristã, não ter me orientado no sentido de aceitar a situação como sendo a expressão da vontade de Deus, entendendo, pelo contrário, que havia algo errado no mundo e que este precisava de reparo.

A minha posição, desde então, era a de otimismo crítico, isto é, a da esperança que inexiste fora do embate. Talvez venha daquela fase, a da infância remota, o hábito que me acompanha até hoje, o de entregar-me, de vez em quando, a um profundo recolhimento em mim mesmo, quase como se estivesse isolado do resto, das pessoas e das coisas que me cercam. Recolhido em mim mesmo, gosto de pensar, de me *encontrar* no jogo aparente de *perder-me*. Quase sempre me recolho assim, em indagações, no sítio mais apropriado, meu gabinete de trabalho. Mas faço isso também em outros espaços e tempos.

Assim, para mim, voltar-me, de vez em quando, sobre a infância remota, é um ato de curiosidade necessário. Ao fazê-lo, tomo distância dela, objetivo-a, procurando a razão de ser dos fatos em que me envolvi e suas relações com a realidade social de que participei. Neste sentido é que a continuidade entre o menino de ontem e o homem de hoje se clarifica pelo esforço reflexivo que o homem de hoje exerce no sentido de compreender as formas como o menino de ontem, em suas relações no interior de sua família como na escola ou nas ruas, viveu a sua realidade. Mas, por outro lado, a experiência atribulada do menino de ontem e a atividade educativa, portanto, política, do homem de hoje, não poderão ser compreendidas se tomadas como expressões de uma existência isolada, ainda quando não possamos negar a sua dimensão particular. Esta não é, porém, suficiente para explicar a significação mais profunda do meu *quefazer*. Experimentei-me, enquanto menino tanto quanto enquanto homem, socialmente e na história de uma sociedade dependente, participando, desde cedo, de sua terrível dramaticidade. Nesta, é bom sublinhar desde logo, é que se encontra a razão objetiva que explica a crescente radicalidade de minhas opções. Estariam equivocados, como de resto sempre estão, aquelas ou aqueles que procurassem ver nesta radicalidade, que jamais, porém, se alongou em sectarismo, a expressão traumática de um menino que se tivesse sentido desamado ou desesperadamente só.

Desta forma, a minha radical rejeição à sociedade de classes, como uma sociedade necessariamente violenta, seria, para tais possíveis analistas, a maneira pela qual se estaria explicitando hoje o "desencontro" afetivo que eu teria vivido na infância.

Na verdade, porém, não fui um menino desesperadamente só nem desamado. Jamais me senti ameaçado, sequer, pela dúvida em torno da afeição de meus pais entre si como de seu amor por nós, por meus irmãos, por minha irmã e por mim. E terá sido essa segurança o que nos ajudou a enfrentar, razoavelmente, o real problema que nos afligiu durante grande parte de minha infância e adolescência — o da fome. Fome real, concreta, sem data marcada para partir, mesmo que não tão rigorosa e agressiva quanto outras fomes que conhecia. De qualquer maneira, não a fome de quem faz operação de amígdalas ou a de quem faz dieta para ficar elegante. A nossa fome, pelo contrário, foi a que chegava sem pedir licença, a que se instala e se acomoda e vai ficando sem tempo certo para se despedir. Fome que, se não amenizada, como foi a nossa, vai tomando o corpo da gente, fazendo dele, às vezes, uma escultura arestosa, angulosa. Vai afinando as pernas, os braços, os dedos. Vai escavando as órbitas em que os olhos quase se perdem, como era a fome mais dura de muitos companheiros nossos e continua sendo a fome de milhões de brasileiros e brasileiras que dela morrem anualmente.

Quantas vezes fui vencido por ela sem condições de resistir a sua força, a seus "ardis", enquanto procurava "fazer" os meus deveres escolares. Às vezes, me fazia dormir, debruçado sobre a mesa em que estudava, como se estivesse narcotizado. E quando, reagindo ao sono que me tentava dominar, escancarava os olhos que fixava com dificuldade sobre o texto de história ou de ciências naturais — "lições" de minha escola primária —, as palavras eram como se fossem pedaços de comida.

Em outras ocasiões, à custa de tremendo esforço, me era possível realmente lê-las, uma a uma, mas nem sempre conseguia entender a significação do texto que elas compunham.

Muito longe estava eu, naquela época, de participar de uma experiência educativa em que educandos e educadoras, enquanto leitores e leitoras, se soubessem *produtores* também da inteligência dos textos. Experiência educativa na qual a compreensão dos textos não estivesse depositada neles por seu autor ou autora à espera de que os leitores a descobrissem. Entender um texto era sobretudo decorá-lo mecanicamente, e a capacidade de memorizá-lo era vista como sinal de inteligência. Quanto mais, então, me sentia incapaz de fazê-lo, tanto mais sofria pelo que me parecia ser a minha rudeza insuperável.

Foi preciso que vivesse muitos momentos como aqueles, mas, sobretudo, que começasse a comer melhor e mais amiudadamente, a partir de certo tempo, para que percebesse que minha rudeza, afinal, não era tão grande quanto pensava. Ela era, pelo menos, menor do que a fome tanta que eu tinha.

Anos mais tarde, como diretor da Divisão de Educação de uma instituição privada, no Recife, me seria fácil compreender quão difícil era para meninas e meninos proletários, submetidos ao rigor de uma fome maior e mais sistemática do que a que eu tivera e sem nenhuma das vantagens de que desfrutara, como criança de classe média, alcançar um razoável índice de aprendizagem.

Não precisava de consultar estudos científicos que tratassem das relações entre desnutrição e dificuldades de aprendizagem. Tinha um conhecimento de primeira mão, existencial, destas relações.

Revia-me no perfil raquítico, nos olhos grandes e às vezes tristes, nos braços alongados, nas pernas finas de muitos deles. Neles, revia também alguns de meus companheiros de infância que, se vivos ainda hoje, possivelmente não lerão o livro que surgirá das cartas que lhe escrevo e não saberão que a eles agora me refiro com respeito e saudade. Toinho Morango, Baixa, Dourado, Reginaldo.

Ao referir-me, porém, à relação entre condições concretas desfavoráveis e dificuldades de aprendizagem, devo deixar clara minha posição em face da questão. Em primeiro lugar, de maneira nenhuma aceito que estas condições sejam capazes de criar em quem as experimenta uma espécie de *natureza* incompatível com a capacidade de escolarização. O que vem ocorrendo é que, de modo geral, a escola autoritária e elitista que aí está não leva em consideração, na organização curricular e na maneira como trata os conteúdos programáticos, os saberes que vêm se gerando na cotidianidade dramática das classes sociais submetidas e exploradas. Passa-se por muito longe do fato de que as condições difíceis, por mais esmagadoras que sejam, geram nos e nas que as vivem saberes sem os quais não lhes seria possível sobreviver. No fundo, saberes e cultura das classes populares dominadas que experimentam entre si níveis diferentes de exploração e de consciência da própria exploração. Saberes que, em última análise, são expressões de sua resistência.

Estou convencido de que as dificuldades referidas diminuiriam se a escola levasse em consideração a cultura dos oprimidos, sua linguagem, sua forma eficiente de fazer contas, seu saber fragmentário do mundo de onde afinal transitariam até o saber mais sistematizado, que cabe à escola trabalhar. Obviamente, esta não é a tarefa a ser cumprida pela escola de classe dominante, mas tarefa para ser realizada na escola de classe dominante, entre nós, agora, por educadores e educadoras progressistas, que vivem a coerência entre seu discurso e sua prática.

Muitas vezes, em minhas visitas constantes às escolas, quando conversava com uns e com outros e não apenas com as professoras, imaginava, de forma bastante realista, o quanto lhes estaria custando aprender suas lições, desafiados pela fome quantitativa e qualitativa que os consumia.

Numa daquelas visitas, uma professora me falou, preocupada, de um deles. Discretamente, fez com que eu dirigisse minha atenção a uma figurinha miúda, que, num canto da sala, era como se estivesse ausente, distante do que se passava em seu redor. "Parte da manhã", disse ela, "ele leva dormindo. Seria uma violência acordá-lo, não acha? Que faço?"

Pedrinho, soubemos mais tarde, era o terceiro filho de uma família numerosa. Seu pai, operário numa fábrica local, não ganhava o suficiente para oferecer à família um mínimo de condições materiais. Viviam em promiscuidade num mocambo[7] precário. Pedrinho não apenas quase nada comia, mas também tinha de trabalhar para ajudar a sobrevivência da família. Vendia frutas pelas ruas, fazia mandados, carregava fretes na feira popular de seu bairro.

A escola era, para ele, em última análise, um parêntese, um espaço-tempo em que repousava de sua canseira diária. Pedrinho não era uma exceção e havia situações piores que a dele. Mais dramáticas ainda.

Ao olhá-los, ao conversar com eles e com elas, recordava o que também representara para mim estudar com fome. Lembrava-me do tempo que gastava dizendo e redizendo, olhos fechados, caderno nas mãos: Inglaterra, capital Londres, França, capital Paris. Inglaterra, capital Londres. "Repete, repete que tu aprendes", era a sugestão mais ou menos generalizada no meu tempo de menino. Como aprender, porém, se a única geografia possível era a geografia de minha fome? A geografia dos quintais alheios, das fruteiras — mangueiras, jaqueiras, cajueiros, pitangueiras —, geografia que Temístocles — meu irmão imediatamente mais velho do que eu — e eu sabíamos, aquela sim, de cor, palmo a palmo. Conhecíamos os seus segredos e na memória tínhamos os caminhos mais fáceis que nos levavam às fruteiras melhores.

Conhecíamos os lugares mais seguros, onde, cuidadosamente, entre folhas secas, acolhedoras, mornas, escondíamos as bananas que tirávamos ainda "em vez"[8] e que assim "agasalhadas" amadureciam "resguardadas" de outras fomes, como, sobretudo, do "direito de propriedade" dos donos dos quintais.

Um desses donos de quintais me flagrou um dia, manhã cedo, tentando furtar um lindo mamão em seu quintal. Apareceu inesperadamente em frente a mim, sem que eu tivesse tido a oportunidade de fugir. Devo ter empalidecido. A surpresa me desconcertou. Não sabia o que fazer de minhas mãos trêmulas, das quais mecanicamente tombou o mamão. Não sabia o que fazer do corpo todo — se ficava empertigado, se ficava relaxado, em face da figura sisuda e rígida, toda ela expressão de uma dura censura a meu ato.

Apanhando a fruta, tão necessária a mim naquele instante, de forma significativamente possessiva, o homem me fez um sermão moralista que não tinha nada que ver com minha fome.

Sem dizer palavra — sim, não, desculpe ou até logo —, deixei o quintal e fui andando sumido, diminuído, achatado, para casa, metido no mais fundo de mim mesmo. O que eu queria naquele instante era um lugar em que nem eu mesmo pudesse me ver.

Muitos anos depois, em circunstância distinta, experimentei novamente a estranha sensação de não saber o que fazer das mãos, do corpo todo: "Capitão, mais um passarinho pra gaiola", disse, debochadamente, no "corpo da guarda" de um quartel do Exército no Recife, depois do golpe de estado de 1º de abril de 1964, o polícia que me trouxera preso de casa. Os dois, o policial e o capitão, com riso desdenhoso e irônico, me olhavam a mim; em pé, em frente deles, sem saber de novo o que fazer de minhas mãos, de meu corpo todo.

Uma coisa eu sabia — naquela vez não havia furtado nenhum mamão.

Já não me lembro do que me terão "ensinado" na escola, no dia daquela manhã em que fui flagrado com o mamão do vizinho na mão. O que sei é que, se foi difícil resolver, na escola, certos problemas de aritmética, nenhuma dificuldade tive em aprender a calcular o tempo necessário para que as bananas amadurecessem em função do momento de maturação em que se encontravam quando as "agasalhávamos" em nossos secretos esconderijos.

A nossa geografia imediata era, sem dúvida, para nós, não só uma geografia demasiado concreta, se posso falar assim, mas tinha um sentido especial. Nela se interpenetravam dois mundos, que vivíamos intensamente. O mundo do brinquedo em que, meninos, jogávamos futebol, nadávamos em rio, empinávamos papagaio[9] e o mundo em que, enquanto meninos, éramos, porém, homens antecipados, às voltas com a nossa fome e a fome dos nossos.

Tivemos companheiros em ambos esses mundos, entre os quais, porém, alguns jamais souberam, existencialmente, o que significava passar todo um dia a um pedaço de pão, a uma xícara de café, a um pouco de feijão com arroz, ou buscar, pelos quintais alheios, uma fruta disponível. E mesmo quando, entre eles, alguns participavam conosco de arremetidas a quintais alheios, o faziam por diferentes razões: por solidariedade ou pelo gosto da aventura. Em nosso caso, havia algo mais vital — a fome a amainar. Isto não significava, todavia, que não houvesse em nós também, ao lado da necessidade que nos movia, o prazer da aventura. No fundo, vivíamos, como já salientei, uma radical ambiguidade: éramos meninos antecipados em gente grande. A nossa meninice ficava espremida entre o brinquedo e o "trabalho", entre a liberdade e a necessidade.

Aos onze anos eu tinha ciência das precárias condições financeiras da família mas não tinha como acudi-la através de um trabalho qualquer. Assim como meu pai não podia prescindir da gravata, que, mais do que pura expressão da moda masculina, era representação de classe, não podia permitir que eu, por exemplo, trabalhasse na feira semanal, carregando pacotes ou fosse serviçal de alguma casa.

Nas sociedades altamente desenvolvidas é que membros da classe média podem, sobretudo em momentos difíceis, realizar tarefas consideradas subalternas sem que isto signifique ameaça ou real perda de *status*.

2ª Carta
A GRAVATA DE MEU PAI E O PIANO ALEMÃO DE TIA LOURDES

"O piano, em nossa casa, era como a gravata no pescoço de meu pai. Nem a casa se desfez do piano nem meu pai da gravata, apesar das dificuldades que tivemos."

NASCIDOS, ASSIM, NUMA FAMÍLIA DE CLASSE MÉDIA que sofrera o impacto da crise econômica de 1929, éramos "meninos conectivos". Participando do mundo dos que comiam, mesmo que comêssemos pouco, participávamos também do mundo dos que não comiam, mesmo que comêssemos mais do que eles — o mundo dos meninos e das meninas dos córregos, dos mocambos, dos morros.[10] Ao primeiro, estávamos ligados por nossa posição de classe; ao segundo, por nossa fome, embora as nossas dificuldades fossem menores que as deles, bastante menores.

No esforço constante de rever-me recordo como, apesar da fome que nos solidarizava com os meninos e meninas dos córregos, não obstante o companheirismo que nos unia, nos brinquedos como na busca de sobrevivência, éramos para eles, porém, muitas vezes, meninos de outro mundo, acidentalmente no seu. Estas fronteiras de classe que o homem de hoje percebe claramente, ao voltar-se sobre o seu passado, e que o menino de ontem não entendia, eram expressadas, de forma ainda mais clara, por alguns dos pais de nossos companheiros de então. Imersos na cotidianidade alienadora, sem alcançar a razão de ser dos fatos em que se achavam envolvidos, eram, em sua maioria, homens e mulheres "existencialmente cansados" e "historicamente anestesiados".

Não resisto à tentação de, quase como se estivesse fazendo um parêntese nesta carta, chamar a atenção para a relação entre níveis profundos de violência de classe, de exploração de classe, cansaço existencial, anestesia histórica, fatalismo diante de um mundo considerado como imutável e ausência de consciência de classe entre dominados e violentados. Por isso, à medida que começam a se comprometer com a luta política, aprendendo a vivê-la, a enfrentá-la em seus diferentes aspectos, mobilizando-se, organizando-se para a transformação da sociedade, vão se assumindo como "classe para si", superam o fatalismo que os "anestesiava" historicamente. Era em razão desse fatalismo que os pais de nossos companheiros nos olhavam como se estivessem agradecendo-nos pelo fato de sermos amigos de seus filhos. Para eles, o nosso companheirismo com seus filhos era uma espécie de favor que nossos pais e nós lhes fazíamos. Em última análise, éramos filhos do capitão Temístocles, morávamos numa casa diferente da deles, noutra área da cidade que não a dos mocambos.

Em nossa casa havia um piano alemão em que Lourdes, uma de nossas tias, tocava Chopin, Beethoven, Mozart. Bastava o piano para nos distinguir, como classe, de Dourado, de Reginaldo, de Baixa, de Toinho Morango, de Gerson

Macaco, alguns amigos daquela época. O piano, em nossa casa, era como a gravata no pescoço de meu pai. Nem a casa se desfez do piano nem meu pai da gravata, apesar das dificuldades que tivemos. O piano e a gravata eram, no fundo, símbolos que nos ajudavam a nos manter na classe social a que pertencíamos. Implicavam um certo estilo de vida, uma certa forma de ser, uma certa linguagem, um certo modo até de andar, de, inclinando moderadamente o corpo, ao cumprimentar alguém, tirar o chapéu, como via meu pai fazer. E tudo isso, expressões de classe. Tudo isso sendo defendido pela família como condição indispensável a sua sobrevivência. Nem o piano era somente um instrumento para o deleite artístico de Lourdes nem a gravata de meu pai era apenas uma exigência da moda masculina, pois que ambos, o deleite artístico e a moda, tinham a sua marca classista. Perdê-los poderia ter significado perder também a "solidariedade" dos membros da mesma classe e marchar, de degrau em degrau, até o mocambo dos córregos ou dos morros de onde dificilmente poderíamos ter voltado. Preservá-los, por isso mesmo, foi algo necessário para que a família atravessasse a crise mantendo a sua posição de classe.

O piano de Lourdes e a gravata de meu pai acidentalizavam a nossa fome. Com eles, poderíamos nos endividar, mesmo com dificuldade; sem eles, uma tal hipótese seria quase impossível. Com eles, se descobertos, nossos furtos seriam vistos como puras trelas. No máximo, seriam entendidos como razão de desgosto para nossos pais. Sem eles, os nossos furtos teriam sido delinquência infantil.

O piano de Lourdes e a gravata de meu pai faziam o mesmo jogo de classe que os jacarandás e as louças de alto requinte fazem ainda hoje no Nordeste brasileiro entre os aristocratas decadentes. Talvez hoje com menor eficácia do que tiveram nos anos 30 a gravata de meu pai e o piano de Lourdes.

É importante salientar a questão da classe social porque, em discursos eloquentes e cheios de esperteza, os dominantes insistem em que o que vale é a coragem de trabalhar, é a disciplina, a vontade de crescer, de subir. Vence, portanto, quem trabalha com afinco, sem reclamar, quem é disciplinado, e por disciplinado se deve entender quem não cria dificuldades ao patrão.

Por isso, insisti em enfatizar a nossa origem, e a nossa posição de classe, fundamental para explicar as próprias *manhas* que a família criou no sentido de superar a crise.

De um dos nossos "atentados" jamais me esqueço. Era uma manhã de domingo. Talvez dez horas, talvez onze, não importa. Havíamos apenas entretido o estômago com um pouco de café e uma discreta fatia de pão sem manteiga. Algo insuficiente para que alguém atravessasse o dia, mesmo que tivesse comido bem no anterior, o que não era o nosso caso.

Já não me recordo do que fazíamos — se conversávamos, se jogávamos. Lembro-me apenas de que estávamos juntos, meus dois irmãos mais velhos e eu, sentados nos batentes de um terraço que ficava na parte posterior da casa onde morávamos. Alguns canteiros, roseiras, violetas, margaridas. Pés de alface também, couve, tomateiros, realisticamente plantados por minha mãe. A alface, a couve, os tomates ajudavam a nossa escassa dieta. As rosas, as violetas, as margaridas lhe enfeitavam a sala, em jarros do século passado, relíquias da família. Entre elas, Stela, minha irmã, guarda ainda hoje uma linda bacia de louça em que todos nós tomamos o primeiro ou um dos primeiros banhos ao chegar ao mundo. E os nossos filhos e filhas também. Lamentavelmente, por motivos superiores a nossa vontade, se rompeu a tradição na geração de nossos netos e netas.

Em certo momento, a nossa atenção foi chamada pela presença de uma galinha que devia pertencer a um dos vizinhos mais próximos.

Buscando gafanhotos na grama verde que forrava o chão, corria para a direita e para a esquerda, para a frente e para trás, acompanhando vivamente os movimentos saltitantes que eles faziam para salvar-se. Numa das idas e vindas de sua perseguição aos gafanhotos, se aproximou demasiado de nós. Em um segundo, como se houvéssemos não apenas consertado a ação mas nos preparado para ela, tínhamos em nossas mãos, em estertores, a incauta galinha.

Minha mãe chegou em seguida. Nenhuma pergunta. Os quatro se olharam entre si e olharam a galinha já morta nas mãos de um de nós.

Hoje, tantos anos distantes daquela manhã, imagino o conflito que deve ter vivido minha mãe, cristã católica, enquanto nos olhava silenciosa e atônita. A sua alternativa deve ter estado entre repreender-nos severamente, devolvendo em seguida ao vizinho com mil desculpas o corpo ainda quente de sua galinha pedrês ou preparar com ela um singular almoço.

Venceu o bom senso. Dentro do mesmo silêncio, tomando a galinha consigo, minha mãe caminhou pelo terraço, entrou na cozinha e "perdeu-se" num trabalho que há muito não fazia.

O nosso almoço, horas depois, naquele domingo, decorreu num tempo sem palavras. É possível que sentíssemos um certo gosto de remorso entre os temperos que condimentavam a galinha pedrês do nosso vizinho. Ali, sobre os pratos, aguçando a nossa fome, ela deveria ter sido, também, para nós, uma "presença" acusadora do que nos teria parecido um pecado ou um delito contra a propriedade privada.

No dia seguinte, ao perceber o desfalque em seu galinheiro, o nosso vizinho deve haver esbravejado contra o ladrão que, para ele, só poderia ter sido uma "gentinha qualquer", um "ladrão de galinhas".[11]

Jamais poderia haver pensado que perto, muito perto dele, estavam os autores daquele sumiço.

O piano de Lourdes e a gravata de meu pai incompatibilizavam uma tal conjetura.

3ª Carta
AS ALMAS PENADAS FALANDO MANHOSAMENTE E O RELÓGIO GRANDE DA SALA DA CASA NA QUAL NASCI

"Na verdade, não era um menino que falasse
de meu mundo particular empertigado,
de paletó, gravata e colarinho duro,
repetindo palavras do universo adulto."

ISTO SE DEU EM JABOATÃO, UMA PEQUENA CIDADE a dezoito quilômetros do Recife, para onde fôramos em 1932, como quem buscava salvação.

Até março daquele ano vivêramos no Recife, numa casa mediana, a mesma em que nasci, rodeada de árvores, algumas das quais eram para mim como se fossem gente, tal a minha intimidade com elas.

A velha casa, seus quartos, seu corredor, suas salas, seu terraço estreito, o quintal arborizado em que se achava, tudo isso foi o mundo de minhas primeiras experiências. Nele aprendi a andar e a falar. Nele ouvi as primeiras estórias de "mal-assombrado" — almas que puxavam as pernas das gentes, que apagavam velas com sopros gelados, que revelavam esconderijos de botijas cheias de prata — razão de seu sofrimento no "outro mundo".

Muitas dessas estórias me fizeram tremer de medo, já deitado para dormir. Olhos fechados, coração batendo, encolhido ao máximo sob o lençol, esperava, a cada momento, a chegada de uma alma penada, falando fanhosamente. As almas do "outro mundo", de modo geral, começavam suas aparições a partir da meia-noite e sempre falavam fanhosamente nas estórias que eu escutava.

Muitas vezes atravessei a noite abraçado com o meu medo, debaixo do lençol, ouvindo o relógio grande, que ficava na sala de jantar, romper o silêncio com suas pancadas sonoras. Em tais oportunidades, se estabelecia entre mim e o relógio grande uma relação especial. Reforçando misteriosamente os condicionamentos de meu medo, o seu tic-tac ritmado me dizia também, dentro do silêncio fundo, que ele era uma presença desperta, marcando o tempo que eu precisava que "corresse". E um bem estranho ao relógio grande me tomava todo. Uma vontade de dizer ao relógio grande: "Muito obrigado, porque você está aí, vivo, acordado, quase velando por mim."

Hoje, tão longe daquelas noites e daquela sensação, ao escrever sobre o que sentia, re-vivo o afeto mágico ao relógio grande. Escuto o relógio grande e tenho, de repente, na memória de meu corpo, a claridade indecisa da lamparina sublinhando a escuridão da casa, a geografia da casa, o quarto em que dormia, a distância entre ele e a sala onde batia confortavelmente o relógio grande.

Um mês mais difícil o fez calar na nossa sala de jantar. Vi-o sair levado por seu comprador, e hoje, ao falar dele, percebo como, no momento em que foi vendido, se, de um lado, aliviou a família que deve ter resolvido uma situação mais difícil, de outro, sua ausência me deixava solitário com meu medo.

Não disse nada a meu pai nem tampouco a minha mãe. Não queria expor o meu bem mágico ao relógio grande. Sobretudo a razão de ser de meu bem mágico ao relógio.

Levei um bom tempo para me acostumar com a ausência do relógio grande que me ajudava a diminuir meus medos, que me parecia velar por mim no silêncio de noites intermináveis.

Não sei bem a história do relógio grande, só sei que, quando nasci, ele já estava lá, ocupando um lugar especial na parede privilegiada da sala, desde muito tempo. Chegara à família nos fins do século passado e todos tinham por ele um afeto singular.

Não deve ter sido fácil para meus pais desfazer-se dele. Me lembro ainda da tristeza disfarçada com que meu pai o olhou pela última vez. Era como se o relógio fosse gente. Meu pai quase lhe falou, quase lhe pediu desculpas pela ingratidão que estavam cometendo. Eu percebia no seu jeito de olhar o homem que carregava o relógio grande que seria isso que ele lhe diria se relógio falasse.

Os primeiros sinais da manhã que chegava afugentando as almas — o sol filtrando-se pela telha de vidro de meu quarto e os passarinhos madrugadores — me devolviam a completa tranquilidade. O meu medo, contudo, não era maior do que eu. Começava a aprender que, embora manifestação de vida, era preciso estabelecer limites a nosso medo. No fundo, experimentava as primeiras tentativas de educação de meu medo, sem o que não criamos a coragem.

Creio que, em casa, por mais bem-escondido que o guardasse, se desconfiava de sua existência. Sobretudo meu pai. Vez ou outra, pressentia seus passos encaminhando-se até minha cama. Ajudado pela discreta chama da lamparina, procurava saber se eu já dormia. Às vezes lhe falava e lhe dizia que estava bem; às vezes, engolindo meu medo, fingia dormir. Em qualquer das hipóteses, o seu cuidado me alentava.

Gostaria de salientar aqui a importância que tinha para mim saber-me alvo dos cuidados de meus pais. Vale dizer, saber-me querido por eles. Nem sempre, infelizmente, somos capazes de expressar, com naturalidade e maturidade, o nosso bem-querer necessário a nossos filhos e filhas, através de variadas formas e procedimentos, entre eles o cuidado preciso, nem para mais nem para menos. Às vezes, por n razões, não sabemos revelar a nossos filhos que os amamos. Temos um misterioso medo de dizer-lhes que os amamos. Trabalhamos afinal contra eles quando escondemos dentro de nós, por causa de um pudor lamentável, a expressão de nosso afeto, de nosso amor.

A pouco e pouco, porém, como salientei antes, fui aprendendo a superar os temores fáceis. Aos oito anos já dormia mais ou menos tranquilo. Se antes um ruído qualquer era tomado como sinal de algo extraordinário, já então, mesmo admitindo ainda a possibilidade de uma "visita" do outro mundo, buscava razões plausíveis para ele. Por que aceitar, de imediato, que algo anormal estaria ocorrendo? Por que não pensar nas folhas dos coqueiros gingando ao sopro do vento? No dia seguinte, procurava identificar alguns ruídos que, à luz do sol, se perdiam difusos, num tempo sem receios, mas que, à noite, eram tão suspeitosos.

Aguçando a percepção nos momentos em que brincava é que comecei a captar, às vezes deslumbrado, na totalidade sonora dos dias, um sem-número de ruídos antes imperceptíveis. Este exercício me fortalecia para enfrentar à noite as apreensões que me consumiam. Em última análise, o desafio de meu medo e a decisão de não me submeter docilmente a ele me levaram, em tenra idade, a transformar a minha cama, no silêncio do meu quarto, numa espécie *sui generis* de contexto teórico. A partir dele dava começo às minhas primeiras "reflexões críticas" sobre o meu contexto concreto que, àquela época, se reduzia ao quintal de minha casa e aos trezentos metros que a separavam da escolinha primária em que me iniciava.

Exercitava-me assim, desde cedo, na busca da razão de ser dos fatos, mesmo que não pudesse perceber, então, a real e profunda significação de um tal processo.

Em certo momento, aquela busca era como se fosse um jogo, e eu passei a conhecer intimamente os mais mínimos pormenores da totalidade do quintal grande de minha casa. As touceiras das bananeiras, o cajueiro majestoso, com seus galhos enroscando-se sensualmente sobre o chão, suas raízes salientes, recurvando-se sobre a terra, como se fossem ampliações de veias de mãos velhas; os coqueiros, as mangueiras, de diferentes espécies. O pé de fruta-pão, o vento soprando forte, fazendo gemer os galhos das árvores, o canto dos passarinhos, o sanhaçu, o bem-te-vi, o sabiá, o olha-pro-caminho-quem-vem. Tudo ia se dando a minha curiosidade deslumbrada de criança.

O conhecimento que fui ganhando daquele mundo — as sombras ondulantes, como se fossem corpos movendo-se, que as folhas das bananeiras projetavam, multiplicadas, em noites de lua —, o conhecimento de tudo aquilo passou a me assegurar uma tranquilidade que outras crianças, de minha idade ou mais velhas do que eu, não tinham. É que quanto mais me esforçava por compreender, em dia claro, como se davam as coisas naquele mundo limitado, procurando detectar os mais variados tipos de ruído e suas causas, tanto mais me ia libertando, à noite, dos "fantasmas" que me ameaçavam. O empenho de conhecê-lo não matou, porém, em mim, a espontaneidade do menino, pondo em seu lugar uma deformação racionalista. Na verdade, não era um menino que falasse de meu mundo particular empertigado, de paletó, gravata e colarinho duro, repetindo palavras do universo adulto. Eu o vivia intensamente. Nas experiências nele e com ele fui aprendendo, contudo, a emergir de sua cotidianidade sem que isto significasse o desaparecimento de seu encanto para mim. Simplesmente nele me movia com segurança, fosse noite ou fosse dia.

Meu pai teve um papel importante na minha busca. Afetivo, inteligente, aberto, jamais se negou a ouvir-nos em nossa curiosidade. Fazia, com minha mãe, um casal harmonioso, cuja unidade não significava, contudo, a nivelação dela a ele nem a dele a ela. O testemunho que nos deram foi sempre o da compreensão, jamais o da intolerância. Católica ela, espírita ele, respeitaram-se em suas opções. Com eles aprendi, desde cedo, o diálogo. Nunca me senti temeroso ao perguntar e não me lembro de haver sido punido ou simplesmente advertido por discordar.

Com eles aprendi a ler minhas primeiras palavras, escrevendo-as no chão, com gravetos, à sombra das mangueiras.

Palavras e frases ligadas à minha experiência e não à deles. Em lugar de uma enfadonha cartilha ou, o que seria pior, de uma "Carta do ABC", em que as crianças tinham de decorar as letras do alfabeto, como se aprendessem a falar dizendo letras, tive o quintal mesmo de minha casa — o meu primeiro mundo — como minha primeira escola. O chão protegido pela copa das árvores foi o meu *sui generis* quadro-negro e os gravetos, meus gizes. Assim, quando, aos seis anos, cheguei à escolinha de Eunice, minha primeira professora profissional, já lia e já escrevia.

Nunca me esqueço da alegria com que me entregava ao exercício que ela chamava de "formar sentenças". Pedia, primeiro, que alinhasse, em uma folha de papel, tantas palavras quantas eu soubesse escrever e quisesse. Depois, que fosse com elas formando sentenças, cuja significação passávamos a discutir. Foi assim que, a pouco e pouco, fui fazendo a minha intimidade com os verbos, com seus tempos, seus modos, que ela ia me ensinando em função das dificuldades que surgiam. Sua preocupação fundamental não era me fazer memorizar definições gramaticais, mas estimular o desenvolvimento de minha expressividade oral e escrita.

Não havia, em última análise, entre a orientação de meus pais em casa e a de Eunice, na sua escolinha particular, nenhuma ruptura. Em casa como na escolinha, eu era convidado a conhecer e não reduzido a um "depósito vazio" que devesse ser enchido de conhecimento.

Não havia uma fronteira entre minha forma de estar sendo em casa e os meus exercícios na escola. Daí que esta não fosse para mim uma ameaça a minha curiosidade, mas um estímulo a ela. Se o tempo que levava brincando e buscando, livre, no meu quintal, não era igual ao que vivia na escola, não tinha nele, porém, um oposto que, só em ser pensado, me fizesse mal. Um tempo se escoava no outro e eu me sentia bem em ambos. Em última análise, embora guardando sua especificidade, a escola não punha entre parênteses minha alegria de viver. Alegria de viver que me vem marcando a vida inteira. Menino ainda, nos tempos mais difíceis de Jaboatão. Homem feito nos tempos de nosso exílio. Alegria de viver que tem que ver com o meu otimismo, que, sendo crítico, não é paralisante, por isso mesmo me empurrando sempre até o engajamento em formas de ação compatíveis com a minha opção política.

Infelizmente, aquela coincidência acima referida, entre minha alegria de viver no quintal de minha casa e a mesma alegria nas minhas experiências na escola, não foi a tônica durante os anos de minha escolaridade.

Além de Eunice, a professora com quem aprendi a "formar sentenças", somente Áurea, no Recife ainda, e Cecília, já em Jaboatão, realmente me marcaram. As demais escolas primárias por que passei foram medíocres e enfadonhas, ainda que de suas professoras não guarde nenhuma recordação má, enquanto pessoas.

Ao referir-me à escolinha particular de Eunice, dificilmente poderia esquecer a figura de Adelino, seu tio-avô, a quem via, todas as manhãs, quando eu ia "formar sentenças".

"Jaú, Jaú, eu meto a faca no teu bucho", cantarolava ele, sempre semissorrindo, afetuoso, quando a ele me acercava, entre tímido e curioso, sem perceber o sentido de sua cantiga.

Rotundo, todo ele cercado por uma barriga enorme, bigodão ostensivo, que o anunciava de longe, olhos miúdos e vivos, Adelino era uma figura eciana. Era um velho marcante no seu anonimato de funcionário público aposentado. Nos momentos de raiva, os chamados nomes feios saíam de sua boca arredondados, mesmo que contundentes, quase acariciados pelo seu bigode frondoso. As memórias de minha infância estão cheias de instantes de sua presença, em que a coragem pessoal, a sinceridade nas relações de amizade, a abertura ao outro, em que um certo gosto quixotesco de estar no mundo, gosto quixotesco num corpo de Sancho, falavam dele, diziam dele como estava sendo no mundo. Perfilavam-no.

Nunca me esqueço de um desses instantes. Era noite. Chovia grosso. A chuva caía furando o chão, fazendo a geografia que bem entendia — ilhas, lagos, riachos. Os relâmpagos e trovões se sucediam enchendo o mundo de barulho e claridade. Entre eles e a cantiga de Adelino: "Jaú, Jaú, eu meto a faca no teu bucho", só havia uma diferença — da cantiga eu não tinha medo.

Adelino se antecipara à tempestade, o que não ocorrera com Martins, funcionário então do gabinete de identificação da Polícia Civil de Pernambuco. Martins era, em alguns aspectos, o oposto de Adelino. Baixo, gordo também, mas não tanto quanto ele, risonho nas horas precisas, amoroso dos charutos, que fumava até o fim, tinha, na rotina burocrática, o sentido mesmo de sua existência. Sem ela, sem os seus papéis, sem os seus horários a que juntava o colete de que jamais se separava, a vida já não seria vida. Seria, talvez, uma passagem incômoda pelo mundo.

Martins era uma figura machadiana. Possivelmente muitas vezes depois de ter chegado do trabalho, fatigado mas "plenificado", silencioso, na sua cadeira de balanço, olhando os desenhos arbitrários da fumaça de seu charuto, ele deve ter pensado nos papéis que haviam passado por seu escritório e que ele, após ter estudado com meticulosidade apaixonada, enviara ao Setor A ou ao B, não apenas como quem resolvia o problema dos interessados, mas também como quem salvasse o mundo mesmo.

Recém-casado, visitei-o pela última vez em sua casa humilde, num bairro do Recife, com Elza, minha primeira mulher, para que ela o conhecesse. Adelino morrera antes.

Alquebrado, mais pelos males que o consumiam do que pela idade, guardava a mesma serenidade no olhar, apesar de já não poder fumar o seu bem-amado charuto. Recebeu-nos na "salinha de visita" em cujas paredes se viam velhas fotografias de família, algumas já opacisadas pelos anos, amareladas.

Esta era uma constante nas salas de visita de famílias de classe média "mediana" e que foi se estendendo às de renda mais baixa. Retratos coloridos enchendo os espaços da sala e abaixo sempre do Coração de Jesus. Um desses retratos que raramente faltava era o de noivado ou o de casamento do casal a que se seguia o da "primeira comunhão" dos filhos.

Falou de seu tempo, para ele melhor do que o tempo de nossa visita; falou de meu pai, de minha mãe, de meus tios e tias. De Rodovalho, sobretudo, "amigo", dizia ele, "de todas as horas". Falou de Adelino com um riso combinado com uma mirada perdendo-se longe, um riso de saudade mansa.

Falou de "algumas de suas façanhas", de sua coragem pessoal, de sua lealdade.

Naquela noite de chuva grossa, com Zé Paiva, marido de uma de minhas tias, e meu pai, Martins e Adelino compuseram uma mesa de pôquer.

Ao lado, nem tão longe nem tão perto da mesa, minha mãe e uma de minhas tias bordavam e conversavam. Junto a elas, minha irmã Stela.

Em torno da mesa, observávamos curiosos o vai e vem das cartas, meus irmãos mais velhos e eu. A animação do jogo diminuía, pelo menos em mim, os temores provocados pelos estrondos dos trovões e pela claridade dos relâmpagos de que tanto gosto hoje.

As cartas iam, as cartas vinham. Palavras enchiam os intervalos dessas idas e vindas.

Adelino começou a perder. Uma, duas, três vezes. Se tinha um par, alguém tinha dois; se tinha uma trinca, alguém tinha uma sequência.

De repente, olhos faiscantes, mãos crispadas, num golpe fulminante, atirou sobre a mesa um monte de cartas, mandando-as todas, numa linguagem machistamente ofensiva às mulheres, "à puta que as pariu".

O silêncio que se fez, pesado, insuportável, o deixou desconcertado. Pôs-se de pé, desconfiado, meio em si, meio fora de si — as mãos, já não sabia onde pô-las. Depois, ainda visivelmente desfeito, puxou as calças até um certo limite em que a barriga aceitava melhor o cinturão. Olhou em volta. Os olhos brilhavam um brilho diferente. Olhos de menino arrependido de alguma trela. Falou tímido, apesar de toda a força de seu caráter. É que ele, à altura da cultura de seu contexto, se sabia em erro grave: não poderia ter feito aquele discurso às cartas na presença de senhoras e de uma menina. Ele se sabia em falta imperdoável. Não tinha como não assumir humildemente sua fraqueza. "Perdão", disse. "Está perdoado", falou meu pai.

Em seguida, sem mais palavra, dirigiu-se à porta, que a ele docilmente se abriu.

Chovia grosso. A chuva furava o chão, fazendo a geografia que bem entendia — ilhas, lagos, riachos. Adelino caminhou só. A chuva molhou seu corpo, sua alma, sua raiva, seu arrependimento.

Em casa, o jogo terminou. Uma conversa aguada e incolor foi tentada, mas não pôde ser seguida. As palavras de Adelino, que num momento encheram a sala toda, a fizeram esvaziar-se, e um silêncio pesado tomou conta de tudo, caiu sobre todos, deitou-se sobre a mesa, encostou-se pelas paredes e sublinhou o estrondo dos trovões.

Anos depois, minha avó Adozinda devolvia a minha tia Esther, a que foi minha segunda mãe, um livro de José Lins do Rego, pelas mesmas razões por que Adelino deixara a mesa de jogo naquela noite tempestuosa.

Relembrando agora o que ocorreu com Adelino naquela noite distante e que envolveu a todos os que se achavam na sala, penso, sobretudo, no quanto unia formação mais livre, mais crítica, mais criadora, como foi a minha, ela também, necessariamente se via limitada pela censura rígida e moralista a toda forma de linguagem considerada menos pura e a tudo o que tivesse que ver, mesmo longinquamente, com sexo. Esta terá sido uma das contradições que experimentei na minha formação. De um lado, estimulado a crescer; de outro, cerceado na minha criticidade pela repressão puritana que reconheço, contudo, não ter sido das maiores. Houve famílias de nossas relações muito mais rígidas, muito mais atormentadas com a sombra angustiante e perseguidora do pecado que sempre estava em tudo e em todos, do que a nossa. Creio que neste sentido também a influência de meu pai foi decisiva.

De qualquer maneira, quando, aos sete anos, "pulando cordas", com meus irmãos, num cair de tarde, quebrei a perna na altura da coxa, fui ensinado a dizer, numa linguagem bem-comportada; "fraturei o fêmur". Coxa não soava bem. Fazia parte da "geografia" do pecado. Com a geração de minha mãe a exigência tinha sido maior. Ela havia parado no tornozelo. Falar, na época, numa reunião íntima, em "sala respeitável", da beleza das pernas de alguma mulher era imprudência que poderia custar caro a quem a cometesse.

Em tais circunstâncias, cedo, tive de aprender que havia províncias em que a nossa curiosidade de criança não poderia ser exercida livremente. O atendimento às nossas indagações em torno da problemática sexual, a pouco e pouco, foi centrando-se em nós mesmos, nos irmãos e nos companheiros mais velhos.

Se houve quem estabelecesse, ingenuamente, uma radical coincidência entre saber e virtude, a geração madura de meu tempo de menino, pelo contrário, tinha na ignorância das questões sexuais e na sua compreensão distorcida o melhor caminho para se chegar à virtude. A criança seria tão mais pura quanto mais acreditasse ou parecesse acreditar, por exemplo, que chegávamos ao mundo trazidos por prestimosas cegonhas.

No momento em que escrevo me lembro do depoimento que um grande amigo, de uma geração mais jovem que a minha, teólogo alemão, me deu. Vale a pena citá-lo como um exemplo a mais do puritanismo, da repressão sexual tão velha e universal quanto castradora, contra a qual urge lutar cada vez mais.

Falávamos numa mesa de bar, anos atrás, em Lima, exatamente sobre a repressão sexual, sobre os tabus inibidores de que dificilmente um homem ou uma mulher de minha geração terá escapado, quando ele me relatou a conversa que um colega seu de seminário teológico protestante tivera com ele no seu tempo de estudos.

Cheio de dúvidas, com relação a se o comportamento de seu pai estaria correto ou não, o jovem colega de meu amigo lhe repetiu o diálogo, entre seus pais, que ouvira, certa noite, de seu quarto, contíguo ao deles.

"Não, não, hoje não", exclamava suplicante sua mãe, enquanto seu pai, categórico, dizia: "Tenho um mandado de Deus a cumprir — o de trazer mais pastores ao mundo."

Nas relações daquele casal, não havia como se admitir o prazer, o jogo sexual — este era só ardil do pecado. O que havia no encontro sexual era apenas o cumprimento "burocrático" de um dever — o de trazer pastores ao mundo.

As gerações jovens das cidades, abrindo-se, já não podem conviver com uma tal compreensão da sexualidade. Da sexualidade que, não se esgotando no ato de fazer amor, dele não prescinde como expressão plena de um direito — o legítimo direito ao prazer.

As gerações jovens dessas cidades e dessas culturas, abrindo-se, já não podem aceitar a dicotomia insustentável e enfermiça entre *corpo* e *alma*. Já não podem conviver com a compreensão de que o corpo é a fonte da imperfeição, dos desejos pecaminosos, e a alma, a pureza ameaçada a, perdendo seu endereço pela tentação do corpo maldoso, extraviar-se doidivanamente.

A mim não me espanta nem me amedronta que as gerações jovens se excedam às vezes não só na compreensão de sua sexualidade mas na sua prática mesma. Não há rebeldia necessária que não se avantaje no discurso e na ação, de vez em quando, enquanto critica e busca superar a desatualização e as distorções puritanas. Para retificar o exagero, às vezes, se exagera.

O papel do educador, em casos tais, nem está em aceitar em paz os exageros da rebeldia sem críticas, nem tampouco o de apenas negar as denúncias rebeldes, o que o poria ao lado dos tradicionalistas reacionários. O papel do educador crítico, compreendendo o fenômeno, está em, declarando-se favorável ao objetivo da crítica rebelde, sublinhar o seu equívoco tático. E não negar o acerto estratégico de quem erra taticamente. Negar a crítica em função do erro tático é uma forma de opor-se ao sonho estratégico, dando a falsa impressão de estar com ele. Aceitar, por outro lado, o erro tático, sem combate, sem protesto, é conivir com o erro e trabalhar contra a utopia. O educador progressista coerente tem de estar atento às relações, sempre tensas, entre tática e estratégia. É absolutamente fundamental o aprendizado delas sem o qual, resvalando para incoerências, sacrificamos o sonho estratégico.

4ª Carta
A TRISTE E TRAUMÁTICA MUDANÇA PARA JABOATÃO

"Mais do que qualquer outra coisa me percebia
como se estivesse sendo expelido, jogado
fora de minha própria segurança."

DEIXAR O RECIFE, EM 1932, A CASA RELATIVAMENTE GRANDE onde nasci, meu primeiro mundo, e ir para Jaboatão, foi uma experiência traumática, apesar da curiosidade que a mudança em si pudesse causar. Deixávamos o Recife por causa das dificuldades que a família começava a ter há dois ou três anos, em decorrência da concordata que Rodovalho, um dos meus tios maternos, se vira obrigado a propor. Dificuldades que se teriam antecipado, de algum tempo, não fora a ajuda que ele nos vinha dando desde o momento em que meu pai se tornou inativo por questão de saúde. O fato é que a mudança, naquela manhã de abril, me arrancava de meus cantos preferidos, me separava das árvores mais íntimas, do canário que cantava toda manhã cedinho na cumeeira da casa, dos companheiros com quem brincava. Albino F. Vital, um deles. Amigo fraterno até agora. Cientista mais conhecido fora do Brasil do que entre nós, no seu campo — o da Fitopatologia. Pedro e Sérgio, filhos de "seu" Zuza, mestre de uma banda de música que nunca chegou a passar da etapa dos ensaios. Uma menina grande, bonitona, a quem todo dia, no caminho da casa para a escola, o Grupo Escolar Mathias de Albuquerque, sonhava dizer, mais ainda, planejava dizer: "Você é bonita e gosto de você", mas a coragem não dava e eu ia me contentando com o gosto de querer dizer e não dizer. E o gosto de querer dizer era tão forte que, em certo momento, era como se já tivesse dito. O silêncio, às vezes, em quase todo o percurso de casa (ela era minha vizinha) até o Grupo, era vivido por mim como se fosse um tempo de longa conversa, em que ela dizia e repetia que também gostava de mim.

Nos idos de 1932 aquela menina graúda teria tido para mim a mesma importância que Teresa teve para Bandeira.*

A mudança me arrancava de um momento novo em minha escolaridade: cortava a experiência que me vinha estimulando há pouco tempo, perto de três meses, no Grupo Escolar Mathias de Albuquerque, com Áurea, uma das professoras já referidas, de presença forte em minha memória. Áurea Bahia.

Mais do que qualquer outra coisa me percebia como se estivesse sendo expelido, jogado fora de minha própria segurança. Sentia um medo diferente, até então não experimentado, me envolver. Era como se estivesse morrendo um pouco. Hoje sei. Vivia na verdade, naquele instante, a segunda experiência de exílio semiconsciente. A primeira fora a de minha chegada ao mundo assim que deixei a segurança do útero de minha mãe.

Os dois caminhões que meu pai contratara para o transporte de nossos teréns chegaram cedo. Os carregadores co-

---

* Bandeira, Manuel. *Poesias*, Rio de Janeiro: Livraria J. Olympio Editora, 1955, p. 206.

meçaram em seguida a sua faina a que eu assistia calado, de um canto do estreito terraço da velha casa, sem obstacularizar o seu vaivém apressado. Um a um vi saírem os móveis.

Havia já, na época, todo um processo de organização de trabalho, de criação popular, com técnicas rudimentares e que, seguidas à risca pelos carregadores, calungas[12] de caminhão, como eram chamados, os tornavam mais eficazes. Técnicas de operação de que o motorista igualmente entendia. Desde o local em que o caminhão devia parar em relação com a porta mais adequada para a saída dos móveis, à posição destes no caminhão. Vale dizer, quais os móveis que deveriam sair em primeiro lugar, uma vez que sua ocupação na carroceria do veículo era de grande importância para o melhor uso do espaço disponível e do equilíbrio do peso.

Antes daquela mudança assistira a uma outra de menor importância, de uma casa para outra, no mesmo bairro. Com relação às técnicas de trabalho, o que mais me impressionou foi como os carregadores conduziram o piano na cabeça, defendido por bonitas, bem-feitas e coloridas rodilhas e como, cantando e todos da mesma altura, ritmavam o corpo de tal maneira que dividiam o peso entre eles, quatro homens fortes, com seus corpos suados.

Parecia haver uma relação entre o ritmo dos corpos, a velocidade com que se deslocavam, a distribuição do peso do objeto entre os corpos provocada pela cadência e pela velocidade do deslocamento, e tudo isso selado pela musicalidade da canção.

Um a um vi saírem os móveis. O piano alemão de Lourdes, as cadeiras de palhinha, a velha mesa elástica do século passado, o pilão em que se pisava o café torrado em casa, os tachos de cobre em que se fazia a canjica nas festas de São João.[13]

As "mãos"[14] de milho verde eram compradas na véspera. Tomávamos parte no trabalho de tratar as espigas, tirando--lhes as palhas e deixando-as prontas para ser raladas. À massa do milho verde raspado se somava uma primeira porção de leite de coco e se levava tudo ao fogo nos tachos de cobre, antes rigorosamente limpos, começando-se, pacientemente, o trabalho de mexer a massa. Apesar de que me agradasse todo o processo de produção da canjica, me impressionava particularmente o momento em que, a pouco e pouco, a massa mais líquida ia se tornando mais sólida até que, como se fosse de repente, era mais sólida do que líquida. Era sinal de que a canjica estava pronta.

Havia outro momento de que me é impossível esquecer: o em que, de colher em punho, disputávamos o que ficara nos tachos depois de passada a canjica para pratos e travessas da velha louça de minha avó.

À noite, alguns daqueles pratos, enfeitados com pó de canela fazendo desenhos sobre a canjica, eram presenteados aos vizinhos mais próximos que nos regalavam com os seus também. No fundo, sob a cortesia, havia, por parte de cada família, uma espécie de competição culinária, de competição que não se expressava em nível da oralidade, em torno de qual seria a melhor canjica da rua.

É claro que, com a intensificação da crise, a produção da canjica junina diminuiu. Diminuiu mas, na verdade, nunca faltou.

Tudo era realizado sob a rigorosa mas sempre afetiva di reção de Dadá. Dadá "criara" minha mãe e "criava" então minha irmã Stela. O seu bem-querer por ela e seu cuidado eram tais que, não raro, a despertava para saber se dormia.

Três anos depois de nossa chegada a Jaboatão, Dadá morreria tuberculosa, em casa e não na indigência de nenhum hospital, apesar da crise. Morria cercada do conforto de todos. Me lembro de uma conversa em tom sério, equilibrado, nada patético, que minha mãe teve conosco para explicar a necessidade que teríamos de nos esforçar ao máximo no sentido de assegurar a ela um mínimo de condições materiais em sua luta pela vida. Isto exigia de nós entendermos a necessária diminuição do pouco que comíamos em seu favor, assumindo, conscientemente, uma parcela do compromisso que a família tinha com ela, demonstrando-lhe assim, nos seus últimos momentos de mundo, o nosso querer bem.

Não sei se Dadá se soube morrendo. Talvez se pensasse apenas envelhecida e cansada.

Numa tarde calma, no mesmo quarto onde um ano antes morrera meu pai e para o qual minha mãe a trouxera, Dadá partiu.

Um a um vi saírem os móveis. Mas não era somente a casa que ia se esvaziando. Era eu também, ali parado, calado, no canto do terraço de onde só me movi para entrar na boleia de um dos caminhões com meu pai, também calado. Já dentro do caminhão, que começava a marchar lentamente, ele olhou, pela última vez, o jardim de minha mãe que tantas vezes defendera da agressividade das formigas. Olhou apenas, sem dizer palavra como sem dizer palavra esteve durante quase todo o percurso entre o Recife e Jaboatão, naquela época, uma viagem.

5ª Carta
A MALVADEZ DA POBREZA

"Até hoje, nem digo duas vezes a uma pessoa
o erro que cometeu, nem posso suportar
que façam o mesmo comigo."

NASCIDO NO RIO GRANDE DO NORTE, meu pai emigrou para o Recife, bem jovem, no começo do século, trazendo consigo apenas o certificado de seus estudos de humanidades e o gosto da aventura. Parece que ao gosto da aventura ele juntava também o desgosto da convivência forçada com um padrasto autoritário e que, assim, não tinha nada que ver com sua forma aberta de ser.

Pouco tempo depois, "sentou praça" no Exército de onde, já sargento, passou para a Polícia Militar de Pernambuco, como tenente, no momento em que um novo governo estadual tentava uma reforma naquela corporação.

Foi como capitão, três anos depois que nasci, que ele se reformou, devido a uma dilatação da veia aorta, que causaria sua morte, em 1934.

Um dos testemunhos que dele tivemos, muito significativo em nossa formação, a de seus filhos e filha, e de que se falava em casa sem hipocrisias, foi o de sua total ausência em acontecimentos que envolveram alguns oficiais da Polícia Militar de Pernambuco nos anos 10. Participação de militares disfarçados em "marginais", na verdade delinquentes, assassinos, a "turma do lenço",[15] como eram conhecidos, e que agrediam e seviciavam jornalistas da oposição. Foi preciso que num desses atos de violência tão comuns ainda hoje — a nossa história mais recente está cheia de torturados e de desaparecidos — fosse assassinado famoso jornalista, para que se pusesse um termo à vergonhosa violência.

De modo geral, meu pai era chamado a cumprir uma missão fora do Recife quando se planejava mais um espancamento de jornalista da oposição.

O fato de não contarem com ele, na verdade jamais sequer o abordaram procurando sua conivência, levava a cúpula responsável pelos atos truculentos a afastá-lo do Recife toda vez que se programava mais um atentado.

Me lembro de como a nós nos fazia bem, apesar da tenra idade, saber não ter o nosso pai usado suas mãos num *quefazer* tão sujo.

Valia muito mais como realmente valeu para nós todos a experiência de dificuldades que tivemos; valeu muito mais para mim surpreender, aflito, meu pai em seu quarto, escondido dos filhos e da filha, chorando, sentado à cama, ao lado de sua mulher, nossa mãe, pela impotência diante dos obstáculos a vencer para oferecer um mínimo de conforto a sua família. Valeu muito, muito mesmo, o abraço que me deu, sentir o seu rosto molhado no meu, e eu, mais do que adivinhar, saber a razão por que ele chorava.

Valeu muito mais o que sofremos, mas termos hoje a sensação, que não se paga, de falar a nós mesmos de nosso pai, sem arrogância, é verdade, nem farisaísmos, mas com alegria legítima, como um homem sério e honrado.

A sua forçada permanência em casa o aproximou intensamente de todos nós. De modo geral, aproveitava as oportunidades, quaisquer que fossem, estando com um dos filhos ou com a filha, para uma conversa acessível. Nunca, porém, fazia dissertações eruditas, nem forçava um assunto se este não nos interessava. Perguntava, desafiava, ao mesmo tempo que nos ia introduzindo a diferentes temas.

Nós o tínhamos a nossa disposição a todos os momentos, inclusive naqueles que dedicava às suas leituras ou aos trabalhos de carpintaria em sua improvisada e precária oficina.

Em vários momentos tentou, usando suas habilidades manuais, juntar a seus parcos proventos de capitão reformado algo que pudesse apurar de seu trabalho de "marceneiro". Fazia gaiolas artísticas, espreguiçadeiras, tamboretes, jogos de gamão, de dama, dominós. O fracasso se repetia e ele presenteava a amigos e parentes a sua produção.

Um dia, aproveitando a vinda semanal de um amigo ao Recife, trazendo em seu caminhão mercadorias do agreste, de uma cidade chamada Belo Jardim, de que meu tio Monteiro se tornou prefeito depois da Revolução de 1930, meu pai pensou em "importar" jerimuns, rapaduras, artesanatos, bonecos de barro, cestas para compras, para vender através de uma bodeguinha que ficava na mesma rua onde morávamos e em que eu nascera. E com que sacrifício ele conseguiu o parco dinheiro para o investimento. Fracasso maior.

Me lembro da última conversa de meu pai com o dono da bodeguinha. Respeitoso mas decidido, o homem devolveu as mercadorias deixadas na semana anterior e se recusou, obviamente, a receber as novas, parte das quais estávamos trazendo.

Voltamos para casa cabisbaixos e, agora, no momento em que escrevo, tão longe daquele cair de tarde, não posso deixar de pensar, com emoção que revivo, de um lado, na dor que o habitava por ver mais um sonho desfeito; de outro, na mágoa, na tristeza, na amargura com que ele possivelmente esteve, no percurso, silencioso, "bordando" o discurso que faria a minha mãe. Discurso sofrido sobre seu novo insucesso.

Aprendi na minha infância atribulada e convivendo com a dor moral de meus pais, experimentada nas mais diversas situações e quase sempre "recheada" de uma linguagem desrespeitosa, sobretudo, é óbvio, quando o sujeito paciente era minha mãe, a ser ou a tornar-me intensamente sensível ao dever de respeitar quem se acha em situação de fraqueza ou de debilidade. Em situações assim, a mim me dói dizer do outro, nem mesmo a mim próprio: é um mentiroso, é um golpista.

Quando, por exemplo, minha mãe, dócil e timidamente, pedindo desculpas ao açougueiro por não haver pago a ínfima quantidade de carne comprada na semana anterior, ao solicitar mais crédito para trezentos gramas a mais, prometia que pagaria as duas dívidas, na verdade ela não mentia nem tentava um golpe. Ela precisava de acreditar em que realmente pagaria. E precisava, de um lado, por uma razão muito concreta — a fome real da família; de outro, por uma questão ética — a ética de mulher de classe média cristã católica. E quando o açougueiro, zombeteiro, machista, a desrespeitava com seu discurso de mofa, suas palavras a pisoteavam, a destroçavam, a emudeciam. Tímida e esmagada, eu a vejo agora, neste momento mesmo, eu a revejo frágil, olhos marejando, deixando aquele açougue à procura de outro em que quase sempre se acrescentavam outras ofensas às já recebidas.

Não estou hoje como até mesmo à época não estava pretendendo que o açougueiro às suas custas financiasse a nossa crise. Não era e não é isso. O que me revoltava era o desrespeito de quem se achava em posição de poder a quem não o tinha. Era o tom humilhante, ofensivo, canalha, com que o açougueiro falava a minha mãe. A entonação de censura, de reprovação do discurso do açougueiro, que ele prolongava desnecessariamente e de forma que todos, no açougue, ouviam, me fazia um tal mal que, agora, preciso me esforçar para descrever a experiência.

Até hoje, nem digo duas vezes a uma pessoa o erro que cometeu, nem posso suportar que façam o mesmo comigo.

Nesta altura, porém, não posso deixar de fazer um comentário sobre a cultura machista que nos marca. Só ela pode explicar, de um lado, que minha mãe tomasse para si sempre o incômodo enfrentamento dos credores; de outro, que meu pai, tão justo e correto, aceitasse sabê-la expondo-se como se expunha (mesmo que ela não o informasse do que ouvia nos açougues e bodegas) e não assumisse a responsabilidade de tratar com os credores. Era como se a autoridade do homem devesse ficar defendida, no fundo, falsamente defendida, resguardada, enquanto a mulher se entregava às ofensas.

Se, àquela época, afugentada de açougues, como de "vendas" e barracas pelo não pagamento das dívidas, a família tivesse perdido as forças ou tivesse chegado em níveis mais profundos de carência de que resultasse experimentar o que minha tia Natércia, uma doçura de gente, costumava chamar "pobreza aberta", dificilmente nos teríamos recuperado. Foi preciso que, apesar de tudo, continuássemos no estado que Natércia denominava "pobreza fechada". O impossível era cair na mendicância, escancarando a necessidade, deixando-a desnuda e indefesa.

Assim se entende melhor a razão por que a família não se desfazia do piano alemão de Lourdes nem da gravata no pescoço de meu pai.

Voltemos um pouco a sua presença em casa. Invariavelmente, se não estávamos na escola, nos convidava a ajudá-lo, atividade em que meu irmão Temístocles era o mais eficiente de nós.

Foi de meu pai que escutamos, pela primeira vez, críticas à separação entre trabalho manual e trabalho intelectual. Foi também nas conversas informais com ele, à sombra das árvores que estávamos deixando naquela manhã, que tive as primeiras informações sobre a política brasileira de então.

Ausente do quartel e sem nenhuma forma de participação sistemática de caráter partidário ele se sentia, porém, profundamente identificado com o movimento de oposição ao governo de Washington Luís, que levou Getúlio Vargas à Presidência da República, em 1930.[16] Em nossas conversas com ele, como escutando atentamente as suas com nosso tio, já referido, João Monteiro, jornalista de oposição, que, com sua bravura e sua pureza, passava dois dias em casa e três na cadeia, tive o meu primeiro "curso" de realidade brasileira.

Me lembro de como o desrespeito às liberdades, o abuso do poder, a arrogância dos dominadores, o silêncio a que se submetia o povo, o desrespeito à coisa pública, a corrupção, que ele chamava de "ladroeira desenfreada", eram referidos em suas conversas, em seus comentários.

Ele nos ensinava democracia não apenas através do testemunho que nos dava — o do respeito a nós, a nossos direitos, o da forma como estabelecia limites necessários a nossa liberdade tanto quanto a sua autoridade — mas também pela crítica sensata e justa que fazia aos desmandos dos poderosos. E havia ainda algumas partes práticas daquelas lições de democracia. Uma delas era a possibilidade concreta que ele tinha de mostrar-nos a negação da liberdade vivida por João Monteiro.

Cabelos soltos e precocemente brancos, com a paz de quem cumpria o seu dever, altivo, jamais arrogante, nós o víamos cortando o quintal de nossa casa — ele morava ao lado, mas o nosso quintal dava acesso a duas ruas — acompanhado do araque que o levava a sua visita quase semanal à "geladeira". Assim era chamada a cela em que era "guardado" pelo "crime" de reivindicar a liberdade e de criticar os desmandos dos poderosos. E esse apelido advinha da prática "generosa" da polícia que, "defendendo" a democracia da ação dos "agitadores subversivos" daquela época, banhava a cela com água gelada em curtos intervalos.

João Monteiro foi tão vítima do espírito da "turma do lenço" que matou Chacon quanto vítimas deste mesmo espírito viriam a ser, em outro tempo histórico, Herzog, Rubens Paiva, Myrian Verbena[17] e milhares de brasileiras e brasileiros covardemente assassinados durante o golpe militar de 1964.

De tanto passar fins de semana no "conforto" que lhe era reservado, pelo violento inspetor-geral da polícia civil de Pernambuco, Ramos de Freitas, João Monteiro foi dominado pela tuberculose, de que veio a falecer em 1935, quando, esperançoso, procurava melhores ares no interior do estado.

Eu morava em Jaboatão e me lembro de que fui à estação da estrada de ferro para vê-lo — e aquela foi a última vez — durante os cinco minutos da parada costumeira que o trem de São Caetano, como era conhecido, fazia.

Estava alquebrado. Ombros arqueados. Fala rouca e difícil. Me olhou, sorriu. "Deus te abençoe. Venha me ver", disse, com o trem já andando.

Em 1928, ouvia meu pai e meu tio Monteiro falando do autoritarismo, da robustez do poder dos poderosos, do "sabe com quem está falando?", do arbítrio, dos desmandos, das falcatruas, do desrespeito ao povo, de sua exploração, do silêncio que lhe era imposto, da impunidade dos dominantes e de seus asseclas, da prática segundo a qual aos amigos, tudo; aos inimigos, a lei.

Em 1928, ouvia meu pai e meu tio Monteiro dizendo que não apenas era preciso mudar o estado de coisas em que andávamos mas era urgente fazê-lo. O país estava sendo destruído, roubado, humilhado. E então a frase célebre: "O Brasil está à beira do abismo."

Não fala e quando fala não é ouvido, é reprimido.

Saudando o marquês de Montalvão, vice-rei do Brasil, no Hospital da Misericórdia, na Bahia, em 1638, Vieira falava, no mais político de seus sermões, do silêncio que nos era impingido pela Corte, como sendo o pior dos males que nos afligia.

"Bem sabemos os que sabem a língua latina", diz Vieira, "que esta palavra, infans, infante, quer dizer o que não fala. Neste estado estava o menino Baptista, quando a Senhora o visitou, e neste esteve o Brasil, muitos anos que foi, a meu ver, a maior ocasião de seus males. Como o doente não pode falar, toda a outra conjectura dificulta a medicina. Por isso, Cristo nenhum enfermo curou com mais dificuldade e em nenhum gastou mais tempo, que em curar um endemoniado mudo: o pior acidente que teve o Brasil, em sua enfermidade, foi o tolher-se-lhe a fala; muitas vezes se quis queixar justamente", continua Vieira, "muitas vezes quis pedir o remédio de seus males, mas sempre lhe afogou as palavras na garganta ou o respeito ou a violência; e se alguma vez chegou algum gemido aos ouvidos de quem devera remediar, chegaram também as vozes do poder e venceram os clamores da razão".

"Perde-se o Brasil, senhor, [digamo-lo em uma palavra]", diz Vieira, "porque alguns ministros de Sua Majestade não vêm cá buscar nosso bem, vêm cá buscar nossos bens".

Jogando com a significação de tomar, ora como contrair responsabilidade, assumir as rédeas de algo, ora como roubar, apoderar-se do alheio, diz ainda Vieira ao marquês de Montalvão e a quem o acompanhava: "El rei [referindo-se aos ministros] manda-os tomar Pernambuco e eles contentam-se com tomar." "Este tomar o alheio, ou seja, o do rei, ou dos povos, é a origem da doença [do Brasil], e as várias artes e modos e instrumentos de tomar são os sintomas que, sendo de sua natureza mui perigosa, a fazem por movimentos mais mortal. E senão, pergunto para que as causas dos sintomas se conheçam melhor. Toma nesta terra o ministro da Justiça? Sim, toma. Toma o ministro da Fazenda? Sim, toma. Toma o ministro da República? Sim, toma. Toma o ministro da Milícia? Sim, toma. Toma o ministro do Estado? Sim, toma."*

"Senhores", diz Joaquim Nabuco em 1879, discursando em torno de um projeto de reforma constitucional, "o projeto que hoje se discute aparece neste registro debaixo dos mais tristes auspícios. É um projeto que foi debatido em conselho de ministros, resolvido em conferência ministerial, razão pela qual eu disse, e o nobre deputado pelo Piauí (o sr. Dória) levantou a minha expressão, que o auto do corpo de delito da iniciativa parlamentar estava em cima da mesa por letra do ministro da Justiça. É um projeto que foi discutido com audiência do imperador, que foi objeto de transações entre o ministério que determinou mesmo a retirada de dois dos mais ilustres de seus membros e que somente, depois de ter passado por todos esses trâmites, e depurações, chegou a esta casa, onde foi no mesmo dia coberto pela assinatura de uma grande maioria".**

---

* Vieira, Antônio. Pe. *Obras completas, Sermões*, Lisboa: Lello e Irmão, Editores Porto, 1959, v. III, t. VII, VIII e IX, p. 342-3. Interessante ler a análise deste mesmo sermão em E. L. Berlink, *Fatores adversos na formação brasileira*, 2ª ed. São Paulo: Impressora Ipsis, 1959, p. 86-7.
** Nabuco, Joaquim. Publicação comemorativa do 1º Centenário do Nascimento do antigo deputado por Pernambuco. Iniciativa da Mesa da Câmara dos Deputados, Rio de Janeiro, 1950, p. 64.

Nesse pleito, conforme diz Paulo Cavalcanti, referindo-se à disputa ao governo de Pernambuco em 1954 entre o usineiro João Cleofas e o general Cordeiro de Farias e em que os comunistas apoiavam o primeiro, a "Frente do Recife" compareceu dividida entre o voto a Cleofas e o voto em branco.

"Dois dias antes", continua Cavalcanti, "o trecho da rua Imperial, na Praça Sérgio Loreto, em que se localizavam a redação e as oficinas da *Folha do Povo*, órgão dos comunistas pernambucanos, ficou às escuras. Não surtiram efeito as reclamações ao serviço competente da Pernambuco Transways, truste norte-americano que fornece força e luz à cidade. Dizia-se que um defeito técnico não identificado era o causador do *black-out*. O fornecimento de eletricidade só recomeçou no dia seguinte ao das eleições. Entre a véspera e o domingo do pleito, falsificou-se uma edição da *Folha do Povo*, uma réplica absolutamente semelhante à original, com títulos e clichês habituais. Na manchete da edição lia-se em letras garrafais: 'Os comunistas devem votar em branco.' E seguia-se um suposto manifesto de Prestes, recomendando que não se votasse no usineiro Cleofas. Todos os bairros da cidade se viram praticamente cobertos pela distribuição dessa edição falsificada do jornal. Carros da polícia encarregavam-se da entrega de exemplares nas portas das sessões eleitorais, centenas de investigadores mobilizados para o serviço [...] Utilizando baixos expedientes de policialismo, não obstante, o general Cordeiro de Farias perdeu as eleições na capital, a 'Cidade Cruel', aparecendo de novo em seus momentos de invencibilidade".*

---

* Cavalcanti, Paulo. *O caso eu conto como o caso foi* — Da coluna Prestes à queda de Arraes, Memórias. 3ª ed. Recife: Guararapes Limitada, 1979, p. 284-5.

O autoritarismo continua, o desrespeito à coisa pública, a ladroeira, os escândalos palacianos, os PCs *colloridos* ou *descolloridos*[18] prosseguem devastando o país. A impunidade escancarada. Rouba-se, mata-se, viola-se, sequestra-se e nada ou quase nada acontece. Chacina-se covardemente uma multidão de presos,[19] os mortos são os culpados e ainda se discute a semântica da palavra chacina.

O golpe é a virtude; a coisa suja, o modelo. A sem-vergonhice, o testemunho a seguir.

Nada disso, porém, apesar da força com que se repete e da impunidade ou quase impunidade, deve constituir-se em razão de apatia, de fatalismo. Pelo contrário, tudo isso nos deve empurrar à luta esperançosa e sem tréguas.

É incrível como as classes dominantes neste país, mesmo os seus setores mais modernizados capitalisticamente, repetem sempre procedimentos e hábitos que têm o ranço do estilo colonial.

A arrogância no trato com as classes populares, o seu descaso por elas, a gula com que as exploram, o seu autoritarismo, o discurso em que descaradamente dizem o contrário do que fazem, os pretextos mais insustentáveis para justificar suas medidas de exceção com que, através do tempo, vêm calando ou tentando calar o povo brasileiro.

Meu pai e meu tio Monteiro estariam hoje, como ontem estiveram, contra a opressão das classes trabalhadoras, em defesa dos fracos, contra a arrogância dos poderosos, pasmos diante de sua insensibilidade, lutando ao lado dos milhões de brasileiros e brasileiras que repetem, ao longo de nossa história, a sua repulsa ao arbítrio. Estariam hoje contra os que consideram que as greves dos trabalhadores são a expressão do gosto subversivo de eternos insatisfeitos que procuram desestabilizar o governo, que dizem ser democraticamente amoroso dos trabalhadores.

Quantas vezes, à sombra das árvores da casa em que nasci e que deixara para ir morar em Jaboatão, eu os ouvi falando, mesmo que nem sempre tudo entendesse, da necessidade que o país tinha de mudar.

Naquela manhã chuvosa de abril, na boleia do caminhão, mergulhado em silêncio, meu pai era um homem diferente. O seu silêncio, contudo, que em outra circunstância poderia me ter afetado, não fazia mal naquela. O seu silêncio coincidia com o meu. Tinham ambos a mesma razão, somente que em níveis diferentes. Não apenas nada lhe perguntei, enquanto o caminhão se arrastava lento e preguiçoso, mas também gostei que ele a mim nada me tivesse perguntado.

O motorista ao lado respeitou o nosso pacto. Nada perguntou também. Nada disse a não ser um muito obrigado quando aceitou um cigarro que meu pai lhe ofereceu.

6ª Carta

Meus estudos no Colégio Oswaldo Cruz, do Recife. Meus professores e meus amigos mais queridos

"Hoje, fincado nos meus setenta e dois anos e olhando para trás, para tão longe, percebo claramente como as questões ligadas à linguagem, a sua compreensão, estiveram sempre presentes em mim."

Jaboatão, cidade pequena, intensamente paroquial à época em que lá chegamos, é a sede do município do mesmo nome. Faz parte hoje do que se chama Grande Recife, mas, já em 1932, começava a sofrer a expansão do centro maior que tendia, naturalmente, a transformá-la numa espécie de subúrbio seu.

Engenhos de açúcar, reduzidos ao papel de meros fornecedores de cana a duas ou três usinas medianas; uma fábrica de papel pertencente, na época, a um grupo alemão; algumas pequenas e primitivas indústrias de pedra britada; as oficinas mecânicas da antiga Great Western, hoje Rede Ferroviária Federal; um comércio a varejo não muito grande e dois ou três armazéns de grosso, em que se abasteciam os "barracões" dos engenhos[20] e das usinas, constituíam as fontes principais de trabalho para a população rural e urbana do município, a que se juntava uma incipiente burocracia municipal e estadual.

Algumas escolinhas primárias, obviamente precárias, em todos os sentidos, se perdiam, como se fossem salpicos, pela zona rural. A elas se juntavam no centro urbano algumas poucas que, embora regidas por professoras diplomadas e contando com maiores recursos, eram, porém, medíocres e rotineiras.

Duas educadoras mercantes, Cecília Brandão e Odete Antunes, a primeira já referida em uma destas cartas e que me ajudou com paciência e eficácia a superar lacunas de minha escolaridade, faziam exceção à debilidade educacional da pequena cidade. Ambas, ora no ensino privado ora no público, deram, ao longo de suas longas vidas, uma indiscutível contribuição às gerações que por elas passaram. Creio que mereciam as duas um estudo de suas vidas e de sua prática de educadoras.

Mulher, na verdade, extraordinária, Cecília era um misto de tradição e modernidade. Combinava, nos seus sessenta anos, vestidos longos, mangas compridas, fechados no pescoço, com uma curiosidade em torno da ciência, dos problemas do mundo. Formou-se em Direito pela Faculdade do Recife aos setenta e poucos anos, respeitada e querida de seus colegas e de seus professores. Latinista, gramática sem ser gramaticoide, pianista, tão amorosa dos chorinhos brasileiros quanto da criação dos Beethoven, dos Mozart.

Muitas vezes, visitando-nos, em tardes de sol, tocava no piano alemão de Lourdes. Dava pequenos concertos para a família a que eu sempre assistia.

Ela sabia muito bem as aperturas por que passávamos, e, não poucas vezes, nos ajudou desta ou daquela maneira.

Foi numa daquelas visitas que ela, antes de começar a tocar, disse a minha mãe da alegria que teria de me ter como seu aluno e, de forma delicada, mas sem subterfúgios, deixou explícito que não queria nenhum dinheiro por seu trabalho. Queria apenas me ajudar, me ensinar, rever comigo as coisas que eu já sabia e trabalhar comigo as que eu ainda não sabia.

Cecília Brandão e Aluízio Pessoa de Araújo* têm muito o que ver com a minha formação. Sem Cecília, dificilmente poderia ter chegado ao Colégio Oswaldo Cruz. Sem Aluízio, dificilmente poderia ter me experimentado na vida como tenho feito. Foi Cecília quem despertou em mim o gosto quase incontido, que me acompanha até hoje, pela linguagem, que comportou, num primeiro momento, o prazer pelos estudos de gramática sem resvalar jamais para as gramatiquices. Gosto que seria reforçado e aprofundado, em seguida, já no Colégio Oswaldo Cruz,** sob a influência do professor José Pessoa da Silva, então jovem estudante de Direito da Faculdade do Recife.

Hoje, fincado nos meus setenta e dois anos e olhando para trás, para tão longe, percebo claramente como as questões ligadas à linguagem, a sua compreensão, estiveram sempre presentes em mim. É interessante notar, por exemplo, como a primeira influência marcante que recebi neste campo e que hoje facilmente percebo foi a de Eunice Vasconcelos, já referida em uma de minhas cartas. Eunice, a minha primeira professora profissional, a que me ensinou a "formar sentenças". Ela abre um caminho a que chegam depois Cecília, José Pessoa e Moacir de Albuquerque.

---

* Freire, Paulo. *Pedagogia da esperança: um reencontro com a Pedagogia do oprimido*
** Nota de Ana Maria Araújo Freire, em *Pedagogia da esperança*.

Foi José Pessoa, quando eu ainda era aluno do Colégio Oswaldo Cruz, que sugeriu a Aluízio,[21] seu diretor, que eu fosse aproveitado como professor de Português.

Pessoa me punha à disposição seus livros para que os lesse e me apresentava a famosos professores do Recife, entre eles José Lourenço de Lima e José Brasileiro, com quem, em conversas desarmadas e fraternas, aprendi muito.

Moacir de Albuquerque, brilhante e apaixonado pelo que fazia, amoroso não só da literatura que ensinava — se é que se pode ensinar literatura —, mas amoroso também do próprio ato de ensinar, aguçou em mim alguma coisa que Pessoa havia insinuado em suas aulas. Aguçou em quão gostoso e fundamental era perseguir o momento estético, a boniteza da linguagem.

Não apenas em suas aulas mas em sua casa, quando, vez ou outra, me convidava para almoçar ou jantar, ele chamava minha atenção para o tratamento primoroso do discurso. Referia-se então a Gilberto Freyre, a Machado de Assis, a Eça de Queiroz, de quem se dissera que "desossara a língua portuguesa", a Graciliano Ramos, a Bandeira, a Drummond, a Lins do Rego, a quem anos depois fui apresentado, no Rio, por meu amigo Odilon Ribeiro Coutinho, escritor hoje, que deleitaria Moacir de Albuquerque, se vivo fosse. Escritor e conversador como poucos, fale ou escreva dos "mistérios molhados", "gordos", de Lins do Rego, ou da elegância "seca" mas sem arestas de Graciliano ou dos contornos sensuais de Freyre. Fale do que fale. De Picasso, de Matisse, de Lula Cardoso Aires, de Brenand ou de Rego Monteiro, pouco importa, Odilon jamais fala por falar ou escreve só para mostrar que escreve.

Gilberto Freyre me dizia, com admiração, numa conversa à beira-mar, na Ilha de Itamaracá, a primeira e a última depois de minha volta do exílio, do jeito boêmio de Odilon tratar a linguagem. De Odilon falar e escrever.

Mas, deixem-me voltar a reviver Jaboatão e algumas de suas gentes e algumas das tramas em que me envolvi. E não é possível fazê-lo sem falar de seus rios, um deles, o que mais me molhou, o Duas Unas, vindo de longe, serpenteando a cidade, cheio de recantos bonitos, de pequenas quase enseadas que a gente chamava "bacias", rodeadas de ingazeiros que douravam suas águas com seu pólen e em que os meninos se banhavam, nadavam, pescavam e viam, com o coração batendo, mulheres nuinhas tomando banho. Rio Duas Unas que se encontrava com o outro, o rio Jaboatão, nas fronteiras da mesma fábrica de papel que os destruiu a ambos, com a contribuição eficaz das usinas de açúcar que neles despejavam suas *caldas*. Fábrica de papel e usinas que os poluíram e os desfiguraram,[22] "mijando" neles, diria Gilberto Freyre.

Quando chegamos a Jaboatão os rios não estavam ainda degradados em nome de uma concepção perversa de desenvolvimento e em função do poder de quem tem poder. Os rios eram ainda vivos. Tomávamos banho neles sem medo, pelo contrário, suas águas claras e mornas, raramente frias, quase nos acariciavam. Guardavam, é verdade, uma grande ameaça ainda desconhecida pelas populações ribeirinhas: a esquistossomose. Mas estavam virgens das sujeiras que tomaram conta de tantos rios brasileiros, virgens dessas orlas de espuma branca ou esbranquiçada que vão se juntando nas margens dos rios condenados.

Havia vida neles. Peixes, camarões, pitus, matinhos aquáticos. E neles experimentávamos também intensos momentos de vida.

Foi sobretudo em função do rio Duas Unas, morando quase a sua margem, que meus irmãos e eu mudamos, não repentinamente, é claro, de psicologia, com o deslocamento de um *quintal* arborizado de centro urbano, para o novo contexto sociológico — o de moradores de beira de rio.

Mudamos de psicologia na medida em que o novo contorno desafiava com novos estímulos nosso corpo, nossa sexualidade. Antes, no Recife, vivíamos entre árvores frondosas e muito próximos dos mais velhos. Em Jaboatão, na beira do rio, tínhamos a possibilidade de ver um ou mais corpos desnudos de mulher banhando-se naturalmente.

Saímos do quintal de uma casa para conviver com tudo o que isso implica, com a "estrada" de água de um rio, recebendo o seu convite para a essa "estrada" nos expor. Em breve, sobretudo, meu irmão Temístocles e eu viramos "exploradores" do "caminho" do rio.

A crise, que a simples mudança do Recife para Jaboatão não superaria magicamente, nos ensinou rapidamente a fabricar nossos badoques e nossas varas de pescar com anzol de alfinete. O "caminho de água", o rio mesmo que nos chamava e nos atraía, oferecia, nas suas margens, os pássaros — as galinhas-d'água, os sabiás, os sanhaçus, os frei-vicentes e, nas suas águas, os peixes de pequeno porte — os gundelos, piabas, carás, camarões, aratanhas, pitus, aruás.

Ubaldino Figueiroa, Dino, hoje próspero e honrado comerciante em Jaboatão, um dos melhores amigos que fizemos e cuja amizade continua tão fraterna agora quanto em

1932, foi quem nos introduziu àquela gostosa aventura de cortar fronteiras de quintais que marginavam o "caminho de água" do Duas Unas.

Pescávamos nas suas águas; "caçávamos" nos quintais banhados por ele. Jogávamos futebol em campos às vezes improvisados, às vezes institucionalizados, localizados em terrenos ao lado do rio.

Havia um, o mais famoso, situado na parte mais bonita do percurso. O rio tem ali duzentos metros de reta, com as margens, então, cobertas de ingazeiros e arbustos verdes e redondos. "Vovó" era o seu nome.

Disputávamos animadíssimas partidas de futebol e, depois, fazíamos natação. Nado livre, nado popular, sem estilo nem regras.

Aquele pedaço bonito de rio era um ponto de atração para meninos e para gente grande também, de diferentes pontos da cidade. A água fresca e a verdura das margens, a possibilidade de praticar a natação, o nado clássico assim como o nado comum, tudo isso fazia aquele recanto quase virar um "clube" popular ou uma pequena praia.

Novas amizades eram sempre possíveis de ser feitas. Estórias de assombrações, gemidos de dor, gargalhadas zombeteiras, até rangidos de carros de boi povoando a escuridão das noites de terras de velhos engenhos que cercavam a cidade de Jaboatão.

Uma das possibilidades que têm os oprimidos, em culturas de dominação e em momentos pré-tecnológicos, operando no nível do imaginário, é atribuir sofrimento, padecimento como castigo divino, à alma dos agentes da opressão. Chefes de eito malvados, pouco tempo depois de mortos, de suas almas penadas se começa a dizer que costumam "aparecer" através de lamentações, em noites de quarto minguante, chorando ou quase "uivando" de arrependimento de sua malvadez. Para o oprimido, neste nível de compreensão da história, mais do que imaginar, "saber" que a alma do perverso chefe de eito chora e se lamenta, penando pelos maus-tratos que praticou, chefe de eito que, em vida, teve sempre as costas largas do *senhor*, é uma certeza que o consola.

É possível que algumas das estórias mal-assombradas[23] que ouvi na meninice, mais as que ouvi em Jaboatão do que as que ouvi no Recife, não apenas de almas de cruéis feitores pagando por sua fereza, mas também de almas de negros velhos abençoando os mansos e pacientes, tivessem operado em mim, sem que o soubesse, no sentido de minha compreensão da *luta* na história. Do direito e do dever de brigar que devem impor-se a si mesmos os oprimidos para a superação da opressão. O ideal é quando a mobilização, a organização, a luta dos oprimidos começam a mudar a qualidade de sua cultura e da história e os mal-assombrados passam a ser substituídos pela presença viva dos oprimidos, das classes populares na transformação do mundo. O ideal é quando, exercendo o seu direito de crer em Deus, em sua bondade, em sua justiça, em sua presença na história, os oprimidos, como classe e como indivíduos, tomando a história nas mãos, reconheçam que fazê-la e por ela ser feitos é tarefa de mulheres e de homens, é problema seu. O ideal está em punir os perversos, os matadores de lideranças populares, de camponeses e dos povos da floresta, aqui e agora. Puni-los na história, eficazmente, com justiça. O ideal está em quando, superando a nossa fraqueza e a nossa impotência, não precisemos mais de nos contentar com a punição das almas dos injustos, "fazendo-as" vagar com soluços penitentes. Precisamente porque é o corpo consciente, *vivo*, dos cruéis que precisa soluçar, punidos na cadeia, na sociedade que se reinventa para humanizar-se.

Numa certa manhã ensolarada de domingo, esquentávamos o corpo ao sol, num momento de repouso de nosso exercício de natação, Temístocles, Dino e eu, quando um garoto de nossa idade se aproximou de nós e se incorporou a nossa conversa. Ele vinha de uma zona, mais para o fundo da cidade, bastante populosa, se não rural, quase rural.

Entre Rios é seu nome. Há muitos anos que não revejo Entre Rios. Deve haver mudado tanto quanto o rio Duas Unas mudou, tanto quanto meu corpo mudou.

Já não me lembro do nome do menino e até lamento que não tenhamos criado e estreitado amizade. Mas a memória dele ficou morando em nós por causa do caso de que ele era participante e de que nos falou. O de sua experiência na escola, o dos seus medos do truculento professor, cujo perfil ele fazia movendo o corpo inteiro, as mãos, os braços que ele abria ao máximo para sugerir a rotundidade do professor. "Seu" Armada era o seu nome. As proezas de "seu" Armada, seu jeito de ser feitor em sendo professor, seu autoritarismo, seus métodos violentos, tudo muito bem descrito pelo recém-chegado.

Hoje eu sinto, ao recordar o caso, que a narração do menino era uma forma de que ele se servia para extrojetar o medo, para enfrentar, menos dificilmente, no dia seguinte, o "seu" Armada enquanto ameaça. Era como se ele precisasse de se tornar mais íntimo do perigo. Falar, como ele falava, de "seu" Armada, era um modo mágico de banalizar o risco. E ele o fez tão bem que provocou em nós, em Temístocles, em Dino, em mim, uma vontade incontrolável de ir às redondezas daquele domínio. E foi o que fizemos, dois dias depois, ajudados pelas indicações que nos deu o nosso amigo.

"Seu" Armada era um homem alto, um homem do povo, de poucas letras, gordo como Adelino, bem mais moço que ele e sem, certamente, jamais os momentos de ternura de que Adelino pontilhava seus instantes ásperos.

Nenhuma criança das redondezas tinha paz, nos disse nosso informante, só em pensar que poderia um dia ser matriculada na sua célebre escola. Uma escola particular, na sala minúscula de sua casa, com mais crianças do que espaço.

"Anda, Pedrinho, te apressa, menino. Se tu continua assim um dia inda te meto na escola de 'seu' Armada", este deveria ser o discurso com que mães e pais procuravam estimular seus Pedrinhos e suas Carminhas.

Só em saber das estórias em torno do professor eu reagia duramente contra ele. Enquanto escutava, por exemplo, as estórias que nosso amigo nos contava na beira do rio, eu sonhava com vê-lo proibido de ter escola e posto de joelhos sobre grãos de milho, tal qual ele fazia com os meninos.

Quando nos aproximávamos do "arraial" de "seu" Armada, já de longe nos sabíamos nas vizinhanças. Uma cantoria, com ares de ladainha, dizia: Um b com a, faz ba, um b com e, faz be, um b com i faz bi, um b com o faz bo, um b com u faz bu. Ba, be, bi, bo, bu. Ba, be, bi, bo, bu.

Ba ba, be be, bi bi, bo bo, bu bu. Ba, be, bi, bo, bu.

Paramos a uns trinta metros da escolinha, à sombra de um oitizeiro, sem saber exatamente o que fazer. Houve um silêncio para, em seguida, outra cantiga recomeçar a cadência sonora: 1 e 1, 2; 1 e 2, 3; 1 e 3, 4; 1 e 4, 5; 1 e 5, 6; 1 e 6, 7; 1 e 7, 8; 1 e 8, 9; 1 e 9, 10. Ouvíamos a voz forte, contundente, de "seu" Armada, 4 e 2, 6; 4 e 2, 6.

De repente, escutamos um baralho incomum e vimos um menino magrinho, ligeiro como uma flecha, quase voando e, atrás dele, descompondo-o, cara irada, olhos raivosos, braços erguidos, "seu" Armada e seus quilos correndo em desvantagem. O menino passou por nós como uma bala. No mínimo, trinta a quarenta passadas à frente de "seu" Armada. De repente, como se tivesse se atropelado na própria raiva, "seu" Armada embicou e se foi inteiro ao chão. A calça de brim do professor se rasgou à altura do joelho que sangrava, ralado no atrito entre o corpo pesado e o chão seco e duro. "Seu" Armada esconjurava o menino que não escaparia a sua raiva, a sua punição, a sua violência. Semissentado, voltado em direção à escolinha esvaziada das crianças, que, na rua, assustadas, o olhavam caído e irado, "seu" Armada esbravejava, ameaçava Deus e o mundo.

"Seu" Armada havia caído a quatro passos de nós. Pudemos vê-lo pleno de raiva. Raiva do menino que o provocara, raiva da humilhação de ver seu corpo pesado, tombado no chão, raiva da dor no joelho ralado, raiva do êxito momentâneo do menino que escapara.

Pude ver essas raivas todas na sua cara, na ira de seus olhos.

Os vizinhos chegaram rápidos e prestimosos, ajudaram "seu" Armada a pôr-se de pé, enquanto os meninos, assumidos por um medo maior, voltaram silenciosos para a escolinha.

Talvez o tropicão que "seu" Armada levou, seu corpanzil estourando-se no chão, seu esforço para sentar-se de que resultou apenas semissentar-se, quase vencido pelo acidente, talvez isso tudo ou a memória de tudo isso re-vivida diariamente tivesse terminado por sublinhar aos meninos que "seu" Armada também era vulnerável. O algoz tropicara, tombara, caíra.

Talvez isso explique a rebeldia quase sistematizada que, a partir do tombo de Armada, as crianças da zona assumiram. Nos foi dito pelo mesmo menino, noutro encontro à beira do rio, que Armada passou a ser azucrinado toda vez que saía e andava pelas ruas de seu bairro. Havia sempre um menino que, escondido numa esquina de rua ou por trás de uma árvore, gritava:

— "Seu" Armada caiu?
— Caiu.
— "Seu" Armada chorou?
— Chorou.

Quanto mais a voz tenra do oprimido zombava do opressor, com o corpo, porém, do oprimido escondido, inalcançável, tanto mais a voz tenra se tornava capaz de tirar a paz do mais forte. Em certo momento, o mais forte vai-se tornando débil.

"Seu" Armada começou a temer andar nas ruas, apesar de seu poder, sobretudo de sua fama.

É possível mesmo, ainda que não possa afirmar, que tenha amenizado, nas aulas, a sua aspereza.

"Seu" Armada, contado, não era uma exceção nem uma extravagância cultural. Havia outros tantos Armadas, cuja disciplina férrea imposta aos alunos era inclusive requerida pelos pais e pelos mais convencidos de que o tratamento duro é que faria de seus filhos gente séria.

Anos depois, no Recife, quando trabalhava no Serviço Social da Indústria, Sesi,* passei uns quinze dias visitando diariamente morros e córregos nas áreas populares. Entrei em tantas escolinhas populares quantas encontrei para conversar com professores ou professoras. O autoritarismo permanecia. Encontrei várias palmatórias em que se achava escrito, a canivete, "acalma coração".

A tradição autoritária brasileira, a memória escravocrata, a experiência de exacerbação do poder que corta, entre nós, as classes sociais, tudo isso explicava "seu" Armada. "Seu" Armada não poderia, na verdade, existir só, como se fosse incômoda exceção.

"Seu" Armada não contestava; pelo contrário, confirmava as nossas tradições autoritárias.

Hoje, sessenta anos decorridos, depois das aventuras de "seu" Armada, a "pedagogia do tapa" ainda é defendida e praticada por um sem-número de famílias, não importa a classe social a que pertençam, como eficaz pedagogia. Contra esta se levanta uma outra tão negativa quanto ela, a da *licenciosidade*, segundo a qual as crianças fazem o que querem.

Negando as duas, a do tapa e a do espontaneísmo, esperamos que se afirme uma prática democrática em que nem a autoridade se exacerbe, afogando a liberdade, nem esta, hipertrofiada, anule a autoridade, mas em que, *limitando* a liberdade, a autoridade igualmente se limite.

---

* Freire, Paulo. *Pedagogia da esperança: um reencontro com a Pedagogia do oprimido.*

7ª Carta
JABOATÃO: "AÍ SE ENCONTRAM AS MAIS REMOTAS RAZÕES DE MINHA RADICALIDADE"

"Muitas vezes, com Temístocles, fiquei rondando a porta do cinema, esperando que o porteiro, gordo e bonachão, nos permitisse a entrada nos dez minutos finais da projeção."

JABOATÃO, 1932. NENHUMA ESCOLA SECUNDÁRIA. Os e as que tinham recursos para frequentar escolas deste grau deveriam deslocar-se diariamente para o Recife num trem pachorrento, que fazia o percurso, dezoito quilômetros, em quarenta e cinco minutos.

O centro da cidade era habitado, preponderantemente, por uma classe média de funcionários públicos, municipais, estaduais e alguns federais, comerciantes, empregados de escritório das empresas antes referidas, profissionais liberais e por um ou outro dos potentados da cidade, os donos das usinas e dos engenhos.

Um cinema apenas. Inferior ao nada bom cineminha do bairro vizinho ao em que nasci no Recife e em que aplaudia, como grande parte dos meninos de minha geração, a Tom Mix e seu cavalo branco, a Buch Jones e a Rin-Tin-Tin.

Muitas vezes, com Temístocles, fiquei rondando a porta do cinema, esperando que o porteiro, gordo e bonachão, nos permitisse a entrada nos dez minutos finais da projeção. Era sempre com uma cara simpática que ele, depois de consultar o seu grosso relógio de algibeira, nos chamava e nos fazia entrar. Fez isso várias vezes, não somente conosco mas com outros meninos. Um dia, teve de parar, o que nos comunicou com tristeza, quase com vergonha, como se estivesse pedindo desculpas. O patrão soubera de sua prodigalidade e o ameaçara de despedi-lo.

A partir daquela noite, somente de tempo em tempo víamos a cara simpática de nosso amigo porteiro. Era sinal de que haviam sobrado alguns níqueis em casa.

Duas bandas de música, uma dos empregados de escritório da então Great Western, Rede Ferroviária Federal; a outra, organizada e dirigida por uma figura extraordinária de artista e sacerdote, o padre Cromácio Leão, se revezavam, sobretudo durante o verão, nos domingos à noite. Eram as célebres retretas que traziam para a praça principal da cidadezinha modesta meninos e meninas, mulheres e homens, velhos e moços para aplaudir a sua banda favorita.

As bandas de música, onde quer que existissem, em cidades interioranas, tinham sempre, entre outros, o papel importante de trazer as gentes à rua, de fazê-las encontrar-se, ver-se, falar-se.

Havia uma época do ano em que as duas bandas se defrontavam, se mediam, se experimentavam, uma em frente à outra, em seus coretos enfeitados. Era em janeiro, quando se festejava e continua a se festejar Santo Amaro, o padroeiro da cidade. Tempo, mais que qualquer outro, de roupa nova, de sapatos novos. Nunca me esqueço das cores fortes, de tom preponderantemente vermelho, que caracterizavam os vestidos das camponesas morenas que vinham homenagear seu santo e, certamente, pedir-lhe que lhes desse um ano melhor.

"A maior adversária da Banda Paroquial", diz Van Hoeven Veloso, "era a Banda Ferroviária. Entre as duas houve os mais renhidos encontros musicais". "Certo dia", continua Veloso, "uma comemoração cívica terminou com uma retreta pelas duas bandas na praça Dantas Barreto. Mal começou a retreta, logo começou também a disputa musical. E no fim, nenhuma das duas queria descer primeiro do coreto. Já era tarde da noite, e o resultado é que o juiz de direito e o delegado tiveram de intervir, terminando a retreta da seguinte maneira: descia do coreto um músico da Ferroviária, depois outro da Paroquial e, assim, até descer o último. E ainda houve, de início, uma dificuldade a superar: qual o músico que descia primeiro? De qual das bandas?"*

Cedo me inclinei pela Banda do Padre, como era também conhecida. Ele, que era, como meu pai, do Rio Grande do Norte, nos visitara recém-chegados a Jaboatão. Conversara largamente com a família no primeiro encontro, e uma amizade franca se criou entre nós. Muitas vezes fui a sua casa, menino ainda ou já rapaz, e ele me recebia, em qualquer dos tempos daquelas visitas, com a mesma atenção. Nada forçado, nada protocolar, nada catequético. Sempre muito humano e apaixonado ao falar da música em geral, ao falar de sua banda ou do excelente orfeão paroquial que criara.

---

* Ferreira, Veloso van Hoeven. *Jaboatão de meus avós*. Recife: Biblioteca Pernambucana de História Municipal, 1982, p. 184.

No momento em que escrevo me revejo a mim e a ele numa daquelas visitas. Eram três horas da tarde, dia de seu aniversário. Fora abraçá-lo em nome da família. Recebeu-me com manifesta alegria, oferecendo-me, em seguida, uma gostosa fatia de "bolo de rolo", feito por alguma devotada "filha de Maria". Bolo de rolo, como, até hoje, só o Recife e suas redondezas sabem fazer.

Quis saber como eu ia pela escola, se continuava gostando de Jaboatão, se tinha ido à última retreta em que sua banda tocara.

Em certo momento, parou de falar, inclinando a cabeça em direção à janela. Pôs-se de pé, atento aos acordes de um piano que entravam em sua sala sem pedir licença. Silencioso ainda e visivelmente mal-humorado, andou para a frente e para trás por toda a sala evitando as cadeiras. Depois, parando em frente a mim, fitou-me profundo e disse: "Paulo, Beethoven, Bach, Chopin, todos os grandes músicos estão no céu. Mas essa jovem — e apontou para uma das casas em frente — corre o risco de ir para o inferno. Ninguém pode fazer o que ela faz impunemente."

Depois, já sentado, me olhou novamente. Sorriu um sorriso ameno e, menos enfático, ensaiou uma autocrítica: "Talvez eu seja demasiado exigente. De qualquer maneira..." Não completou a frase, como se estivesse arrependido de ter começado a amainar a crítica, enquanto a jovem continuava a romper o silêncio da rua naquela tarde calorenta e abafada.

Além de maestro e compositor era também fone latinista, com quem Cecília se aprimorou, e profundo conhecedor da língua portuguesa, em cujos estudos mais sérios no começo de minha juventude e já aluno do Colégio Oswaldo

Cruz, tive nele um guia exemplar. Entre os vinte e os vinte e um anos, já morando de novo no Recife, várias foram as vezes em que o visitei e com ele conversei longamente, com alegria adolescente, sobre meus estudos demorados, metódicos, dos serões gramaticais de Ernesto Carneiro Ribeiro, da Réplica e da Tréplica de Rui Barbosa. Sobre minha "convivência" com gramáticos portugueses e brasileiros.

Ao recordar agora não só aquelas visitas mas as minhas leituras e a minha atividade de professor de língua portuguesa, recordo também como, sob a influência de Pessoa da Silva mas sobretudo de Moacir de Albuquerque, ler Machado de Assis, Eça de Queiroz, Lins do Rego, Graciliano Ramos, Gilberto Freyre, Manuel Bandeira, Drummond terminou por me ensinar que não pode haver antagonismo entre "escrever certo" e escrever gostoso; que escrever gostoso é que é, em última análise, escrever certo.*

Por isso é que, a partir de determinado momento de minha experiência intelectual, já não me bastava que me dissessem não ser possível começar uma sentença com um pronome objetivo. *Me* afirmaram isto. Ou que o pronome *lhe*, porque pronome *dativo*, não podia ser *objeto* de um verbo transitivo direto. Daí o erro dos "eu *lhe* amo". Na verdade, para mim o *me* afirmaram é muito mais sonoro do que o afirmaram-me e eu *lhe* amo mais amoroso que eu *o* ou *a* amo.

Padre Cromácio e Cecília, estou certo, jamais escreveriam *me* afirmaram ou eu *lhe* amo. Isto, porém, não abalaria nem jamais abalou a minha admiração e o meu respeito por ele e por ela.

---

* Freire, Paulo. *Pedagogia da esperança: um reencontro com a Pedagogia do oprimido.*

Retretas de Jaboatão. Festas de Natal e de Ano-novo. Festas de Santo Amaro. O trem das sete da manhã, o percurso da Estação Central ao Colégio Oswaldo Cruz, passando pelo Pedro Augusto e pelo Nossa Senhora do Carmo, onde ficava um pedaço de minha alegria.

Namoradas da juventude. Jamais pensei, no tempo em que, em diferentes momentos, sofria pela impossibilidade de com uma ou outra conversar, que tantos anos depois guardaria a saudade sossegada e tranquila que delas guardo hoje. Mais ainda, a certeza que tenho da alegria que teria de revê-las.

Trem das sete da manhã, estudantes felizes ou preocupados com as provas parciais — Dulce, Teo, Selma, Iracy, Carneiro Leão, Toscano. No meio deles e sem que eles e elas talvez percebessem, eu pobre, magro, desengonçado, feio, muitas vezes me senti inibido. Se tinha uma dor de dente fazia o possível para ocultá-la. Falar dela poderia provocar a sugestão de um deles de ir ao dentista e eu não poderia. E porque não ia ao dentista a situação se agravava. As dores se amiudavam na medida em que as cáries se aprofundavam. A minha inibição crescia e tomava novas formas com a deterioração de um ou outro dente. Mudava forçadamente a maneira de rir e alterava assim a minha própria expressão.

Na minha luta contra a inibição explicável tive, na seriedade de meus estudos de português, a ajuda forte de que precisava. Não que nenhum deles ou que nenhuma delas tivesse jamais, por palavras ou gestos, revelado ou insinuado o mais mínimo destrato a mim. Não era preciso. Bastava que eu mesmo me sentisse inseguro. Não eram elas ou eles que me agrediam, era a realidade difícil em que me achava.

Por isso tudo é que, resolver as suas dificuldades em torno da sintaxe do pronome *se*, suas dificuldades em torno do uso do infinito pessoal, falar-lhes sobre o emprego da *crase* dava a mim a segurança que me faltava.

O conhecimento da sintaxe do pronome *se* amenizava o que me parecia ser a minha angulosa feiura.

Era então aluno do Colégio Oswaldo Cruz,* um dos melhores estabelecimentos de ensino do Recife, na época. Dr. Aluízio Araújo, seu diretor, após conversar com minha mãe, no fim de uma semana de peregrinação por educandários recifenses à procura de alguém que aceitasse seu filho como aluno gratuito, dera a ela o tão esperado sim.

Ela saía de Jaboatão, manhã cedo, esperançosa de, na volta, à tardinha, trazer consigo a razão de ser da sua e da minha ansiosa alegria, a de haver conseguido a matrícula gratuita para meus estudos secundários.

Ainda me lembro de seu rosto em forma de riso suave quando ela me disse, no caminho entre a estação do trem e nossa casa — sabia a hora da sua chegada e fui esperá-la —, a conversa que tivera com o Dr. Aluízio e a sua pronta decisão em oferecer-me a oportunidade de estudar. Ele fizera só uma exigência: que eu realmente me aplicasse aos estudos.

Cedo me sentiria ligado ao colégio, a seus pátios, suas salas, às mangueiras em cuja sombra recreávamos, a alguns colegas a quem, por uma ou outra razão, comecei a admirar. Frígio Cavalcanti, Maria Lúcia, Jaime Gamboa, Paulo do Couto Malta, Albino Vital, Euler Maia; a alguns professores

---

* Freire, Paulo. *Pedagogia da esperança: um reencontro com a Pedagogia do oprimido*; e Ana Maria A. Freire, em suas notas.

como Amaro Quintas, Moacir de Albuquerque, Valdemar Valente, Pessoa da Silva, Julio de Melo, José Cardoso, mas sobretudo a Aluízio e a Genove, sua esposa e colaboradora.

Aprendi bastante de minhas relações com meus professores, de minhas relações com meus colegas e, depois, com as que mantive com os alunos de português, mas aprendi muito da bondade simples e sempre disponível de Genove e Aluízio. Apesar de jamais haver omitido a minha gratidão por eles, é possível, contudo, que ele tenha morrido sem imaginar a extensão do bem que ele e ela me ensinaram a querer-lhes.

Aluízio e Genove, como pessoas, ocupam um lugar na minha vida, tão importante quanto a casa em que nasci e a cidade de Jaboatão. Por isso é que não há uma vez em que indo ao Recife por alguns dias, não fale com Genove e não visite Jaboatão, experimentando-me em algumas de suas ruas, de suas praças, um pouco perdido no tempo. Valho-me sempre, nestas ocasiões, de Dino, que, estimulando minha memória, me re-situa no passado.

Morro da Saúde, a casa em que vivi e em que meu pai morreu.* Estive lá há algum tempo. Quis mostrá-la a Maria de Fátima, uma de minhas filhas. Olhei-a calado. Momentos diferentes, vividos ali e fora dali, mas referidos àquele lugar, me tomaram a lembrança.

De repente, nitidamente, tive diante de mim a figura mansa, cautelosa, de Fraterno, um marceneiro competente, com quem meu pai fez amizade nos primeiros meses após nossa chegada a Jaboatão. Ele morava numa casinha ao pé do morro da Saúde, na parte posterior deste, que ficava à

---

* Freire, Paulo. *Pedagogia da esperança: um reencontro com a Pedagogia do oprimido*.

margem do rio Duas Unas. De vez em quando, íamos até a sua casa. Tomando um cafezinho que Júlia, a mulher de Fraterno, imediatamente lhe oferecia, meu pai conversava com ele sobre o que estava fazendo ou pretendendo fazer em sua deficiente oficina de carpintaria. Fraterno não apenas dava sua rigorosa opinião técnica mas também punha suas ferramentas à disposição de meu pai.

À direita da casa de Fraterno havia um quase sítio de propriedade de um arrogante senhor, com ares de poderoso.

"Capitão", disse Fraterno um dia a meu pai numa de nossas visitas a ele, "tive um problema com o vizinho aí, esse dono do mundo, por causa do meu porquinho. O danado soltou-se e andou fuçando o jardim do homem. Ele me chamou com uma brabeza grande, de homem poderoso, e me disse que, da próxima vez ia matar o meu porquinho e queria ver o que que eu fazia". Fraterno falava com um riso cuidadoso, que devia ser o mesmo que ele esboçara em face do poderoso, esse riso desconfiado de quem é fraco, mas não deve se entregar logo. "Olhei para ele", disse Fraterno, quase reexperimentando a emoção original, como quem não tinha medo mas tinha, "e disse sério: 'O senhor não vai matar o meu porquinho, isso eu garanto'".

Ao lado de meu pai, acompanhava, excitado, a estória de Fraterno, apostando nele, naquela briga que já percebia ser tão desigual.

— Por que não mato seu porquinho, seu atrevido? — perguntou mais irritado ainda o poderoso senhor, sentindo-se desafiado por nosso pacato amigo.

— Porque — respondeu Fraterno — eu vou prender o meu porquinho.

Daquele dia em diante e por algum tempo passamos a aplicar a estória do porquinho, em casa, com humor, às mais diferentes situações.

Algum tempo depois da morte de meu pai, Fraterno se mudou. Foi morar numa zona distante da nossa. Perdemo-nos de vista, durante muito tempo.

Anos depois, Fraterno me procura, tomado de idade, com o mesmo querer bem que sempre nos teve e me entrega, com o mesmo sorriso que ele, com tonalidades distintas, usava sorrir em distintas situações, uma carta secreta de uma namorada proibida que eu tinha. A mesma do trem das sete.

Ele trabalhava então de marceneiro em sua casa e, conversando com a menina, terminou por descobrir o seu segredo. Ela lhe falou da proibição, das barreiras a seu amor e, nas idas e vindas da conversa, Fraterno me identificou como personagem do romance reprimido. Mesmo correndo o risco de perder o emprego necessário, se prontificou a ajudar-nos, à menina e a mim, a romper o silêncio que nos estava sendo imposto.

Enquanto olhava a casa em que morei e em que meu pai morreu, parecia vê-lo diante de mim, generoso como sempre, com uma carta na mão que estourava o silêncio de um mês.

Jaboatão, rua Treze de Maio e Barão de Lucena, meus passeios em tempos diferentes por essas ruas. Namoradas de fim de adolescência, de quem guardo hoje aquela saudade terna, sossegada, de que falei, misturada com a saudade do futebol do Portela, dos banhos de rio, das retretas dominicais. Raras terão sido as que perdi nos nove anos em que vivi em Jaboatão, e era para mim um encanto especial acompanhar a banda de sua sede à praça e desta à sede, ao lado de outros meninos. Assim é que fui aprendendo os *"dobrados"* todos que a banda tocava e os repetia, assobiando no meu caminho de volta pra casa.

Hoje, passados tantos anos, tenho ainda na memória pedaços de alguns "dobrados" que, de vez em quando, assobio na intimidade de meu quarto de trabalho.

Enquanto as bandas, revezando-se, ofereciam, sobretudo à população urbana, seus concertos, dois clubes de futebol, que disputavam partidas com clubes de outras cidades, davam sentido às tardes domingueiras. Apaixonados pelo futebol, que começamos a jogar, meus irmãos e eu, em tenra idade, no quintal da casa do Recife, era um suplício perder uma partida por falta de uns tostões com que pagar o ingresso.

Certa vez havia algo importante. Um clube famoso de uma cidade próxima viria a Jaboatão para uma partida revanche. Passamos uma semana, Temístocles e eu, dando tratos à bola para ver como assistir ao jogo que assumia ares de duelo. No sábado à noite, nenhuma esperança. No domingo pela manhã, a certeza da impossibilidade de entrar no campo legalmente, isto é, pagando os ingressos. Só nos restava uma hipótese: superar a vigilância dos guardas do "campo" e entrar nele como "penetras".

A partida principal começaria às dezesseis horas, precedida de outra — a *preliminar*, como era chamada, entre clubes locais e que se iniciava às quatorze horas.

Ao meio-dia já estávamos em plena operação de "invasão". Conseguimos, com facilidade, penetrar no "campo" pela parte posterior do terreno em que se achava e por onde passava o rio Duas Unas. Não havia ninguém àquela hora. Emocionados e otimistas, levamos um bom tempo silenciosos, de cócoras, escondidos por entre a ramagem de uma touceira de arbustos. Nossa intenção era, iniciada que fosse a primeira partida, sair discretamente de nosso esconderijo e nos perder na massa de espectadores.

Uma hora antes, nossa festa se acabou. Não imaginávamos que a precariedade do "estádio" multiplicava a vigilância e a eficácia dos guardas. Um deles nos pilhou, sumidos entre as folhas do esconderijo que nos parecia tão seguro.

Frustrados, deixamos o campo e fomos nos incorporar, lá fora, a outros tantos meninos sem tostão, como nós, para quem assistir ao jogo se resumia a ouvir gritos frenéticos da assistência, lá dentro.

Outros jogos como aquele perderíamos ainda até que fizéssemos amizade com Lamenha, um jovem ídolo do futebol local, defensor do principal clube da cidade. Prestigiado pela excelência de sua técnica de jogador exímio, nos introduzia no campo sem dificuldade. Pelo contrário, o portão a ele se abria e a quem com ele estivesse. Sua mão em nossos ombros valia mais do que o ingresso que não podíamos pagar.

Os primeiros meses em Jaboatão correram normalmente. Não aumentaram nem diminuíram substancialmente as dificuldades que começáramos a enfrentar no Recife e por causa das quais nos mudáramos para Jaboatão.

As redondezas da casa em que morávamos, a campina em frente, onde jogávamos futebol e empinávamos papagaio; o rio que passava perto, em que nadávamos, o mesmo em que depois, mais do que nadávamos, pescávamos para comer; os sítios em volta, com suas árvores, suas sombras, suas frutas, redondezas acolhedoras, foram, em pouco tempo, ultrapassadas. Jaboatão ia se dando a nós como um novo mundo, bem mais vasto do que o que em que nós experimentáramos até então, o do quintal de nossa casa do Recife. Um mundo cheio do verde da cana-de-açúcar, do cheiro de seu caldo, do cheiro do melado dos engenhos. Um mundo cheio dos gemidos dos carros de boi puxados por animais mansos, talvez mais "fatalistas" do que mansos, se posso falar assim. O carreiro fustigando, só por hábito, como só por hábito dizendo coisas a Mimo, Pintado, Fandango, que marchavam sempre lentos, ruminando, com olhos de resignação. Mas um mundo também em que a exploração e a miséria dos camponeses iam se revelando a nós em seu dramático realismo. É aí que se encontram as mais remotas razões de minha radicalidade.

Amizades e camaradagens foram-se criando no futebol da campina, Dino, Armindo, Itararé, Júlio, Van-van, o hoje historiador de Jaboatão de nossos avós, Baé, João Romão, Reginaldo, Dourado; na escola estadual que frequentávamos, nos córregos e nos morros a que nossas incursões nos iam levando.

Em pouco tempo éramos os "meninos conectivos" a que antes me referi, com amigos entre os que comiam e entre os que quase nada comiam.

Com um deles, Dino, menino de classe média como eu, já várias vezes referido nestas cartas, costumava conversar, na beira do rio, à sombra dos ingazeiros, enquanto pescávamos, sobre as nossas dificuldades. Foi ele que me ensinou, um dia, um prato gostoso, mas sobretudo acessível as nossas possibilidades, e que se tornou uma constante em nossa dieta: fritada de mamão. "É preciso", dizia ele, com segurança, "que o mamão esteja em vez. Nem maduro nem verde. Em vez", repetia para que eu não errasse.

Os mamoeiros dos vizinhos estavam a nosso alcance e os ovos de galinhas andarilhas, pondo aqui e ali, não faltavam.

Hoje, tão distante de minha infância, percebo o quanto me marcaram as retretas de Jaboatão, o futebol da campina, as incursões aos morros e aos córregos, onde me defrontava com situações mais dramáticas do que a minha. O quanto me marcou o rio em que nadava e pescava e em que, tal qual Manuel Bandeira, "Um dia vi uma moça nuinha no banho. Fiquei parado, o coração batendo. Ela se riu. Foi o meu primeiro alumbramento".*

---

* Bandeira, Manuel. *Poesias*, p. 192.

8ª Carta
O SONHO ROMPIDO

"A esperança desfeita."

ERA UM SÁBADO CHUVOSO, como muitos sábados de Jaboatão, chamado, com humor, no meu tempo de menino, *pinico do céu*,[24] tão alto era o seu índice pluviométrico. Voltávamos para casa, minha mãe e eu, com as parcas compras que, sabe Deus como, ela conseguira fazer na tradicional feira semanal.

Vínhamos passando pela rua Barão de Lucena, quando, numa esquina, minha mãe foi atraída por uma placa de madeira, em um sobrado, em que se achava escrito: Ginásio Jaboatãonense, e se anunciava o horário do expediente normal da casa.

Na segunda-feira, logo cedo, oito horas, minha mãe chegou acompanhada por mim, para falar com o diretor. Seu sonho era conseguir o cargo de secretária do ginásio. Presumo o fim de semana que ela viveu. Os castelos, as fantasias em que ela e meu pai se embalaram. Tudinha Freire, secretária do primeiro ginásio de Jaboatão. Imagino que, em seus devaneios, ela se pensasse entrando nos mesmos açougues onde costumava ser destratada, recebendo, porém, o tratamento que lhe deviam. — Bom dia, dona Tudinha, que peso vai querer hoje?

Sua experiência da carência, das limitações, da falta das coisas, aguçava nela ou nela hipertrofiava as expectativas. Foi assim, com tal ânimo, com tal esperança, que ela chegou ao ginásio para falar com seu diretor.

Jovem, possivelmente estudante de Direito da tradicional Faculdade do Recife, o diretor do ginásio deve ter chegado a Jaboatão com sonhos bem maiores e gulosos do que os de minha mãe. Nos quarenta e cinco minutos que o pachorrento trem levava entre o Recife e Jaboatão ele devia se imaginar, dentro de algum tempo, talvez em sua imaturidade, como reitor da Universidade de Jaboatão, que ele criaria a partir de seu ginásio. Seu ginásio, em breve, devia pensar ele, seria a melhor experiência pedagógica de toda a região. Atrairia os estudantes do agreste e do sertão do estado que convergiam, na época, para famosos colégios do Recife. Em pleno 1933, ele já via seu ginásio liderando o primeiro congresso regional de educação, debatendo temas tão atuais ontem como hoje.

Expulsão escolar, ingênua ou astutamente chamada *evasão escolar*. Déficits da educação brasileira, o quantitativo e o qualitativo. O centralismo e a educação nacional etc.

Como reitor da futura Universidade de Jaboatão ele se via em seu gabinete despachando, em dias normais, com diretores das diferentes faculdades, a de Engenharia, a de Medicina, a de Educação. Devia ver-se protocolarmente vestido, com beca de reitor, presidindo às solenidades de formatura, cercado de autoridades.

Magnífico reitor pra cá; magnífico reitor pra lá.

— Bom dia, senhora — disse ele a minha mãe.
— Bom dia, senhor — respondeu ela.

Mandou-nos sentar, perguntando, em seguida, em que poderia ser útil.

— Soube no sábado passado — disse minha mãe —, através da placa na fachada da casa, da existência do ginásio. Pensei, então, em procurá-lo para saber se havia possibilidade de trabalhar como secretária, mesmo que não tenha experiência destes afazeres.

O diretor não disse, mas poderia ter dito que ele também não tinha experiência nenhuma de começar algo novo numa comunidade. Chegara a Jaboatão sem conhecer ninguém e, sem nenhuma consulta, alugou a casa e afixou a placa em que se dava por existente o seu ginásio. Não entrara em contato com as autoridades locais, não procurara conhecer educadoras e educadores reconhecidos na comunidade, como Cecília Brandão, Odete Antunes, Clodoaldo de Oliveira, para em conversa com elas e com ele ver a viabilidade ou não de seu sonho. Nem sei se sabia das exigências legais do Ministério para o reconhecimento do ginásio. Sabia apenas não haver em Jaboatão estabelecimento de ensino deste grau e isto lhe bastara.

— Não sei se a senhora sabe, mas faz apenas uma semana que abri o ginásio para ver se é possível ou não criá-lo. Devo saber, primeiro, se terei alunos; segundo, se terei professores. Se houver uns e outros, penso em fazer um acerto com um ginásio no Recife, já regularizado junto ao Ministério, de que o nosso será pura extensão. Os alunos serão oficialmente ligados ao outro, o do Recife, onde farão suas provas. Aqui apenas estudarão. Ultrapassada esta fase experimental, tratarei, então, da oficialização do nosso. Até agora, porém, fui procurado somente por três professores, nenhum candidato a aluno.

Terei muito prazer de tê-la como secretária mas devo dizer-lhe que, durante esta etapa de experiência, não tenho como pagar-lhe. Se as coisas derem certo, discutiremos o seu salário.

A fala do diretor deve ter cortado fundo os sonhos de minha mãe. Ela teve que pensar rapidamente para responder. Era preciso porém arriscar-se. Talvez fosse melhor empatar algum tempo de seus dias à espera do que viria. Talvez fosse melhor *jogar* do que não *jogar*. Quem sabe se, de repente, não começam a chegar alunos e alunas, professoras e professores que viabilizem o ginásio. Para quem nada ou muito pouco tem, qualquer possibilidade de algo vir a ter merece ser vivida.

— Entendo. Aceito sua proposta — disse minha mãe, já com ares de secretária, não importa que gratuita.

Acertaram horários, tarefas. Minha mãe voltou no mesmo dia à tarde. Dali em diante, foi quase um mês de tensão entre o sonho de superar as dificuldades e a impossibilidade de fazê-lo. Em certo momento daquele mês, minha mãe já se contentava com um mínimo com que pudesse diminuir as angústias de meu pai e dela em face das necessidades da família. É possível também que o jovem diretor já se contentasse com um ginásio humilde de interior, que nem organizaria congressos de Educação nem se alongaria em Universidade.

O expediente de minha mãe na etapa inicial de vida do projeto do ginásio era de nove às doze e das quatorze e trinta às dezessete horas.

Um dia, chegou à casa de volta às dez horas da manhã. Trazia no corpo, expressada na cara sofrida, a dor do sonho rompido, da esperança desfeita.

O diretor fechara o ginásio.

P.S. Perdi hoje, 5 de agosto de 1993, um de meus melhores amigos, Albino Fernandes Vital.

Em tenra idade, quando devíamos ter cinco ou seis anos, começamos uma amizade jamais arranhada ao longo de tantos anos. Fundamos nosso querer bem num gramado macio e acolhedor que atapetava a frente de sua casa, pequena e humilde, quase vizinha à em que nasci, na Estrada do Encanamento, no Recife. Fomos colegas de escola primária e de ginásio, o Oswaldo Cruz, de que falei em algumas das cartas a você. Nos separamos, nos estudos, quando ele se dedicou à agronomia, em cuja formação se tornou um notável pesquisador no campo da Fitopatologia, reconhecido mais no estrangeiro do que entre nós. Santo de casa não faz milagre, diz a sabedoria popular...
Albino foi um homem extraordinário. Jamais, em todos estes anos, o ouvi fazer um comentário pouco lisonjeiro a ninguém. Como jamais o ouvi elogiar alguém que não merecesse realmente o elogio.
Estamos hoje, Jandira, sua dedicada mulher, como todas e todos quanto tivemos o privilégio de com ele privar, alquebrados pelo peso do vazio que nos invadiu na madrugada que inaugurou o primeiro dia sem ele no mundo.

9ª Carta

A MORTE DE MEU PAI: A DOR E O VAZIO POR SUA PERDA

"Alguém me tirou do quarto e me levou para outro canto da casa de onde ouvi, cada vez mais fracos, os gemidos finais com que meu pai se despedia do mundo."

TRINTA E UM DE OUTUBRO DE 1934. Pôr de sol de um domingo de céu azul. Já fazia quatro dias que meu pai, com um aneurisma abdominal que vinha se rompendo, sofria intensamente e se aproximava inapelavelmente da morte. Até nós, os mais jovens, pressentíamos o fim contra o qual nada podíamos.

Minha mãe dificilmente se afastava do quarto em que ele se achava. Sentada junto a sua cabeceira, acariciava sua testa e inventava assuntos, cheia de fé e esperança. Esperança em que ele se restabeleceria em breve para continuar a povoar seus dias de encanto e de ternura. Esperança que, naquele domingo, era reforçada pela melhora marcante que meu pai experimentava. A sabedoria popular deu um nome a esta prova de bem-estar que os doentes terminais costumam ter: *visita da saúde*. É a última experiência de vida em que o doente como que se despede da esperança, da alegria de sentir as coisas, de ver e ouvir os seus e a seus amigos.

Sente isso tudo, goza tudo isso, não como se soubesse estar próximo de tudo isso deixar. Pelo contrário, ninguém prova a *visita da saúde* como anúncio de morte, mas como sinal de vida. Até os que a observam nos que a sofrem.

Me lembro da alegria fantástica, indescritível, que vivi naquele domingo de outubro de 1934. Cada vez que vinha ao quarto me sentia alentado. Deitado na cama, sereno, sem dor, o pai sorria e brincava comigo. Minha mãe ao lado, carinhosa, terna, dizia algo que exteriorizava sua quase paz em face da melhora dele. Fora traída, como todos nós, pela falsidade da *visita da saúde*.

Quando voltei ao quarto entre dezessete e dezessete horas e trinta minutos da tarde vi meu pai, ao esforçar-se para sentar-se na cama, gritar de dor, a face retorcida, tombar para trás agonizante. Nunca tinha visto ninguém morrer, mas tinha a certeza, ali, de que meu pai estava morrendo. Uma sensação de pânico misturado com saudade antecipada, um vazio enorme, uma dor indizível tomaram meu ser e eu me senti perdido. Alguém me tirou do quarto e me levou para um outro canto da casa de onde ouvi, cada vez mais fracos, os gemidos finais com que meu pai se despedia do mundo. Esses últimos momentos de sua vida, as contorções de sua face, os gemidos de dor, tudo isso se acha fixado, em mim, na memória de meu corpo, com a nitidez com que o peixe fossilizado se incorpora à pedra.

Os dois ou três dias que se seguiram ao sepultamento de meu pai envolveram as mulheres da família num quefazer típico de sociedades fechadas, de marcas rurais, pouco tocadas ainda por avanços tecnológicos. Entregaram-se à tarefa que, no fundo, revelava um certo culto, um certo gosto da morte — a de tingir todas as roupas de negro — sinal do luto.

O maior rigor era imposto à viúva, cujo *luto fechado*, como se chamava, só podia ser amenizado depois dos dois anos da morte do marido.

Minha mãe sempre relutou em escapar à severidade do *luto fechado* a não ser quando, sob a influência de Stela, minha irmã, ela aquiesceu, anos depois da morte de meu pai, em deixar a rigorosidade do *luto fechado*, admitindo um *luto aberto* que a acompanhou até seus últimos dias nos anos 70.

Nem sempre é fácil *sepultar* nossos mortos. No entanto, somente à medida que assumimos sua ausência, por mais dolorosa que nos seja esta assunção, a presença da ausência, a dor da falta vão se amenizando, enquanto, por outro lado, nos vamos tornando capazes de voltar a ser plenamente nós mesmos. Só assim podemos sadiamente, biofilicamente, ter, na ausência sentida, uma presença que não nos inibe de amar.

Numa sã e difícil experiência de luto, luto de que ninguém pode escapar, não podemos simplesmente pôr uma pá de terra sobre a ausência como tampouco e simplistamente também pretender a redução de nossa vida ao passado.

A experiência do luto, que resulta da morte, só é válida quando se expressa através da luta pela *vida*. Viver o luto com maturidade é assumir a tensão entre a desesperação provocada pela perda e a esperança na reinvenção de nós mesmos. Ninguém que sofre perda substantiva continua a ser o mesmo. A reinvenção é uma exigência da vida.

Creio importante sabermos que ninguém nasce preparado para, amanhã, cruzar biofilicamente a experiência do luto. A experiência do luto, apesar de sua especificidade, é apenas uma entre muitas outras, duras também ou amenas por que passamos ao longo da existência.

O que quero dizer é que, na sucessão de aprendizagens de que participamos, vai sendo enfatizado em nós o amor à vida ou o amor à morte. A maneira como nos relacionamos desde a tenra idade com os animais, com as plantas, com as flores, com os brinquedos, com os outros. A maneira como pensamos o mundo, como atuamos sobre ele; a *malvadez* com que tratamos os objetos, destruindo-os ou desprezando-os. O testemunho que damos aos filhos de desrespeito aos fracos, o desdém pela vida.

Assim ensinamos e aprendemos a amar a vida ou a negá-la.

Ao lado do vazio afetivo que a morte de meu pai nos deixou, seu desaparecimento significou também o agravamento de nossa situação. De um lado, a ausência do chefe da família; do outro, a diminuição drástica na parca aposentadoria que meu pai recebia, reduzida à *pensão* que minha mãe passou a receber como sua viúva. Uma insignificância realmente.

Só entre 1935 e 1936 houve uma real melhora com a participação efetiva de Armando, meu irmão mais velho, que conseguira um trabalho na Prefeitura Municipal do Recife; de Stela, que recebeu seu diploma de professora do primeiro grau e começara a trabalhar; e de Temístocles, que andava o dia inteiro no Recife fazendo mandados para um escritório comercial.

Nestas cartas a Cristina me sinto feliz por publicar o muito obrigado a ela e a eles.

Com seu trabalho, com sua dedicação, me deram uma ajuda inestimável para que eu pudesse, um dia, fazer as coisas que tenho feito com a colaboração de muitos.

10ª Carta

DE VOLTA AO RECIFE: "ENFEITIÇADO PELA DOCÊNCIA NO COLÉGIO OSWALDO CRUZ" E ANDARILHANDO PELAS LIVRARIAS DE MINHA CIDADE

"Os saberes indecisos que se gestaram nas vivências de Jaboatão se entregaram à possibilidade de uma reflexão mais crítica e mais trabalhada que a volta ao Recife propiciava."

VIVEMOS EM JABOATÃO NOVE ANOS. De abril de 1932 a maio de 1941, quando regressamos ao Recife. O nosso regresso se deu em situação indiscutivelmente superior à em que nos deslocáramos para Jaboatão, nove anos antes, magicamente pensando que a pura "mobilidade horizontal" resolveria nossos problemas e dificuldades.

A participação e a solidariedade, jamais faltosas, dos três filhos e da filha Stela mantinham a família capaz de enfrentar as despesas normais da casa. A menor colaboração era a minha. Provinha das aulas de língua portuguesa que eu dava no Colégio Oswaldo Cruz, depois em outros, e do que me pagavam alunos particulares.

Com uma parte do que ganhávamos, cada um de nós atendia a suas necessidades individuais. A fração maior era entregue a minha mãe, com que ela gerenciava a casa. Quando havia extraordinários, rachávamos os gastos.

De 1941 a 1944, quando me casei pela primeira vez, vivi um tempo intensamente dedicado a leituras tão críticas quanto me era possível fazer, de gramáticos brasileiros e portugueses.

Parte da parte que me cabia do que eu ganhava dedicava à compra de livros e de velhas revistas especializadas.

As revistas e os livros punham sempre entre parêntese a aquisição de roupas e, somente quando já não era possível deixar para um depois distante, comprava algo ordinário. Raramente naquele período de alumbramento em que me achava, apaixonado, enfeitiçado mesmo, pela docência no Colégio Oswaldo Cruz, apliquei um dinheiro maior na compra de uma roupa como certa vez o fiz. Instigado por competente alfaiate de um tio meu, aceitei que ele me costurasse uma roupa de linho branco, pagando à prestação, de que ainda me recordo. Não andava sujo, é verdade, mas andava feiamente vestido.

Uma de minhas roupas permanentes — não prediletas — era um traje de tropical marrom, com listras brancas, que, pelo uso abusivo, virara quase verde, queimado pelo sol. Um traje quente até para temperaturas amenas. Imagine-se o que seria nos 28 e 30 graus do verão recifense.

Um dia, num fim de aula, meio-dia, uma alma viva e inteligente, dessas inteligências sopradas de vez em quando por ingenuidades quase angelicais, me perguntou, de repente, como se não pudesse deixar a pergunta para amanhã:

— Paulo, você não tem calor com essa roupa?

— Tenho — disse eu. — Só não tenho outra.

Depois da aula, encabulada, caindo nela, veio a mim e pediu desnecessárias desculpas.

Eu é que por pouco não me desculpei pelo quase descaso, senão pelo descaso mesmo com que me vestia. Para mim, porém, valiam mais as revistas especializadas e os livros que comprava, com cuja leitura, desafiado, eu ia aprendendo a estudar e me capacitava melhor para fazer eficaz a minha prática docente, do que as roupas elegantes e em maior quantidade. Elas viriam depois, quando revistas fundamentais e livros indispensáveis não concorressem com elas. Ou, melhor ainda, quando e se roupas e livros pudessem ser adquiridos sem que eu tivesse de contar de um até dez antes de escolher o que comprar.

No itinerário de algumas de minhas tardes do Recife, eu tinha como pontos obrigatórios de parada duas ou mais livrarias, que satisfaziam o gosto de leitura e o deleite da convivência com livros de um bom número de intelectuais do Recife daquela época, e de *sebos* que nos ofereciam preciosidades fora de impressão.

A Livraria Imperatriz, do velho Berenstein, onde trabalhava um dos maiores livreiros do Recife, Melkzedec, depois proprietário de excelente sebo, a Editora Nacional, com Mousinho, mas, sobretudo, com Aluízio, tão sensível e competente livreiro quanto o mestre Berenstein e Melkzedec.

Lá nos encontrávamos, em nossas peregrinações, os intelectuais mais jovens, aprendizes dos mais maduros, curiosos todos, andarilhando por entre as prateleiras, examinando o índice de um livro, lendo a sua apresentação, trocando ideias uns com os outros.

A Editora Nacional dispunha de um amplo espaço com mesa longa, cadeiras em volta, onde, após o passeio pelas prateleiras, nos sentávamos e conversávamos livremente como se estivéssemos participando de um seminário acadêmico.

Havia também, no mais fundo da casa, um espaço em que se abriam os grandes caixotes, onde eram trazidos os livros importados. Tenho ainda hoje, no meu corpo, o gozo com que assistia, por convite de Aluízio, na Editora Nacional, de Melkzedec, na Imperatriz, à abertura dos caixotes.[25] E a emoção com que ia folheando um a um os livros que iam sendo libertados antes de serem expostos nas prateleiras a outras curiosidades.

Odilon Ribeiro Coutinho, Waldemar Valente, Amaro Quintas, José Lourenço de Lima foram alguns dos companheiros de exercício da curiosidade menina com que nos púnhamos ritualmente em torno do caixote que começava a ser aberto.

Que livros sairiam, que surpresas iríamos ter, que reimpressões chegariam a nossas mãos, que textos recém-publicados nos desafiariam a capacidade de leitura? Estas indagações ansiosas faziam parte da emoção geral com que me punha, esquecido de tudo, à espera de que o cheiro de livro nos envolvesse. Primeiro, o cheiro de livro. Em seguida, mãos e olhos curiosos entregando-se amorosamente a um primeiro encontro, mais do que puro contato, com eles e que prosseguiria, já em casa, no meu canto especial de estudar, com alguns deles.

Isso se dava, às vezes, numa mesma tarde, na Editora Nacional e na Livraria Imperatriz, separadas uma da outra por duas ou três casas.

A abertura dos caixotes provocava surpresas, atrações e alegrias que se alongavam em desafios. Desafios a minha capacidade de compra, nem sempre à altura dos preços, e desafios prazerosos a minha capacidade de leitura.

Na época, eu me entregava preponderantemente, jamais exclusivamente, aos estudos gramaticais permeados de leituras de filosofia da linguagem e de ensaios introdutórios à linguística, que terminaram por me trazer à educação.

Na verdade, minha paixão nunca se centrou na gramática pela gramática, daí que não tenha jamais corrido o risco de resvalar para o desgosto da *gramatiquice*. Minha paixão se moveu sempre na direção dos mistérios da linguagem, na busca, se bem que não angustiada, inquieta, do momento de sua boniteza. Daí o prazer com que me entregava, sem hora marcada para terminar, à leitura de Gilberto Freyre, de Machado de Assis, de Eça de Queiroz, de Lins do Rego, de Graciliano Ramos, de Drummond, de Manuel Bandeira.

Não tenho por que não repetir, nesta carta, que a afirmação segundo a qual a preocupação com o momento estético da linguagem não pode afligir o cientista, mas ao artista, é falsa. Escrever bonito é dever de quem escreve, não importa o quê e sobre quê. É por isso que me parece fundamentalmente importante, e disto sempre falo para quem trabalha dissertação de mestrado ou tese doutoral que se obrigue, como tarefa a ser rigorosamente cumprida, a leitura de autores de bom gosto. Leitura tão necessária quanto as que tratam diretamente seu tema específico.

Exemplos de como jogar com esta ou aquela palavra e não outra qualquer num dado momento da escrita, de como manejar as palavras nas relações que travam entre si na organização do discurso, exemplos que vão virando modelos ou quase modelos, sem que isto deva significar que cada sujeito que escreve seu texto não se deva esforçar para ser ela ou ele mesmo, embora marcado ou influenciado por algum modelo.

Não sei se você já reparou que, de modo geral, quando alguém é indagado em torno de sua formação profissional, a tendência do perguntado, ao responder, é arrolar suas atividades escolares, enfatizando sua formação acadêmica, seu tempo de experiência na profissão. Dificilmente se leva em consideração, como não rigorosa, a experiência existencial maior. A influência, às vezes, quase imperceptível que recebemos desta ou daquela pessoa com quem convivemos, ou deste ou daquele professor ou professora cuja coerência jamais faltou, como da competência bem-comportada, nada trombeteada, de humilde e séria gente.

No fundo, a experiência profissional se dá no corpo da existencial maior. Se gesta nela, por ela é influenciada e sobre ela, em certo momento, se volta influentemente.

Indagando-me sobre minha formação como educador, como sujeito que pensa a prática educativa, jamais eu poria de lado, como um tempo inexpressivo, o em que andarilhei por pedaços do Recife, de livraria em livraria, ganhando intimidade com os livros, como o em que visitava seus córregos e seus morros, discutindo com grupos populares seus problemas ou como o em que, durante dez anos, vivi a tensão entre prática e teoria e aprendi a lidar com ela: o tempo do Sesi. Como igualmente, o tempo de meus estudos sistemáticos, não importa feitos em que grau, como estudante ou professor.

Os saberes indecisos que se gestaram nas vivências de Jaboatão se entregaram à possibilidade de uma reflexão mais crítica e mais trabalhada que a volta ao Recife propiciava.

11ª Carta
"Sesi: a prática de pensar teoricamente a prática para praticar melhor"

"O erro da esquerda é perder-se em discursos agressivos, dogmáticos, em análises e propostas mecanicistas; é perder-se numa compreensão fatalista da história, no fundo anti-histórica, em que o *futuro*, desproblematizado, vira inexorável."

Em 1947, cheguei ao Serviço Social da Indústria, Sesi,* Departamento Regional de Pernambuco, onde permaneceria por dez anos, envolvido numa prática político-pedagógica da mais alta importância para mim.

Devo salientar, num primeiro momento, que a minha vinda para o Sesi possibilitou meu reencontro, realmente marcante, com a classe trabalhadora. Reencontro de que o encontro primeiro se dera na minha infância e adolescência em Jaboatão, na minha convivência com meninos camponeses e urbanos, filhos de trabalhadores rurais e citadinos.

Fiz parte da equipe primeira do Sesi que o seu presidente, engenheiro Cid Sampaio, organizou e com quem discutiu suas ideias centrais em torno de como pensava dever a instituição operar no campo assistencial e formador. No

---

* Freire, Paulo. *Pedagogia da esperança: um reencontro com a Pedagogia do oprimido.*

fundo, ele discutia com sua equipe sua visão da assistência, sua política de ação, realmente liberal, contudo bem mais aberta, mais à frente do que a da média de seus companheiros de indústria.

Hoje vejo como estive certo ao reconhecer que apoiá-lo em sua campanha ao governo do estado de Pernambuco, em 1958, era um ato progressista da mesma forma como, quatro anos mais tarde, o ato progressista era apoiar Miguel Arraes, preso, quase em seguida, e cassado em seus direitos políticos pelo golpe militar de 1º de abril de 1964, quando se achava em pleno exercício de seu mandato de governador do estado.

Apesar de toda a importância que reconheço ter tido minha passagem pelo Sesi para o processo de minha formação política e pedagógica, vou referir-me nesta carta apenas aos pontos que me parecem primordiais. É possível até que, mais adiante, se tempo, disposição e gosto não me faltarem, eu me dê a uma análise ampla daquele período que chamei, na *Pedagogia da esperança, tempo fundante*.

Os pontos primordiais a cuja análise me dedicarei são de ordem político-pedagógica a que se juntam necessariamente implicações de natureza ética, ideológica, histórica, sociológica etc.

Do ponto de vista dos interesses da classe dominante, que, num momento inteligente de sua liderança, teve a ideia de criar o Sesi, como instituição patronal, seria fundamental que ele, de assistencial, virasse assistencialista. Isto implicaria que a tarefa pedagógica, acompanhando a prática assistencial, jamais se fizesse de forma problematizante. Nada, portanto, que, girando em torno da assistência médica, esportiva, escolar, jurídica, deveria propor aos *assistidos* discussões capazes de desocultar verdades, de desvelar realidades, com o que poderiam os *assistidos* ir tornando-se mais críticos na sua compreensão dos fatos.

Na perspectiva da classe dominante, enquanto assistencial, o Sesi deveria ser assistencialista. Por isso mesmo, qualquer prática de que resultasse ou que implicasse uma presença democraticamente responsável dos *sesianos* no comando dos núcleos ou centros sociais, que significasse um mínimo de ingerência dos trabalhadores no próprio processo de prestação dos serviços de assistência, tendia a ser recusada como perigosa e subversiva. No fundo, seria ingênuo pensar que o Sesi fosse expressão da bondade incontida da classe dominante, que, tocada pelas necessidades de seus trabalhadores, o criara para ajudá-los.

Pelo contrário, o Sesi exprimia um momento inteligente da liderança patronal nas suas relações contraditórias com a classe operária.

Era uma tentativa de amaciamento dos conflitos de classe e um esforço no sentido de obstaculizar a formação de uma consciência militante, política, entre os trabalhadores. Daí que as práticas estimuladoras de um saber crítico fossem vistas, cedo ou tarde, com restrições.

Tenho vivo na memória o relato de uma experiência em Genebra, feito por uma das pessoas que dela participaram. Um grupo de senhoras religiosas se organizou a partir de trabalhos pedagógicos com crianças e adolescentes, filhos e filhas de trabalhadores imigrantes.

Certo dia, a liderança daquele grupo visitou alguns industriais a quem falou do projeto e solicitou alguma ajuda para a continuação e ampliação das atividades.

Dois meses depois de receber um financiamento para um dos projetos, o de educação sexual, de que participavam quinze a vinte jovens, as senhoras responsáveis receberam a visita do industrial patrocinador.

Fizeram então a ele um relato minucioso, felizes pelos resultados obtidos. No fundo, os jovens discutiam com as educadoras suas preocupações sobre a sexualidade, livremente. Dialogavam sem sentir-se inibidos, cada vez mais, na medida em que constatavam que eram livres para fazê-lo.

No término da reunião, disse a relatora, falou o industrial. Secamente, sem rodeios, sem meias palavras, anunciou o cancelamento de sua ajuda e, categórico: "Se esses jovens discutem hoje livremente questões de sexo, que farão amanhã em face das questões de justiça social? Quero operários dóceis, não inquietos e indagadores."

Este foi o discurso de um industrial moderno na Suíça dos anos 70... Discurso que se acha imbuído nas práticas assistencialistas.

Foi exatamente no Sesi, como uma espécie de contradição sua, que vim aprendendo, mesmo quando ainda pouco falasse em classes sociais, que elas existem em relação contraditória. Que experimentam conflitos de interesses, que são permeadas por ideologias diferentes, antagônicas.

A dominante, surda à necessidade de uma leitura crítica do mundo, insiste no treinamento puramente técnico da classe trabalhadora, com que esta se reproduz como tal; a dos dominados ou ideologia progressista que não separa formação técnica de formação política, leitura do mundo de leitura do discurso. A que desvela e desoculta.

É neste sentido que, do ponto de vista dominante, quanto mais se proclame a mentira da neutralidade da prática educativa, do trabalho assistencial, quanto mais se consiga amaciar a resistência a esta mentira, tanto melhor para a consecução de seus fins.

Num puro parêntese: não consigo conter em mim um comentário significativo. Talvez nunca, mais do que hoje, as classes dominantes se sentiram tão livres em campo para sua prática manipuladora. A pós-modernidade reacionária vem tendo certo êxito na sua propaganda ideológica ao proclamar o sumiço das ideologias, a emersão de uma nova história sem classes sociais, portanto sem interesses antagônicos, sem luta ao apregoar não haver por que continuarmos a falar em sonho, em utopia, em justiça social.

Com o religioso enfraquecido em sua força, com a inviabilidade do socialismo que findou, com o desaparecimento dos antagonismos, diz, exultante, o discurso pragmático, que cabe agora ao capitalismo criar uma ética especial em que se funde a produção entre iguais ou quase iguais. A questão já não é política, nem tem nada com a religião, menos ainda com a ideologia. A questão é ética, mas de uma ética "sadiamente" capitalista.

Não temos assim por que continuarmos a falar e a propor uma pedagogia do oprimido, desveladora da razão de ser dos fatos, instigadora dos oprimidos para que se assumam como sujeitos críticos do conhecimento e da ação transformadora do mundo. Pedagogia que não dicotomiza jamais treinamento técnico, indispensável à formação profissional de compreensão em torno de como e por que a sociedade opera desta ou daquela forma. O que temos de fazer agora, de acordo com esta ideologia astuta, é juntar todos os esforços em favor da produção sem nenhuma preocupação com a discussão em torno da produção de quê, em favor de quem, contra quem, com vistas a quê.

Eu não me posso ver entre os intelectuais, até outro dia progressistas, que vêm capitulando diante das manhas e artimanhas desta ideologia matreira. Não vejo como e por que me sentir tímido, inibido, cheio de dedos ao me afirmar como um homem progressista ou um homem de esquerda. A esquerda e a direita estão aí vivas, mas é preciso, do ponto de vista da direita, apregoar que já não existem, o que significa revigorar a direita.

O erro da esquerda, ou de certa esquerda, que não é de hoje, mas hoje é injustificável e intolerável, é reativar o autoritarismo de que resulta seu des-gosto pela democracia, que lhe parece incompatível com o socialismo.

O erro da esquerda é perder-se em discursos agressivos, dogmáticos, em análises e propostas mecanicistas; é perder-se numa compreensão fatalista da história, no fundo anti-histórica, em que o *futuro*, desproblematizado, vira inexorável.

Não posso, como educador progressista, em nome do dever de evitar maiores sofrimentos às classes populares, limitar o universo de sua curiosidade epistemológica a conhecimentos de objetos devidamente despolitizados. Em outras palavras, não posso despolitizar a compreensão do e a intervenção no mundo ou porque devo ser caridoso com as classes populares, evitando que, sabendo mais verdades, sofram mais por não terem condições imediatas de lutar ou porque me deixei levar pelos "encantos" da ideologia neoliberal em alta. Ideologia da privatização, jamais dos prejuízos, pois que estes devem continuar a ser pagos pelas classes populares.

Voltemos, porém, ao Sesi, no Recife dos fins dos anos 40 e dos começos dos 50.

Me parece importante sublinhar que, apesar das décadas que nos separam daquele período, a questão do direito à voz das classes populares, que implica sua mobilização, sua organização, uma educação desocultadora de verdades, é tão atual hoje quanto fundamental foi ontem. No fundo, esta é a questão agora, tão discutida, tão debatida da cidadania, mas, hoje, como ontem, tão negada às grandes massas populares brasileiras. Aos renegados e renegadas, às interditadas e aos interditados, proibidos de ser. Os neoliberais que trombeteiam a inexistência das classes sociais, portanto da luta entre elas, espumam de raiva quando não se acredita no seu discurso. Eu não espumo de raiva quando ouço ou leio discursos negadores da existência das classes sociais e de seus conflitos. É que repouso na verdade histórica maior do que o discurso frágil que a quer negar.

Uma das vantagens que creio ter, em face de intelectuais intelectualistas, é que este saber a que me venho referindo jamais foi uma *aderência* a mim, algo que viesse de fora e perifericamente a mim fosse justaposto. Pelo contrário, este saber veio sendo produzido em minha prática e na reflexão crítica sobre ela, como na análise da prática dos outros. O pensar sobre minha própria prática e a prática dos outros me conduzia, por ter sido um pensar crítico, profundamente curioso, a leituras teóricas que iam, pela iluminação da prática em análise, explicando ou confirmando o acerto ou o erro cometido nela.

A perspectiva progressista, em que me colocava e me coloco, implicava ou revelava, de um lado, uma posição ética, uma inclinação quase instintiva ao justo, uma rejeição visceral à injustiça, à discriminação, de raça, de classe, de sexo, à violência, à espoliação, um saber, por outro lado, não livresco, mas não antilivro, antiteoria. Um saber forjando-se, produzindo-se, em processo, na tensa relação entre prática e teoria.

Eu não era progressista porque a leitura de alguns autores ou autoras me dizia que eu devia ser. Eu era progressista porque me sentia ofendido, como gente, pela perversidade de uma realidade injusta e negadora do que, cada vez mais, me parecia ser a vocação ontológica do ser humano: a de ser mais.*

Eu não era progressista porque estivesse certo de que o futuro inexoravelmente traria o socialismo. Pelo contrário, eu era progressista porque, recusando uma compreensão mecanicista da história, estava certo de que o futuro teria de ser construído por nós, mulheres e homens, na luta pela formação do presente malvado. Ou construído por nós, progressistas, pela transformação substantiva do presente, ou construído pelas forças reacionárias através de mudanças puramente adverbiais do presente.

Tudo isto não só demandando mas gerando um saber da transformação como um saber da conservação. Saberes de classe. De um lado, o saber dos dominados; de outro, o saber dos dominantes, nunca em estado puro, um e outro.

---

* Freire, Paulo. *Pedagogia do oprimido* e *Pedagogia da esperança*. Rio de Janeiro: Paz e Terra, 1974 e 1992 [50ª e 17ª ed. São Paulo: Paz e Terra, 2011].

A leitura de pensadores revolucionários, sobretudo quando não dogmáticos, me ajudava, oferecendo-me bases científicas com que reforçava minha opção política e minha posição ética. Por outro lado, sempre entendi que a forma de ser democrática fazia parte, necessariamente, da prática progressista, negada, por isso mesmo, pelo autoritarismo. Daí a necessidade da coerência. É impossível compatibilizar um discurso progressista com uma prática autoritária.

Há algo mais que não pode ser subestimado, menos ainda negado, na explicação de minha opção político-pedagógica progressista. Algo que jamais foi compreendido por cristãos e não cristãos autoritários, contrários, mas iguais entre si, no seu sectarismo e no seu primarismo: as marcas de minha formação cristã.

"Diabólico" para uns; "idealista burguês", para outros, eu aprendi com eles, com sua raiva desmedida dos diferentes, o quanto é fundamental a virtude da tolerância que não nos leva, se autêntica, a posições coniventes.

Nunca pude entender como seria possível compatibilizar a camaradagem com o Cristo com a exploração dos outros, o bem-querer ao Cristo com a discriminação de raça, de sexo, de classe.

Da mesma forma jamais pude aceitar a conciliação entre o discurso de esquerda e a prática discriminatória, de sexo, de raça, de classe. Que contradição chocante ser, ao mesmo tempo, de esquerda e racista!

Nos anos 70, conversando com jornalistas na Austrália lhes disse, para espanto de alguns, que fora aos mocambos e córregos do Recife, movido por minha *amizade* ao Cristo, por minha esperança na esperança que Ele significa. Ao chegar lá, a realidade trágica dos córregos, dos mocambos, dos alagados me remeteu a Marx. Minha convivência com Marx jamais me sugeriu sequer o meu afastamento de Cristo.

Para quem entende a história como possibilidade, para quem, radical, recusa os sectarismos, e aprende com as diferenças, para quem, democraticamente, rejeita imposições não é difícil entender minha posição, recusada, obviamente, ontem como hoje, pelos dogmáticos, pelos donos da verdade que se perdem por excesso de certeza.

Foi assim, convencido de que um presente profundamente *ensopado* das "águas" histórico-culturais e ideológicas de um passado agressivamente autoritário estava a exigir de educadoras e educadores progressistas uma prática educativa que propiciasse, a quem nela se envolvesse, experiências de participação, que eu me entreguei ao trabalho no Sesi. Experiências de organização, de ingerência, de análise crítica dos fatos. Experiências de decisão que, no fundo, inexiste fora da prova a que nos submetem os conflitos, da comparação, da valoração, da ruptura, da opção.

Uma das tarefas nossas, a de educadoras e educadores progressistas, era, ontem como hoje, trabalhar esse passado, que se adentra no presente, não só como um tempo de autoritarismo, de silêncio imposto às massas populares, mas também como um tempo em que uma *cultura da resistência* foi se gerando como resposta à violência do poder.

O presente brasileiro vem sendo abraçado por essas heranças coloniais: a do silêncio e a da resistência a ele, a da busca da voz, a da rebeldia que necessita de ir virando cada vez mais criticamente revolucionária.*

---

* Freire, Paulo. *Pedagogia da esperança: um reencontro com a Pedagogia do oprimido.*

Foi este o tema central da tese acadêmica que defendi, em 1959, na então Universidade do Recife, hoje Federal de Pernambuco — "Educação e Atualidade Brasileira", de que aproveitei parte no meu primeiro livro *Educação como prática da liberdade*. Tese que refletia o quanto me vinha marcando a experiência do Sesi, submetida a profunda reflexão crítica e a que se juntava uma não menos crítica e extensa leitura de fundamental bibliografia.

Como se vê, o objetivo que me movia exigia práticas substantivamente opostas às de uma política assistencialista — e não assistencial em coerência com o espírito do Sesi e com os fins com os quais fora criado.

Devo dizer que, se estas contradições não eram, então, claramente percebidas, eu não era, porém, com relação a elas, completamente inocente. De um lado, eu sabia que não poderia converter o Sesi, livrá-lo de seu "pecado original", como dizia dele uma assistente social, grande amiga minha, que, à época, trabalhava no Rio de Janeiro; de outro, estava certo de que, leal a meu sonho, não tinha por que não tentar fazer o que pudesse e enquanto pudesse em favor dele. Em última análise, eu me empenhava em fazer uma escola democrática, estimulando a curiosidade crítica dos educandos, uma escola que, sendo superada, fosse substituída por outra em que já não se apelasse para a memorização mecânica dos *conteúdos transferidos*, mas em que *ensinar* e *aprender* fossem partes inseparáveis de um mesmo processo, o de conhecer. Desta forma, ao ensinar, a educadora reconhece o já sabido, enquanto o educando começa a conhecer o ainda não sabido. O educando *aprende* na medida em que *apreende* o objeto que a educadora lhe está ensinando.

Em última análise, eu me propunha, com as equipes com quem trabalhava, realizar uma administração fundamentalmente democrática. Uma gestão tanto quanto possível aberta à ingerência dos operários e suas famílias em diferentes níveis, com que fossem eles aprendendo democracia pela prática da participação. Aprendendo democracia pela experiência da decisão, da crítica, da denúncia, do anúncio.

Interessa-me nesta carta, falar de dois pontos, no fundo, de dois programas de trabalho no horizonte político-pedagógico de que falei antes. Um deles desenvolvido por mim e por minha equipe durante o tempo em que fui diretor da Divisão de Educação e Cultura; o outro, quando me achei à frente da organização como seu superintendente ou seu diretor-geral. Programas político-pedagógicos em total consonância com as análises feitas anteriormente.

Vejamos o primeiro, que se realizou no âmbito da Divisão de Educação e Cultura. Creio que o ponto de partida para dele falar deve ser a compreensão mesma que tínhamos da escola e da educação a ser nela posta em prática.

Minha experiência pessoal, em casa, nas relações com meus pais e meus irmãos, de que tenho falado em cartas anteriores, me havia tocado fortemente por seu caráter democrático. O clima em que vivíamos, em que nossa liberdade, tratada com respeito pela autoridade de nossos pais, era constantemente desafiada a assumir-se responsavelmente; o reconhecimento do passado brasileiro como um tempo densamente autoritário, girando quase em torno do poder exacerbado do senhor, da robustez desse poder e da fragilidade dos subalternos, de sua acomodação ou de sua rebeldia, tudo isso me direcionava até uma escola democrática, em que educadoras e educandos se dessem ao esforço de reinventar o clima tradicionalmente autoritário de nossa educação.

As experiências democráticas, no seio de minha família, meu passado pessoal, constituíam, na verdade, uma contradição ao autoritarismo em que se assentara a sociedade brasileira.

Me parece óbvio, então, que, entre a severidade despótica da escola tradicional e a abertura democrática do movimento da Escola Nova, eu me inclinasse para o segundo. Era natural assim que eu me familiarizasse com o pensamento europeu, norte-americano e brasileiro ligado àquele movimento. Nunca me ofendo, por isso mesmo, quando sou tido, por alguns críticos, como escolanovista. Estranho, porém, é que nem sempre percebam que, ao criticar as relações autoritárias entre educadores e educandos, eu critico também o autoritarismo, gerando-se no modo capitalista de produção. Minha crítica à escola tradicional que começa sob a influência de pensadores da Escola Nova, a que se juntavam dados de minha experiência pessoal, se alonga, a pouco e pouco, à crítica do sistema capitalista mesmo.

O fato, porém, de não me satisfazer política e ideologicamente esta ou aquela posição de um Anísio Teixeira, de um Fernando de Azevedo, de um Lourenço Filho, de um Carneiro Leão, para ficar só nestes e em nosso meio, não me leva a dizer simplistamente que "já eram" ou que "nunca foram". O fato de *sonhar* diferentemente deles não é suficiente para que desconheça sua contribuição ao avanço da reflexão pedagógica entre nós. Da reflexão e da prática.

Ao rever hoje, tantos anos depois, a prática daquela época, ao repensar os pontos primordiais do programa que nos desafiava, percebo sua atualidade e sua vigência. Perceber sua atualidade hoje não significa, lamentavelmente, que tivéssemos sido, a equipe e eu, uns antecipados. Significa, apenas, quão pouco avançamos em matéria de democratização de nossa educação. Democratização a que nos entregamos inteiros. Na Divisão de Educação, a da *escola*, a das diferentes relações que nela se estabelecem — educadoras, educandos; educadoras, pais, mães; zeladores, educadores; escola, comunidade. Democratização da escola quanto a sua maneira de compreender o ato de ensinar. O esforço de superação da transferência mecânica dos conteúdos por uma forma crítica de ensinar. O respeito ao conhecimento com que os educandos chegavam à escola, o não menos necessário respeito à identidade cultural dos educandos.

A luta hoje tão atual contra os alarmantes índices de reprovação que gera a *expulsão*[26] de escandaloso número de crianças de nossas escolas, fenômeno que a *ingenuidade* ou a *malícia* de muitos educadores e educadoras chama *evasão escolar*, dentro do capítulo do não menos *ingênuo* ou malicioso conceito de *fracasso escolar*. No fundo, esses conceitos todos são expressões da ideologia dominante que leva as instâncias de poder, antes mesmo de certificar-se das verdadeiras causas do chamado "fracasso escolar", a imputar a culpa aos educandos. Eles é que são responsáveis por sua deficiência de aprendizagem. O sistema, nunca. É sempre assim, os pobres e miseráveis são os culpados por seu estado precário. São preguiçosos, incapazes.

Nossa compreensão da "evasão", da reprovação era outra. Uma escola democrática teria de preocupar-se com a avaliação rigorosa da própria avaliação que faz de suas diferentes atividades.

A aprendizagem dos educandos tem que ver com as dificuldades que eles enfrentam em casa, com as possibilidades de que dispõem para comer, para vestir, para dormir, para brincar, com as facilidades ou com os obstáculos à experiência intelectual. Tem que ver com sua saúde, com seu equilíbrio emocional.

A aprendizagem dos educandos tem que ver com a docência dos professores e professoras, com sua seriedade, com sua competência científica, com sua amorosidade, com seu humor, com sua clareza política, com sua coerência, assim como todas estas qualidades têm que ver com a maneira mais ou menos justa ou decente com que são respeitados ou não.

Por tudo isso dávamos grande atenção, de um lado, à formação permanente das educadoras; de outra, à formação das mães e dos pais.

Aprendemos bastante de nossos erros iniciais, quer na experiência com as professoras, quer na que tínhamos com mães e pais. Em ambos os casos, absolutamente certos com relação aos objetivos da prática, mas errados quanto ao método utilizado. Em última análise, nos contradizíamos. Pretendíamos uma formação com vistas a posturas críticas, em favor da opção, da decisão, da avaliação rigorosa dos fatos, mas, primeiro, não ouvíamos as pessoas com quem trabalhávamos em torno do que gostariam de discutir, de quais eram suas motivações e expectativas. Escolhíamos nós mesmos os temas e, segundo, palestrávamos sobre eles.*

Foi insistindo largo tempo neste erro, mas avaliando a prática ou pensando-a, que reformulamos o procedimento, conseguindo a coerência necessária entre os objetivos da ação e os caminhos para a eles chegar.

Na busca da superação de nossos erros e equívocos foi de extraordinária importância a crítica amena, até cortês, que nos fez, a mim e a meus companheiros e companheiras de equipe, um pai de aluno nosso de um dos núcleos do Sesi do Recife.

Terminara de falar sobre o dever que a escola tem de respeitar o saber com que o aluno a ela chega. Sentado na primeira fila, em frente a nós, estava o ainda bem moço pai que, desinibido, se levanta e fala: "Se me perguntam se eu gostei desta reunião, eu não vou dizer que não por causa de que aprendi umas coisas das palavras do doutor. Mas, se perguntam se era isso que queria ouvir hoje, eu digo que não. Eu queria ouvir hoje era umas palavra de expricação sobre discipriná, por causa de que eu tou tendo em casa, eu e minha mulher, pobléma com os menino e não sei resouver."

O mesmo acontecia com os seminários de formação das professoras. Discutíamos neles os mesmos temas que seriam debatidos nos Círculos de pais e professoras. De qualquer maneira, porém, esses temas não eram escolhidos arbitrariamente por mim ou por outra pessoa da equipe. Emergiam em nossas visitas aos núcleos sociais do Sesi, às escolas, em nossas conversas com as professoras. O fato,

---

* Freire, Paulo. *Pedagogia da esperança: um reencontro com a Pedagogia do oprimido*.

porém, é que, só por coincidência, o tema sobre que falava fazia parte da expectativa do auditório.

A partir daquela noite, contudo, percebemos que teríamos de aprofundar a nossa experiência democrática. Passamos a discutir com os presentes, professoras e famílias, a temática fundamental para a reunião seguinte.

No outro dia, na sede da Divisão, preparávamos o que passamos a chamar Carta Temário, a ser assinada pelas professoras dos alunos e endereçada a cada pai e mãe. De modo geral, apresentávamos o tema e, em seguida, duas ou três perguntas desafiadoras em torno dele.

Sugeríamos no fim da carta que os pais discutissem a temática da próxima reunião com seus companheiros de fábrica, os mais íntimos, obviamente, com seus parentes, de modo que trouxessem, ao vir ao Círculo, não apenas sua opinião mas também as de seus amigos.

Desta forma, estávamos preparando um passo mais adiante — o em que a escola tentaria estender sua área de influência das famílias de seus alunos à comunidade em que se achava instalada.

Por outro lado, os seminários de formação das professoras se tornaram mais dinâmicos, na medida em que discutiam a temática de cuja organização haviam tomado parte.

Por sugestão de uma das professoras — cedo generalizada —, as professoras passaram a discutir com os alunos aspectos mais acessíveis da temática de seus seminários, a mesma a ser discutida com seus pais, entre os quais houve quem testemunhasse o vivo interesse dos filhos, motivando-os a não perder as reuniões.

Com a participação maior dos pais, que sugeriam a temática das reuniões e que se preparavam para elas, com o envolvimento crítico das professoras e dos alunos, a frequência aos Círculos de pais e professores alcançou níveis bastante elevados.

Começamos também a observar diferenças sensíveis na disciplina escolar e no aprendizado.

Escolas e famílias passaram a compreender-se melhor, à medida que se iam conhecendo mais e diminuindo, assim, mútuas desconfianças.

Que, no momento, me lembre, tivemos de enfrentar duas dificuldades grandes. A primeira, no campo da compreensão da disciplina, envolvendo nossas marcas autoritárias, se manifestava nas solicitações reiteradas que recebíamos, para que fôssemos intransigentes, rijos, no trato com os educandos, seus filhos. Diziam, com sorrisos de quem sabe e não de quem, inseguro, pede ajuda, que "O que faz home sério, de vergonha, direito, é castigo duro, é disciprina severa". A segunda, no campo da alfabetização, da aprendizagem da leitura e da escrita, que, para eles, não tinha outro caminho senão a Carta do ABC.

Houve famílias que, retirando seus filhos de escolas nossas, por essas duas razões, os matricularam em algumas das inúmeras escolinhas particulares que, à época, existiam espalhadas nas áreas populares. Eu mesmo havia passado duas semanas inteiras, recém-chegado ao Sesi, andarilhando pelas áreas populares do Recife, visitando essas escolinhas e conversando com suas professoras ou professores. Em quase todas elas se aplicavam castigos físicos rigorosos. Poucas foram as em que não achei, sobre a pequena mesa da professora, pesada palmatória com que se infligiam "bolos" nas palmas das frágeis mãos dos alunos. Numa das palmatórias, em baixo relevo, jamais esqueci, estava escrito: "Acalma coração."

Quanto coração de menino "endiabrado" ou inibido não terá batido acelerado no seu corpo magro, apesar da inscrição debochada que a palmatória exibia.

Cedo percebi que, no diálogo com os pais, não haveria possibilidade nenhuma de êxito se lhes aparecêssemos como se estivéssemos defendendo posições licenciosas. Posições permissivas em que, em nome da liberdade, terminávamos contra ela, pela falta total do papel limitador da autoridade. No fundo, o que centralmente os preocupava era a questão primordial dos *limites*. Dos limites à liberdade; dos limites à autoridade. Não captavam a tensão dialética entre autoridade e liberdade, mas, percebendo que esta fenece sem aquela, exacerbavam-na.

Era preciso, portanto, estarmos seguros e serenos nas nossas conversas com as famílias sesianas. Era preciso defender posições, jamais deixando-nos cair na tentação de estilos licenciosos. Nossa crítica ao modelo dos pais e nossa recusa a ele não significavam a negação da importância da autoridade, pois sem ela não há disciplina, mas licenciosidade; da mesma forma, como sem liberdade também não há disciplina, mas autoritarismo.

Esta luta pela formação de uma disciplina, forjando-se nas relações contraditórias e criadoras entre autoridade e liberdade, cresceu com os resultados de uma pesquisa que fizemos e em que procurávamos saber como se davam tais relações nas famílias de nossos alunos. Assustou-nos a ênfase nos castigos violentos, no Recife, no agreste, no sertão, em contradição com a quase total ausência de castigos e não só dos violentos nas zonas praieiras do estado.*

Discutir essas relações não era difícil, qualquer que fosse a temática específica a ser debatida. E podíamos fazê-lo sem manipular as assembleias de pais e professores.

Nessa época, usei parte de meu tempo em reuniões privadas com um e outro casal de pais que me procuravam para desabafar suas angústias, em face do que lhes parecia significar a perda de seu filho. "Às vezes, doutor, penso que não tem mais jeito. Parece que a gente se enganamos. A pancada não resorve."

Tantos anos distante desses encontros e os tenho vivos na memória de meu corpo. Se fosse pintor, seria capaz de retratar algumas das faces aflitas que tive diante de mim, tão fortes em seus traços elas me voltam, agora, quando escrevo.

A segunda dificuldade, a que antes me referi, a exigência que nos faziam para que seus filhos aprendessem com a Carta do ABC,** levou largo tempo em debate. De vez em quando, um deles voltava ao mesmo argumento de sempre. "Meu avô aprendeu assim. Meu pai também. Eu aprendi deste jeito. Por que meu filho não pode?"

A reivindicação que nos desfalcou de vários alunos começou a perder força, quando, certo dia, numa assembleia de pais, de repente, perguntei: "Quem aqui já viu alguma criança que começa a falar dizer P. M. F. R.?"

Ninguém, foi a resposta que o silêncio nos trouxe. Ninguém, na verdade, jamais começou a falar dizendo letras.

---

* Freire, Paulo. *Pedagogia da esperança: um reencontro com a Pedagogia do oprimido*.
** Ibidem.

Quando o neném diz: "Mamã", ele quer dizer: "Mamãe, tenho fome, estou molhado."

Se é assim que todos nós, mulheres e homens, começamos a falar, como, então, na hora de aprender a ler e a escrever, começar com as letras? Pensem nisso.

Tudo indica, realmente, que pensaram. A reivindicação foi diminuindo cada vez mais, e, como consequência, a pouco e pouco, foram emudecendo as críticas que nos faziam por não usarmos a famosa Carta do ABC.

Foi com conhecimentos produzidos em todo o tempo desta experiência que cheguei à Superintendência do Sesi. Se, à frente da Divisão de Educação e Cultura, me entregara ao esforço de democratizar a escola, ampliando, cada vez mais, a participação de educandos, de educadores e educadoras, de pais, de mães nos destinos da escola, lutando, embora nem sempre conseguindo, por melhores salários, ao chegar à Superintendência tentei democratizar a administração mesma.

Falarei aqui, rapidamente, de projetos principais que avoquei a mim e uma pequena equipe, liderada por Heloisa Jaques Bezerra, competente e dedicada assistente social.

O primeiro deles procurava criar, na sede do Departamento, onde se encontravam as lideranças das Divisões e dos Serviços ou Setores da Instituição, um indispensável mútuo conhecimento. Em que pese, que, do ponto de vista das relações pessoais, diretores e assistentes das Divisões fossem, de modo geral, amigos entre si, do ponto de vista do quefazer que realizavam — projetos, programas — um não sabia claramente o que fazia a Divisão do outro. Daí que houvesse, de quando em vez, coincidências ou descompassos, contradições entre a prática de alguma Divisão e a de outra.

Gastos desnecessários também na compra, por exemplo, de material. Às vezes carros de três Divisões saíam, quase ao mesmo tempo, para um mesmo Centro Social com pessoal técnico, quando, se houvesse planejamento, bastaria um, o que significaria economia de combustível e menos desgaste dos veículos.

Impunha-se, na verdade, uma visão global do serviço que facilitaria ou predisporia a solidariedade entre os responsáveis dos inúmeros programas, que, então, se espalhavam pela cidade do Recife e interior do estado.

Naquela época, as repartições públicas e os órgãos privados estavam abertos aos sábados até o meio-dia.

Em uma primeira reunião com os diretores de Divisão e seus assistentes discuti o projeto, que previa o uso das manhãs dos sábados para as nossas reuniões. O Sesi fecharia aos sábados para atendimento ao público, dedicando-se ao conhecimento de si mesmo. Aceita a proposta, fizemos uma segunda reunião com todo o pessoal do Departamento, incluindo-se os zeladores. Só depois da aceitação geral demos começo ao trabalho. Organizaram-se as quatro primeiras reuniões, escolhendo-se as Divisões que falariam sobre sua prática e a que se seguiria um debate com a participação de todos. Estão aí, digo num parênteses, nos anos 50, as raízes, jamais cortadas, da prática de pensar teoricamente a prática, para praticar melhor.

Para a quarta sessão foi escolhido Francisco, o zelador mais velho em idade, não em tempo de serviço. Caberia a ele falar de um dia seu no Departamento, de sua cotidianidade, do que lhe parecia positivo ou negativo no que fazia, falar de como os diretores e técnicos em geral se relacionavam com ele etc.

Percebia-se como melhoravam as relações entre todos, à medida que as reuniões avançavam e iam se aprofundando na análise da prática. Na medida em que se ia desocultando a teoria embutida na prática.

Cedo percebi, primeiro, que era preciso trazer para aquelas reuniões os diretores dos núcleos sociais, pelo menos da capital. Segundo, que teríamos de começar com eles prática idêntica. Isto é, teríamos de discutir com eles, enquanto eles discutiriam com o pessoal sob sua liderança nos núcleos, como cada projeto das diferentes Divisões estava se encarnando no campo sob seu controle direto.

A tendência das reuniões era ir convertendo-se em sérios seminários de formação de pessoal, desde que fôssemos capazes de evitar que se tornassem *seminários academicistas*. *Acadêmicos* eles foram, no sentido bom desta palavra.

Vale a pena agora relembrar a emoção e a segurança com que Francisco, o zelador mais velho, falou e o impacto que suas palavras provocaram.

"Não tenho muito o que dizer", começou ele, "de um dia meu de trabalho, no D. R.* Sou um simples zelador fazendo serventias, limpando salas, mesas, comprando cigarro pra os doutores, servindo o café, levando documentos de uma sala para a outra. Desde que soube que hoje ia falar pra tanta gente, de memória e de leitura, que eu comecei a perguntar o que é um dia meu de trabalho e de vida.

---

* Departamento Regional. Era assim que, de modo geral, nos referíamos à sede da Organização.

É muita coisa. Primeiro, porque, juntando um dia com o outro, eu encho o mês e ganho, com suor, o sustento meu e de minha família. Segundo, porque sem trabalho não sei viver. Meu dia é um dia como o de milhares de brasileiros como eu e melhor do que o dia de outros milhares, que nem o pouco que eu tenho eles têm.

Estou contente com o meu dia a dia. Sou humilde. Mas tem umas coisas que não entendo e que devo dizer a todos. Por exemplo, quando entro, com a bandeja do café, na sala de um diretor e ele tá em reunião com outros doutores, ninguém me olha e responde a meu bom-dia. Vai só estendendo a mão e pegando a xícara, e não diz, nem uma vez, para ser pelo menos diferente, *muito obrigado*. Tem hora que um me chama, dá um dinheiro e diz pra trazer um maço de cigarros. Eu vou, desço as escadas se o elevador demora, atravesso a rua, compro o cigarro, volto, entrego ao doutor. Aí, outro me diz, entregando uns níqueis, uma caixa de fósforos. Por que não discutiram antes o que queriam pra eu fazer tudo de uma vez? Por que subir e descer, descer e subir pra comprar aos pouquinhos? Tem ocasião que eu vou três, quatro vezes fazer comprinhas assim.

Agora, acho que essas reuniões vão ajudar todos nós a melhorar as coisas. Eu mesmo tou entendendo muito mais o trabalho de muita gente que eu não sabia o que fazia.

Espero que quem nunca me disse bom-dia ou muito obrigado não tenha ficado zangado comigo, humilde zelador. Contei essas estórias porque elas fazem parte de meu dia a dia, aqui, no D. R."

Sentia-se no silêncio, no movimento inquieto dos corpos nas cadeiras, a sensação de desconforto que o discurso de

Francisco causara a quem nunca lhe havia dito bom-dia ou muito obrigado.

Questões de classe social, ontem, como hoje. Em certos programas de televisão em que, em algum momento, o garçom serve um cafezinho ao entrevistado e ao entrevistador, jamais vi ou ouvi um deles, olhando cortesmente ao garçom, dizer-lhe: "Muito obrigado." Às vezes, entrevistados progressistas. É como se o garçom não fosse gente, fosse um robô programado para servir.

O elitismo que nos empapa não nos permite perceber a incoerência entre nossos discursos libertários e o indiferentismo diante de uma pessoa reduzida à condição de quase coisa. E não se diga que isso é um problema menor.

O passo seguinte foi o de organizar e realizar reuniões com os diretores de núcleos sociais e seus assistentes, com o mesmo espírito e o mesmo objetivo. No fundo, reuniões de avaliação da prática realizando-se em cada núcleo.

À maneira dos círculos de pais e professores, cujos debates se pautavam por um temário organizado dialogicamente entre pais e professores, os diretores de núcleos preparavam os itens de nossa reunião numa outra entre eles e os técnicos de seu núcleo.

Cada núcleo me encaminhava com antecedência suas sugestões, que, estudadas por mim e por minha secretária, Eremita de Freitas, e os diretores de Divisão em causa, eram discutidas no dia do encontro.

Os resultados positivos não tardaram. Um melhor conhecimento dos núcleos entre si, a possibilidade concreta de intercâmbio entre eles, a ajuda mútua, maior eficácia do trabalho das divisões nos núcleos. Maior abertura ao diálogo ao lado de maior compreensão das limitações de cada um de nós.

Faltava agora um outro passo tão difícil quanto importante. Trabalhar, com métodos semelhantes, no aprofundamento de uma prática democrática, com as lideranças operárias dos chamados Sesianos Clubes. Cada núcleo tinha seu clube com diretoria eleita em pleito livre.

Os Sesianos Clubes tinham nascido da feliz ideia de um jovem jornalista, José Dias da Silva, formando-se em Direito quando chegou ao Sesi, na primeira equipe que o engenheiro Cid Sampaio constituiu. O seu sonho inicial era ter no Sesiano Clube um espaço em que democraticamente os seus associados tivessem um mínimo de *voz*. E isto ia contra o "pecado original" do Sesi que o conformava como uma instituição assistencialista.

Neste sentido é que até a administração do industrial Holanda Cavalcanti, tão aberto quanto seu companheiro Sampaio, e em que fui conduzido à Superintendência do Sesi, os Sesianos Clubes recebiam tudo do Departamento Regional. Verbas para suas festas, para a comemoração do 1º de maio, para torneios esportivos. O Departamento Regional, na pessoa de seu superintendente, determinava o quanto cada sesiano receberia para isso ou para aquilo.

Meu sonho era ir rompendo com as estruturas autoritárias tão presentes a nossa formação, era ir superando o assistencialismo da instituição, que, em alguns de meus relatórios da época, chamei de "papainoelismo", era ir democratizando, tanto quanto possível, nossa prática.

Eu não era, como não sou, contra a assistência que prestávamos, mas contra o *assistencialismo* que anestesia a consciência política de quem recebe a assistência. A assistência é boa, necessária e, em certos momentos, absolutamente indispensável.

O assistencialismo, que informa a política da assistência, é a arapuca ideológica usada pelos poderosos para manipular e dominar as classes populares.

Para o projeto de encontros sistemáticos com a liderança dos Sesianos Clubes, tanto do Recife quanto do interior do estado, contei, mais uma vez, com a colaboração competente e dedicada da assistente social Heloisa Bezerra. Heloisa era conceituada ex-aluna da Escola de Serviço Social de Pernambuco, incorporada, mais tarde, à Universidade do Recife, hoje Federal de Pernambuco. Sublinho, agora, indiscutíveis débitos meus a algumas das professoras e ex-alunas daquela escola. Professoras e ex-alunas, trabalhando ou não no Sesi, como Lourdes Moraes, Dolores Coelho, Hebe Gonçalves, Maria Hermínia, Evany Mendonça, Lília Collier, Deborah Vasconcelos, Glória Duarte, Maria Amália, entre outras. Heloisa era quem secretariava as reuniões, quem organizava com fidelidade as sínteses das mesmas, cujo conteúdo nos possibilitava reflexões teóricas com as quais nos preparávamos para outras reuniões.

Visitamos, Heloisa e eu, uma por uma, as diretorias dos Sesianos Clubes da capital, no sentido de preparar o terreno para a primeira reunião. Em nossas visitas falava da importância de uma crescente participação dos clubes do Sesi nos destinos dos núcleos sociais, falava da necessidade de informação e de formação que tinham as lideranças para que pudessem ir tornando-se eficazes no processo democrático da participação.

Já estava convencido, àquela época, e minha experiência vinha confirmando, da fundamental importância da educação no processo de mudança, vale dizer, do peso que tem o conhecimento em tal processo. Era preciso, pois, juntar à medida que fosse sendo implementada, com vistas à ampliação da esfera de decisão dos Sesianos Clubes, prática formadora, fundada no estímulo e no desenvolvimento da curiosidade epistemológica. Era preciso, contudo, estarmos de olhos abertos para evitar, rigorosamente, qualquer dicotomia entre fazer e pensar, entre prática e teoria, entre saber ou aprender técnicas e conhecer a razão de ser da própria técnica entre educação e política, entre informação e formação.

Na verdade, toda informação traz em si a possibilidade de seu alongamento em formação, desde que os conteúdos constituintes da informação sejam assenhoriados pelo *informado* e não por ele *engolidos* ou a ele simplesmente *justapostos*. Neste caso, a informação não *comunica*, veicula *comunicados*, palavras de ordem.

A informação é comunicante, ou gera comunicação, quando aquele, a quem se informa algo, *apreende* a substantividade do conteúdo sendo informado, quando o que recebe a informação vai mais além do ato de receber e, recriando a recepção, vai transformando-a em produção de conhecimento do *comunicado*, vai se tornando também sujeito do processo de informação que vira por isso *formação*. A formação, por sua vez, não pode dar-se na limitação a crítica e asfixiante dos especialismos. Só há formação na medida em que vamos mais além dos limites de um saber puramente utilitário.

Não estão, por isso mesmo, formando, na plenitude da compreensão do conceito, educadoras e educadores, que, inebriados pelo discurso pragmático neoliberal, entendem que a questão essencial, hoje, para a educação, de modo geral, é a *informação*, sem formação, de dados, a que se junte a preparação estritamente técnico-profissional. Vale dizer, uma prática educativa carente de sonhos, de denúncia e de anúncio. Uma prática educativa assexuada, neutra.

É bem verdade, enfatizemos, que não vale, por outro lado, a prática educativa que fique apenas na denúncia e no anúncio, no alumbramento em face do sonho, e se esqueça ou minimize a preparação técnica, a instrumentação para o trabalho.

O caminho é a informação formadora, é o conhecimento crítico que implica tanto o domínio da técnica quanto a reflexão política em torno de/a favor de quem, de que, contra quem, contra que se acham estes ou aqueles procedimentos técnicos.

Um dos problemas que temos, quando fazemos um pouco de memória, é tratar, às vezes, a prática de ontem com matizes, no mínimo, do discurso de quando escrevemos. Não escaparia a isto. De qualquer maneira, porém, mesmo quando ao escrever hoje sobre ontem, me reconheça caindo naquela tentação, reconheço também minha fidelidade à prática de ontem. Estou falando agora não só do que fiz, mas também do que me movia. Dos conhecimentos que se haviam engendrado e se estavam engendrando na prática realmente rica, sobre a qual, pensando, eu ia crescendo nas intuições que me tomavam. Intuições que sempre respeitei, que nunca rejeitei como *coisas impuras*, mas a que jamais segui como *verdades definitivas*. Submeti, sempre, minhas intuições a análises críticas, a provas, a avaliações; indaguei incessantemente sobre a razão de ser das próprias intuições. O que as teria ocasionado.

Minha curiosidade epistemológica esteve constantemente a postos.

Voltemos à discussão do projeto de trabalho com as lideranças dos Clubes Sesianos.

Aceita, por todas as diretorias dos clubes da cidade do Recife, a proposta de trabalho, escrevi, a cada uma, carta de que dei conhecimento aos diretores de Divisões e aos diretores de Núcleos Sociais, convidando-os para uma reunião em nossa casa, às vinte horas de uma sexta-feira. A Superintendência oferecia transporte para facilitar a realização do encontro.

Na carta-convite era proposto um pequeno temário com cinco itens fundamentais:
1) Abertura da sessão, com uma exposição ligeira do superintendente sobre o espírito do projeto, pois o mesmo já havia sido exposto nas reuniões preliminares com cada diretoria;
2) Exposição do superintendente em torno dos objetivos da nova administração do Sesi, à frente da qual se achava o empresário Sebastião de Holanda Cavalcanti;
3) Exposição do diretor administrativo do Sesi sobre a situação atual da instituição quanto à arrecadação, quanto aos gastos com pessoal e material. Os déficits do Sesi e as ajudas recebidas pelo Departamento Nacional;
4) Posição das diretorias sesianas com relação a se aceitavam ou não continuar com o projeto. Em caso positivo,

sugestões para o funcionamento e as reuniões dos prazos para a sua realização etc.;
5) Encerramento, com sucos de frutas e sanduíches.

Ao escrever, agora, sobre o acontecido, sou visitado pela memória dos sentimentos que vivi naquela noite. E eles voltam de tal maneira intensos e reais que me fazem quase experimentá-los de novo. É isso o que se dá com a alegria de ter visto a expectativa realizada, de ter ouvido o discurso esperado, de ter tido minhas intenções em tela de juízo. O clima crítico da reunião, mesmo permeado de momentos ingênuos, a constituiu como tantas outras que me têm marcado ao longo de minha vida. Uma centena de outras com aquelas mesmas lideranças, que, no processo de que participamos juntos, cresciam em saber de mundo e em visão política.

Todos os líderes operários, diretores de Sesianos Clubes se inscreveram para falar. O primeiro deles, franco e articulado, disse que começaria com uma constatação e uma inquietação. A constatação de que, pela primeira vez, uma administração do Sesi se aventurava num jogo democrático em relação ao Sesiano Clube, discutindo orçamento, déficits, com documentos na mão. Daí a sua inquietação que o levava a perguntar-se sobre o que haveria por trás da proposta. Em outras palavras, que estará querendo realmente esta administração ao oferecer estes espaços a nós? "Cego tem medo de esmola grande", diz o povo.

"Só a prática nossa dará resposta a minha inquietação. Meu voto é pela continuidade das reuniões, pela aceitação do projeto."

Um segundo elogiou a decisão da administração de ouvir seriamente as bases, de com elas falar e discutir. Afirmou-se a favor do projeto, propondo que as reuniões entre a Superintendência e as diretorias dos Sesianos se dessem mensalmente em cada núcleo social, a ser escolhido na parte final de cada sessão.

Após as duas falas, os demais unanimemente apoiaram, primeiro, o projeto, que se considerou aprovado; segundo, que as reuniões fossem mensais, em cada núcleo, e que, obviamente, se realizassem aos domingos, entre oito da manhã e treze horas da tarde.

Concordou-se também com que o processo de fazer as reuniões, de vivê-las, nos iria ensinando a aprimorá-las. Desta forma, o melhor seria que elas jamais tivessem sua forma de realizar-se definitivamente perfilada. Assim como a maneira de as diretorias sesianas e a equipe da Superintendência se prepararem para elas. A única coisa definida e estabelecida era o direito assegurado à *fala*, à *voz*, *o direito à crítica*, resguardado também o direito de cada um ao respeito de todos.

A primeira reunião se encerrou com uma satisfação geral.

Quinze dias depois estávamos todos às oito horas no Núcleo Presidente Dutra, no Vasco da Gama, em Casa Amarela.

Foi a partir da reunião de Vasco da Gama que eu comecei a testar, com mais frequência, a minha coerência, minha tolerância, minha paciência impaciente,* qualidades indispensáveis a um educador ou educadora progressista. Foi também a partir daquela manhã que eu vim juntando a minha experiência passada um saber político de natureza crítica, saber que se veio produzindo na defesa de propostas,

---

* Freire, Paulo. *Professora sim; tia, não.* São Paulo: Olho d'Água, 1993 [23ª ed. Rio de Janeiro: Civilização Brasileira, 2012].

na crítica de erros, no respeito às teses que, nos debates, venciam proposições da Superintendência.

Uma das teses que comecei a defender naquela reunião, com vistas a uma posição democrática maior, mais profunda, a ser assumida pelos Clubes Sesianos, era a superação da gratuidade da assistência prestada pelo Sesi, a médico-dentária, a esportiva, a recreativa, a escolar, a jurídica. Eu sabia que haveria de ter oposição entre as lideranças operárias, mas também entre as patronais. Propunha que comissões mistas formadas por pessoas representantes dos Sesianos Clubes, das diretorias dos Núcleos e representantes das Divisões estabelecessem o custo das diferentes assistências prestadas, com exceção da escolar. O custo, por exemplo, de uma entrada de cinema, de uma receita médica, de uma radiografia do tórax, de um exame de urina, de uma obturação, de uma extração etc. Custos módicos abaixo dos cobrados normalmente. Preço de entrada para bailes, para shows etc.

A proposta era no sentido de que 50% do que se apurasse pela cobrança da assistência médico-dentária e jurídica deviam ficar com os clubes, 50% com o Departamento Regional para a reaplicação em mais assistência. A totalidade do que se apurasse nas festas, nos bailes, nos shows pertenceria aos Clubes Sesianos. Por outro lado, o Departamento Regional deixaria definitivamente de programar e assumir obrigações com relação às festas dos clubes. Os clubes assumiriam a responsabilidade por sua *vida*. Ganhariam maioridade, em cujo estado poderiam, por exemplo, solicitar empréstimos ao D. R.

Caberia igualmente às lideranças dos clubes e a suas assembleias gerais decidir se eles poderiam ou não prestar este ou aquele tipo de assistência a seus associados. Assistência ao desempregado, por exemplo, e que tipo de assistência e por quanto tempo.

A reunião de Vasco da Gama foi o ponto de partida para a discussão que se aprofundou e se alongou a muitas outras em torno do polêmico tema: cobrança ou não da assistência prestada pelo Sesi; autonomia ou dependência dos Sesianos Clubes.

Na primeira discussão, um líder de um dos Sesianos disse em sua fala que eu estava a serviço do capital contra o trabalho. Que o que eu propunha representava não um passo atrás, mas muitos contra os interesses dos operários. Ironicamente, poucos dias depois da reunião de Vasco da Gama, fui procurado por um jovem industrial, membro do Conselho do Sesi, que me disse, sem meias palavras, que a minha política era antipatronal. Que a política correta, do ponto de vista empresarial, teria de não apenas reforçar a assistência gratuita mas insistir em apregoar a gratuidade, como expressão da magnanimidade dos patrões.

Atacado pelos dois lados eu era forçado a aprender como argumentar e a continuar defendendo minhas posições.

Mais rapidamente do que poderia esperar, as reuniões sesianas viraram disciplinados seminários, momentos de sério estudo, em que ninguém se apoderava de um saber pensando impô-lo aos demais. Foi naquelas reuniões que aprendi também que ao responder às críticas de que era alvo eu deveria fazê-lo no mesmo tom de voz e com a mesma veemência. Não tinha por que ser ameno se me tratavam com rispidez nem grosseiro se me tratavam polidamente. O de que estava bastante certo era não ter o direito de mentir, de ser incoerente, de ter medo de concordar com o oponente se este me convencesse de seu acerto. Estava certo também e por isso mesmo de que vencido pelo voto da maioria não poderia usar o meu poder de superintendente e derrotar aquele voto.

A minha proposta no sentido de maior autonomia dos clubes foi derrotada por unanimidade, mas, no voto que a derrubou, se estabeleceu a qualquer Sesiano Clube a possibilidade de, estudando a proposta com suas assembleias, se estas a aprovassem, adotá-la individualmente.

Vale dizer que a derrota por unanimidade da proposta, naquele dia, não significava sua impossibilidade definitiva. Poderia renascer num dos clubes e, depois de testada na prática, voltar à assembleia dos clubes com a força da experiência.

No fim da sessão, as lideranças escolheram o próximo núcleo onde se daria a reunião e a temática a ser debatida.

Acertou-se igualmente que as diretorias dos Sesianos deveriam reunir seus companheiros em cada núcleo, dar-lhes informações em torno do que se discutiu e debater o temário da reunião vindoura.

Um outro dever das diretorias era convocar assembleias gerais a que prestariam contas do trabalho.

Raramente houve encontro dos clubes de que não tivesse resultado uma melhoria neste ou naquele aspecto do processo.

Cresceu, por exemplo, o número de assessores pelo reconhecimento da necessidade da assessoria, não só quanto a Heloisa e a mim, no lado da Superintendência, mas também junto às diretorias dos operários. E os assessores participavam das reuniões com direito ao debate e com direito a voto.

Terminada a reunião, recebi, à maneira antiga, ofícios de quase todos os Sesianos Clubes, solicitando a programação das festas para o próximo período e a aprovação das verbas já solicitadas para um ou outro evento. Despachei favoravelmente todos os pedidos de verbas, mas sublinhei a minha discordância. Enfatizar a discordância era um ato político-pedagógico a que jamais poderia faltar. Ter negado as verbas aos clubes para puni-los, pela recusa geral a minha proposta, teria sido muito mais que um erro, uma ignomínia.

A partir da segunda reunião, depois da primeira em nossa casa, representando a Superintendência, Heloisa se encontrou com as diretorias dos Sesianos de núcleos e subnúcleos no interior do estado, com quem discutiu o projeto já em andamento no Recife. Nosso propósito, apoiados pela assembleia dos clubes do Recife, era incorporar a ela os Sesianos do interior.

Duas reuniões fizeram possível juntar aquelas diretorias e discutir com elas o programa de trabalho. Uma, em Caruaru, em que estiveram presentes diretorias do Agreste; outra, em Ribeirão, a que compareceram diretorias da Zona da Mata.

A aceitação geral trouxe assim ao Recife a voz, a crítica, a inquietação, as sugestões do interior do estado.

Um dos opositores mais ferrenhos à ideia da cobrança da assistência e que havia exercido forte liderança nos debates tinha excelentes relações com a Superintendência. Era, particularmente, amigo meu. Chamava-se Severino, operário de tecelagem, e era presidente do Sesiano Clube do Núcleo Presidente Dutra, no Vasco da Gama, em Casa Amarela. Nossa camaradagem nascera nos primeiros debates, nos círculos de pais e professores, que ele sempre prestigiara e não fora ferida por causa de sua posição absolutamente contrária a minha.

Entre os líderes havia um outro, tão sério quanto Severino, com poder menor de liderança, que desde os primeiros momentos da discussão, em torno das cobranças, começara a revelar forte simpatia pelo programa. Havia sido ele o proponente do item, segundo o qual as assembleias gerais dos núcleos sociais poderiam decidir sobre a aplicação, individualmente, da proposta das cobranças.

Numa das reuniões dos clubes, a sexta ou a sétima, ele comunicou ter sua Assembleia Geral aprovado a cobrança das diferentes assistências, e que o seu clube estava trabalhando harmonicamente com a direção do núcleo, para a fixação dos custos dos diferentes serviços.

Ele sempre se inscrevia, logo no começo de cada reunião, fazendo minucioso relatório do andamento dos trabalhos. Com três meses de atividades, o clube já tinha boa importância em sua conta bancária, já deixara de pedir verbas ao D. R. para suas festas e já pensava em discutir possibilidades de assistência a seus associados. Esses resultados começaram a abalar a resistência de Severino, que, seriamente enfermo, convidou seus companheiros para uma conversa, em que lhes comunicou sua posição radicalmente mudada. "Se forças inda tivesse", disse ele, "iria reabrir a questão da cobrança na próxima reunião e lutar para implantá-la".

Severino morreu sem ter podido falar na reunião com seus colegas, mas foi reaberta a questão da cobrança e vitoriosa finalmente a tese.

Um ano e pouco depois, todos os Sesianos movimentavam suas verbas, ampliavam sua assistência, *bancavam* o almoço para os participantes de sua assembleia, a reunião entre eles e a Superintendência. Os clubes do interior assumiam as despesas de passagem e de uma noite no Recife de seus representantes, todos eles melhoravam as suas relações com as suas assembleias gerais, a quem prestavam conta da arrecadação e dos gastos.

Houve clubes que criaram modalidades de assistência aos desempregados. Forneciam, como empréstimo sem juros, oito feiras, cujo montante em dinheiro seria devolvido aos poucos a partir do momento em que o sócio voltasse a trabalhar.

Houve também, obviamente, resistências à presença crítica dos Clubes Sesianos que necessariamente ganhavam espaço e aumentavam sua possibilidade de *voz*, por parte de funcionários do Sesi. Para alguns profissionais, ainda que não para a maioria, os associados do Sesi não podiam ser nada mais do que puros *assistidos* a quem eles prestavam um certo favor. Daí que, cada vez mais, se sentissem desrespeitados em face da presença atuante, não mais dócil e submissa, da clientela. Presença vigilante do horário de médicos, de dentistas, de professoras etc.

Mais uma vez, na resistência desses profissionais, a força da ideologia dominante, autoritária, antidemocrática, racista, elitista, estava presente. Não foram poucas as vezes em que essas vozes retrógradas chegaram ao gabinete do presidente Holanda Cavalcanti por portas e travessas, e, em todas as vezes, ele sempre recusou-se a ouvi-las.

Ao rever hoje aqueles idos eu me pergunto se tiveram sentido as experiências vividas e os saberes produzidos para todos quantos delas participaram. Com relação a mim, indubitavelmente, tiveram. Elas foram, ao mesmo tempo, antecipações a coisas que faria muito tempo depois e tempo de aprendizado indispensável a práticas de que participo hoje.

Trabalhando no Sesi com diferentes profissionais, em níveis também diferentes, e com operários, a quem desafiei a ir assumindo, cada vez mais, atitudes de sujeito, a ir aprendendo democracia, praticando-a, terminei por fazer uma série de aprendizados indispensáveis a quem se insere no processo de mudança da realidade.

Aprendizado, por exemplo, da importância incalculável da *informação* e da *formação*, quer dizer, da informação que, no processo, vai virando formação.

Coisas que eu fazia, ora tendo antes pensado sobre elas, ora sobre elas pensando após tê-las feito, e que possivelmente me tocaram mais do que tocaram outros. Me lembro, por exemplo, da oportunidade em que o diretor-administrativo veio a meu gabinete para comunicar uma das decisões que ele tomara. A de regularizar o uso do boné por todos os zeladores do Sesi, em Pernambuco. Já estava com a ordem assinada para a compra.

"Veja você, meu caro Travassos", disse eu, "preferiria, em seu caso, reunir todos os zeladores e perguntar-lhes, com um boné para experiência, o que achavam da medida. Se queriam ou não usar boné. É que o boné altera a cara da pessoa e não temos o direito de mudar a cara de ninguém sem sua autorização. Se se tratasse do uso de um capacete por causa das condições de trabalho perigoso, aí, bem, o capacete faria parte da indumentária para defender o trabalhador de acidentes. Não haveria portanto que consultar, mas se impunha uma explicação".

O diretor concordou comigo. Realizou a reunião na semana seguinte. A ideia do boné foi derrotada. É possível que, passados tantos anos, o caso do boné tenha sumido da memória de algum protagonista ainda vivo, mas totalmente *des-marcado* pelo ocorrido. De minha memória jamais desapareceu, e foi com alegria que, no começo deste ano de 1993, dele ouvi falar, perguntando-me, se dele me lembrava, o professor Paulo Rosas, velho amigo e companheiro de luta do Recife.

O caso do boné virou, na minha história de vida, um caso exemplar. Quantos "bonés" não vêm sendo impostos a nós sem que tenhamos sido consultados e, ainda, em nome de nosso interesse e de nosso bem-estar!

Hoje, com a tecnologia de que dispomos, fico a pensar no que poderíamos ter feito com o fax, com o vídeo e com os computadores no aprofundamento do conhecimento mútuo dos clubes e dos núcleos sociais, no ritmo de incrível rapidez com que se distribuiriam as informações, nas possibilidades de pesquisa, no esforço formador.

Creio importante terminar esta carta repetindo a afirmação que sempre faço: "A prática precisa da teoria, a teoria precisa da prática, assim como o peixe precisa da água despoluída."

A prática sozinha, que não se entrega à reflexão crítica, iluminadora, capaz de revelar, embutida nela, sua teoria, indiscutivelmente ajuda o seu sujeito a, refletindo sobre ela, melhorá-la. Mesmo sem se submeter à análise crítica e rigorosa, que permitiria a seu sujeito ir mais além do "senso comum", a prática lhe oferece, não obstante, um certo saber operativo. Não lhe dá, contudo, a razão de ser mais profunda do que o próprio saber.

Foi procurando a razão de ser do saber que a prática me dava, que procedi ao longo dos anos em que me experimentei no Sesi. Daí que submetesse sempre a prática de que participava e a de outros a uma indagação que não se satisfazia com as primeiras respostas. A um questionamento severo, metodicamente rigoroso. Por isso é que, a muitas das leituras que fiz à época, fui trazido pela prática.

Eram leituras necessárias a que chegava na ânsia de compreender melhor o que fazia. Leituras que ora confirmavam o acerto de certo procedimento, ora me ajudavam a retificá-lo. Leituras que também me levavam a outras leituras. No campo das Ciências Sociais, da Linguística, da Filosofia, da Teoria do Conhecimento, da Pedagogia; no campo da História, no da História Brasileira, no da análise de nossa formação.

Leituras de textos que me ofereciam fundamentos para, de um lado, continuar a leitura do contexto; de outro, para nele intervir.

Aprendi, na minha passagem pelo Sesi, para nunca mais esquecer, a como lidar com a tensa relação entre prática e teoria.

12ª Carta
Minhas experiências no MCP, no SEC e em Angicos

"É neste sentido que um progressista que atua e pensa dialeticamente é alvo dos ataques, de um lado, de quem, pensando-se progressista também, mergulha no reacionarismo autoritário, espécie de 'pecado original' dos mecanicistas, e, de outro, dos não menos autoritários da direita."

Sinto que não posso passar à segunda parte destas cartas, em que discutirei um certo número de problemas ou de temas político-pedagógicos, sem considerar ainda alguns momentos basilares que vivi no Recife e a partir do Recife, antes do grande desafio do exílio de que tenho falado em trabalhos anteriores.

O momento do Movimento de Cultura Popular, MCP, o do Serviço de Extensão Cultural, SEC, da Universidade Federal de Pernambuco, e o da experiência de alfabetização de adultos em Angicos, no Rio Grande do Norte.

Desde logo, porém, deixo claro não ser minha intenção fazer uma história desses momentos. Dizendo algo sobre eles e sobre minha presença neles, estarei, espero, oferecendo subsídios à sua história.

Devo dizer também que a minha prática intensa e extensa, sobre que tanto refleti, no Sesi, me possibilitou um certo conhecimento que viria a ser de fundamental importância para o desenvolvimento de minhas realizações no MCP, no SEC e na formulação pedagógica de que a compreensão e a prática da alfabetização de adultos eram de indiscutível dimensão.

O Movimento de Cultura Popular[27] nasceu da vontade política de Arraes, então recém-empossado prefeito da cidade do Recife, a que se juntou a vontade igualmente política de um grupo de líderes operários, de artistas e de intelectuais outros. Fiz parte desse grupo, que ele convidou para uma reunião em seu gabinete e na qual falou de seu sonho. O de fazer possível a existência de órgão ou serviço de natureza pedagógica, movido pelo gosto democrático de trabalhar *com* as classes populares, e não *sobre* elas; de trabalhar *com* elas e *para* elas.

Adiantou que a prefeitura não dispunha de verbas para pagar salários, mas que teria possibilidade de prestar algum tipo de ajuda à organização que viesse a ser criada.

Coube ao jovem professor Germano Coelho apresentar, na próxima reunião, quinze dias depois, um projeto para a criação da instituição.

Germano havia chegado recentemente de Paris, aonde fora fazer estudos de pós-graduação na Sorbonne. Foi lá que ele conheceu Joffre Dumazidier, renomado sociólogo francês, presidente, então, do movimento Peuple et Culture, cujos trabalhos o haviam impactado. Influenciado por Peuple et Culture se constitui MCP, mantendo, contudo, sempre, seu perfil radicalmente nordestino e brasileiro.

Em linhas gerais, a proposta de Germano Coelho, aceita com uma ou outra observação, se orientava no sentido de que fosse lançada a ideia da formação de um movimento, e não de um instituto ou de uma organização de educação e de cultura popular. A ideia de movimento sugeria muito mais a de *processo*, a de *vir a ser*, a de *mudança*, a de *mobilidade*.

Os e as que viéssemos a participar dele éramos considerados *sócios*, companheiros de uma mesma aventura, de uma mesma empreitada, e não puros técnicos ou especialistas disto ou daquilo.

Ainda que tivesse o MCP jamais imposto a ninguém que a ele chegasse, havia nele um *sine qua* para quem dele pretendesse continuar a ser sócio: sonhar com a transformação da sociedade brasileira e por esse sonho lutar. Não era possível ficar no MCP sem apostar na utopia. Não na utopia entendida como algo inconcretizável, mas na utopia como sonho possível. E não porque o MCP expulsasse de si quem não apostasse na utopia. Quem não fazia tal aposta é que não se sentia confortável na atmosfera do movimento. Por outro lado, a própria forma de atuar, através de projetos e não de departamentos, falava do espírito não burocratista, mas ordenado e disciplinado, nada espontaneísta ou licencioso do MCP. Havia assim tantos projetos quantos fôssemos capazes de planejar e de executar. Daí que a existência do projeto dependesse de sua aprovação por parte do conselho composto por sócios fundadores à frente da coordenação de algum projeto.

Fazia parte também da natureza do movimento uma compreensão crítica do papel da cultura no processo de formação como no da luta política pelas necessárias mudanças de que a sociedade brasileira precisava e continua a precisar. Da cultura em geral e da cultura popular em particular, como da educação progressista, de crianças, de jovens e de adultos.

A visão dialética do papel da cultura como supraestrutura do processo histórico situava o movimento ou, talvez mais exatamente, alguns de nós, nele, numa visão antimecanicista, antideterminista, nunca, porém, *idealista*.

Na concepção mecanicista da História, em que o *futuro*, desproblematizado, é algo conhecido por antecipação, o papel da educação é transferir pacotes de conhecimentos previamente sabidos como úteis à chegada do *futuro* já *conhecido*.

Na concepção dialética, por isso mesmo não mecanicista, da História, o *futuro* eclode da transformação do *presente* como um *dado dando-se*. Daí o caráter *problemático* e *não inexorável* do *futuro*.* O futuro não é o que tem de ser, mas o que façamos com e do presente.

A compreensão mecanicista da História gera o entendimento mecanicista da educação e da cultura, de que o autoritarismo é conotação fundamental. Necessariamente se acha ausente dessa compreensão da História qualquer função importante da consciência ou da subjetividade.

O poder que o subjetivismo idealista erroneamente atribui à consciência termina por provocar o seu contrário, tão errôneo quanto ele, a anulação que faz da subjetividade o mecanicismo determinista.

É neste sentido que um progressista que atua e pensa dialeticamente é alvo dos ataques, de um lado, de quem,

---

* Ver Marcuse, Erica Sherover. *Emancipation and Consciousness. Dogmatic and Dialectical perspectives in the Early Marx*. Nova York: Basil Blackwell Ltd., 1986; e Freire, Paulo. *Pedagogia da esperança*.

pensando-se progressista também, mergulha no reacionarismo autoritário, espécie de "pecado original" dos mecanicistas, e, de outro, dos não menos autoritários da direita.

Na medida em que a compreensão dialética da História como *possibilidade*, superando o determinismo mecanicista, supera também a noção de um futuro inexorável, de que resulta sua problematização, ela coloca a mulheres e homens a questão da *responsabilidade* na história. A questão da decisão, da opção, da valoração, da ética, da estética. Evidentemente a questão da opção, da decisão, implica uma realidade concreta, histórico-cultural, a que chegam as gerações. É a partir dessa concretude que mulheres e homens sonham, escolhem, valoram e lutam por seus sonhos. E o fazem não apenas como objetos mas também como sujeitos da história. Mas é também nessa realidade que as grandes maiorias populares são espoliadas e silenciadas pelas minorias dominantes. Para referir-nos apenas a nós, a questão central que se coloca é saber até que ponto os trinta e dois milhões, para falar só neles, de famintos nacionais aguentarão calados e pacientes — o que já deixou de ocorrer, com as manifestações que tendem a crescer da "guerra de classe" que experimentamos — a situação que lhes vem sendo imposta como se fosse *fado* ou *sina*.

Com pouquíssimas exceções, as classes dominantes brasileiras não percebem ainda a fome de uma tão significativa parte de nossa população como uma *arestosa* e *angulosa pornografia*. Isso é que é *nome feio*, e não os que assim são chamados. Em sua maioria sequer têm as classes dominantes nacionais a pura sensibilidade que as faça perceber, pelo menos, o perigo a que se expõem e expõem a nação, já que não se sentem, como gente, ofendidas com a miséria de tantos irmãos e tantas irmãs.

O que Betinho vem fazendo, *assistência* e não *assistencialismo*, de tal maneira que a *assistência* se possa converter num estímulo ou num desafio capaz de transformar o "assistido" de hoje no *sujeito* que, tomando amanhã sua história na mão, a refaz plena de justiça, de decência e de boniteza, é um ato de sabedoria e de esperança. Betinho não é um subjetivista nem tampouco um mecanicista. Sabe que podemos transformar o mundo, mas sabe também que sem a prática dessa transformação não faremos a *intervenção* no mundo. A transformação é um processo de que somos sujeitos e objetos, e não algo que inexoravelmente se dará.

Enquanto, na compreensão mecanicista e autoritária, em que o futuro, desproblematizado, será o que tem de ser, o que já se sabe que será, a educação se reduz à transferência de *receitas*, de *pacotes conteudísticos*, na dialética, na história como *possibilidade*, começa que não há um só *futuro*, mas diferentes hipóteses de futuro. Os homens e as mulheres são seres *programados, condicionados*, mas não *determinados*. E porque além de ser se sabem *condicionados*, podem intervir no próprio condicionamento. Não haveria como falar em libertação se esta fosse um dado preestabelecido. Só há libertação porque, em lugar dela, pode prevalecer a dominação. Daí que, numa perspectiva dialética, por isso mesmo não determinista, a educação deva ser, cada vez mais, uma experiência de decisão, de ruptura, de pensar certo, de conhecimento crítico. Uma experiência esperançosa, e não desesperançada, já que o futuro não é um *dado dado*, uma *sina*, um *fado*. Daí, também, que a educação demande de seus sujeitos alto senso de responsabilidade. Afinal, não há ensaio histórico sem responsabilidade. Quer dizer, fazem parte da natureza da experiência histórica o cumprimento de deveres e a luta pela conquista de direitos. Daí que a educação popular, democrática, tal qual a vemos hoje e ontem a anunciamos, rejeitando as dicotomias distorcivas, persiga a compreensão dos fatos e da realidade na complexidade de suas relações.

A formação para a qual uma educação assim crítica aponta implica necessariamente a informação.

Interessa-nos nela não a informação só, nem a formação, mas a relação entre ambas, para que alcancemos o momento crítico em que a informação vai virando formação. É aí que o suposto paciente vai se assumindo como seu sujeito, em relação com o sujeito informante.

A formação, por outro lado, não pode reduzir-se a si mesma, num processo comprometido com um *futuro* democrático. Em primeiro lugar, tecnologia e ciência não podem escapar às implicações políticas e ideológicas com que são produzidas e, em segundo, com que são postas em prática. Mais ainda, ciência e tecnologia não são quefazeres "assexuados" ou neutros.

Ontem como hoje, a formação técnico-científica não podia e não pode ser reduzida ao *treinamento* puramente mecânico de técnicas ou à memorização não menos mecânica de princípios científicos.

A formação técnico-científica envolve, de um lado, a capacitação técnica, de outro a apreensão da razão de ser da própria técnica. Mais ainda, a formação técnico-científica não pode prescindir, sob pena de mutilar-se e mutilar-nos, da incessante busca de criação de um *saber pensar*, de um *pensar certo*, de um *pensar crítico*. Pensares e saberes que, não se contentando com a *"fonologia"* e a *"morfologia"* da tecnologia ou da ciência, se alongam até sua *"sintaxe"*.

Um torneiro será tanto melhor torneiro quanto mais competentemente conheça como operar seu torno e lucidamente saiba mover-se no mundo. Em outras palavras, o torneiro será melhor operário, numa perspectiva democrática, quando, formado como tal, se assuma também como *cidadão*.

A cidadania é uma invenção social que exige um saber político gestando-se na prática de por ela lutar a que se junta a prática de sobre ela refletir. A luta pelo exercício da cidadania gera um saber indispensável à sua *invenção*, de que alguns ou muitos de seus fundamentos podem e devem ser objeto da curiosidade epistemológica de quem se capacita para ser torneiro. O que quero dizer é o seguinte: a formação *plena* de um torneiro nem pode ser estritamente *técnica* nem exclusivamente *política*. Um torneiro que não sabe operar seu torno deixa de sê-lo, assim como não alcança fazer-se *cidadão* o competente torneiro que não se dá à luta pela cidadania, que envolve conhecimentos críticos em torno de nossa presença no mundo da produção e da criação em geral. Que envolve uma sabedoria política.

Ontem era a direita que, opondo-se duramente à prática educativa progressista, nos acusava de subversivos e irresponsáveis porque propúnhamos uma educação comprometida com a transformação do mundo, com vistas à superação das injustiças sociais.

Hoje, a resistência à pedagogia progressista se manifesta, sobretudo, através do discurso neoliberal que fala de uma nova história, sem classes, sem luta, sem ideologias, sem esquerda e sem direita. E a esse discurso muitos dos que ontem se alinhavam nas fileiras da *esquerda* juntam o seu também em que falam e afirmam, estupefatos ante a queda do muro de Berlim, que, no tempo novo, a nossa luta é pela democracia. Se as coisas mudarem, veremos então o que fazer pelo socialismo. Não temos pois que falar em sonho, em utopia, mas, pragmaticamente, nos entregar à formação técnico-profissional das classes populares. Formação para a *produção*.

Quando, progressistas ontem, pragmáticos hoje, dizem que a nossa luta *agora* é pela *democracia*, continuam antagonizando *socialismo* e *democracia*, reproduzindo, portanto, erro antigo. Erro segundo o qual a democracia é posse exclusiva da burguesia.* Revelam uma compreensão profundamente mecanicista da democracia, tão mecanicista que nela não se precisa indagar sobre o mundo dos valores, sobre as opções, sobre a liberdade, sobre ser ou não ser.

Não apenas recuso esse discurso mas digo que ele terá vida curta. É possível que não resista uma década.

Afirmar que o tempo novo é de democracia significa conceber esta como um jogo tático. Na verdade, não sou democrata hoje só porque o socialismo não tem oportunidade histórica atual.

Em sendo radical e substantivamente democrata eu sou socialista. Não há como contrapor um ao outro. Este foi um dos trágicos erros do chamado socialismo realista.

Por outro lado, "programados para aprender", portanto para ensinar e, em consequência, para conhecer, mulheres

---

* Ver Weffort, Francisco. *Por que democracia?* São Paulo: Brasiliense, 1986.

e homens se autenticarão tanto mais quanto desenvolvam a *curiosidade* que venho chamando *epistemológica*. É enquanto *epistemologicamente curiosos* que conhecemos, no sentido de que produzimos o conhecimento e não apenas *mecanicamente o armazenamos* na memória.

O exercício de tal curiosidade não se faz na dicotomia dos indicotomizáveis, mas na compreensão dialética da realidade. Na formação do torneiro, não posso separar, a não ser didaticamente, o saber técnico de que ele precisa para ser um bom torneiro do saber político, o que trata do nosso posto na *pólis*, o que discute a questão do poder e esclarece as relações contraditórias das classes sociais na cidade.

Sonho com o tempo e a sociedade em que, mais coerente com a minha natureza de ser programado para aprender, epistemologicamente curioso, não me satisfaça, enquanto marceneiro, por exemplo, com saber tecnicamente como usar o serrote, com saber, quase adivinhado, com a ajuda do tato, a maior ou menor docilidade da madeira com que faço a porta, a janela ou a mesa estilizada. É que, coerente com a minha natureza social e historicamente constituindo-se, devo ir mais além das indagações fundamentais em torno do que faço, de como faço, de com que faço o que faço e desafiar-me com outras indispensáveis perguntas: a quem sirvo fazendo o que faço, contra que e contra quem, a favor de que e de quem estou fazendo o que faço.

Estes eram alguns dos problemas de que nos tornávamos íntimos, mais num, menos noutro, dos diferentes projetos do MCP. Problemas filosóficos, epistemológicos, estéticos, ideológicos, políticos, metodológicos e pedagógicos. É que nossa opção enquanto militantes progressistas era pela promoção das classes populares, o que não se consegue a não ser pela transformação política e econômico-social da sociedade.

Se as classes dirigentes deste país continuam a fugir de Lula como o diabo da cruz, se um de seus expoentes máximos anunciou, nas últimas eleições presidenciais, o êxodo dos industriais do país se Lula vencesse o pleito, se se dizia, com absoluta convicção, que a eleição de Lula iria significar o fechamento de todas as escolas particulares do Brasil, se se apregoava o fim da propriedade privada com Lula à frente do governo, imagine-se, nos anos 60, como reagiam essas mesmas classes à política popular do MCP, associada ainda a Miguel Arraes, uma espécie de demônio vestido de gente.

Chegou-se a dizer que haviam encontrado, depois do Golpe de 64, na sede do movimento, quantidade enorme de uniformes de guerrilheiros, e de armas também, para a luta armada que preparávamos. Quando me foi informalmente posta esta questão num dos quartéis em que estive preso, não pude deixar de, com humor, rir de mim mesmo, do professor Paulo Rosas, do professor Germano Coelho, da professora Anita Paes Barreto, do escultor Abelardo da Hora, de nós todos, imaginando-nos com farda de comandante, com boné de comandante na cabeça, treinando os jovens guerrilheiros. E até gente do nosso ciclo de amizade, considerada séria e sadia, veiculou esta, mais do que inverdade, alucinação. E o fazia como bom *alucinado*, absolutamente certo da existência do fato, objeto de sua alucinação, de sua fantasia, de sua insensatez.

Grande amiga minha, que quase adolescente trabalhou comigo num dos projetos que coordenei, me disse, em Paris, no meu tempo de exílio, que participara de uma reunião depois do Golpe de 64, no Recife, em que intelectual tido como sensato asseverou, raivoso, a veracidade desse desvairamento. E, com ares de justiceiro, afirmava que, desta ou daquela maneira, devíamos pagar por nossa insensatez: no exílio, na cadeia, afastados de nossas atividades acadêmicas...

Como as paixões políticas, a serviço de interesses de classe, nos levam a distorções da verdade dos fatos, nos cegam e nos irracionalizam.

As únicas armas de que, na verdade, dispúnhamos no MCP eram a nossa certeza em torno das profundas injustiças da sociedade brasileira, o empenho com que nos entregávamos à luta democrática em defesa dos direitos humanos e a nossa confiança numa educação progressista que, não sendo pensada como alavanca das transformações sociais, tampouco era entendida como puro reflexo delas. A nossa compreensão do papel da cultura em geral e da cultura popular, em particular, naquelas transformações, o que nos levou, mais a uns do que a outros, a ser criticados como "burgueses idealistas" por mecanicistas fervorosos, no seio do MCP e, com mais insistência, no corpo das esquerdas, fora do movimento.

No fundo, estávamos, sem o saber, nas pistas de Gramsci e de Amílcar Cabral, no que diz respeito à sua compreensão dialética da *cultura*, do seu papel na luta de libertação dos oprimidos.

Não era por acaso que palavras como *cultura* e *popular* apareciam tanto no universo vocabular do movimento.

Movimento de Cultura Popular. Centros de Cultura — Círculos de Cultura — Praças de Cultura — Teatro popular — Educação popular — Sabedoria popular — Gosto popular — Cultura erudita — Cultura popular — Medicina popular — Poesia popular — Música popular — Festas populares — Mobilização popular — Organização popular — Arte popular, literatura popular.

Um dos objetivos explícitos do movimento era a preservação das tradições da cultura popular, das festas do povo, dos enredos de suas tramas, de suas figuras legendárias, da singeleza de sua religiosidade, em cujo corpo encontramos não apenas a expressão acomodada dos oprimidos mas também a sua resistência possível.

Daí que os festejos juninos, os maracatus, os bumba meu boi, os caboclinhos, o mamulengo, o fandango, as carpideiras, a literatura de cordel, o artesanato, a excelente escultura no barro, nada disso e muito mais tenha jamais passado despercebido ao movimento.

No momento em que escrevo, tenho na memória, nítida, sob a sombra das copas das árvores do sítio Trindade, sede do movimento, a figura magra, olhar forte, do artista Abelardo da Hora, trabalhando, em ateliê improvisado, com jovens populares. Uma de suas teses era que desenhar o mundo, retratar coisas, usar outras linguagens não era privilégio de uns poucos. Toda gente pode fazer arte, o que não significa poder toda gente ser um marcante artista.

A escola é que, de modo geral, nos inibe, fazendo-nos *copiar* modelos ou simplesmente dar cor a desenhos que não fizemos, quando, ao contrário, nos devia desafiar a arriscar-nos em experiências estéticas. Afinal, faz parte da natureza da prática educativa a *esteticidade*, quer dizer, a qualidade de ser *estética*, de não ser alheia à boniteza. O trabalho de

Abelardo da Hora no MCP era um testemunho de confiança na criatividade e na capacidade humana de transformar o mundo.

Um dos equívocos dos mecanicistas, ao pensar as relações entre opressores e oprimidos, se acha em não perceber que nem tudo o que resulta de tais relações, como resposta dos oprimidos, é alienação destes. Que sua criação é totalmente a expressão de sua alienação, é pura cópia do modelo opressor. A coisa não é totalmente assim. Se assim fosse, o quadro fenomênico seria demasiado simples e claro. É verdade que, nas relações opressores-oprimidos, quando estes "introjetam" os primeiros como "sombras" que neles passam a "habitar" se tornam ambíguos e duais. Perdem sua autenticidade. São eles e os opressores neles "introjetados". Mas é exatamente a *parte deles neles* que, apesar de sua ambiguidade, não permite que sejam *reduzidos* ao opressor. E é esta quase tênue marca deles que faz de sua criação, de sua linguagem, de sua cultura algo mais do que pura cópia, uma espécie de grito abafado de sua rebeldia, de sua resistência.

Numa prática educativa realmente democrática, nada mecanicista, radicalmente progressista, não pode o educador ou educadora desprezar esses sinais de rebeldia. Pelo contrário, ao ensinar os indispensáveis conteúdos deve ele ou ela, tomando a rebeldia na mão, estudá-la como postura a ser superada por uma outra, mais crítica, mais comprometida, mais conscientemente politizada, mais metodicamente rigorosa.

O ideal é a promoção da consciência rebelde em consciência revolucionária. Radical, sem se alongar em sectária. Astuta, sem virar cínica. Hábil, sem ser oportunista. Ética, sem tornar-se puritana, jamais. Promoção que, apesar de sua indiscutível importância, se acha concretamente obstaculizada. A consciência rebelde das massas populares urbanas se acha apavorada, verdadeiramente acuada, nos morros, nos córregos, nas favelas, em face da virulência a que elas, as massas populares, se acham expostas, em face da malvadez dos fora da lei e dos policiais, igualmente fora da lei, que disputam o comando do tráfico das drogas.

O Estado esfacela-se à nossa vista. A impunidade é um dos sintomas e uma das causas do esfacelamento. Os criminosos de origem popular se animam a arriscar-se fundados na impunidade dos criminosos oriundos da classe dominante.

Paulo Farias foragido e o estrategista de sua fuga dando entrevista e dizendo quão fácil foi tirá-lo do Brasil. Fernando Collor ameaçando-nos com uma possível eleição a deputado! Milhares de toneladas de alimentos sendo enterradas ou queimadas por se terem deteriorado pela irresponsabilidade ou pela incompetência de funcionários que por isso nada pagam. As multinacionais mandando em nós como se fôssemos seus objetos. Juízes envolvidos na corrupção. Deputados federais trocando de partido a troco de dólares. Governador de Estado suspeito de haver mandado assassinar senador que, por sua vez, consta que se envolvia no tráfico de drogas. Escândalos no Congresso. Deputados, senadores, ministros, governadores envolvidos na corrupção em torno da distribuição das verbas do orçamento da República. Deputado falando manso com ares quase de santo e explicando que ganhara em curto prazo de tempo duzentas vezes na loteria porque é afilhado de Cristo, que lhe quer muito e não se cansa de ajudá-lo.

Promoção da consciência rebelde à consciência revolucionária que, apesar de dificultada, continua a ser não só fundamental mas igualmente possível. Comprovadamente possível o processo desta promoção. Bastaria que analisássemos em todo o país o avanço que realizaram os movimentos populares, na década de 80, adentrando-se na de 90, década considerada por muita gente *bem-situada* como perdida.

Os avanços dos "sem-terra" com suas vitórias na conquista de terras, na exploração cooperativa das mesmas, na instalação de assentamentos. Os avanços dos "sem-casa", dos "sem-escola". As conquistas, ao lado do sacrifício de vidas, dos "povos" da floresta. As escolas comunitárias.

Eu mesmo, há três ou quatro anos, tive a oportunidade de dar a última aula a um grupo de jovens, educadores populares, na sede de uma grande fazenda no Rio Grande do Sul, recém-conquistada pelo movimento dos sem-terra.[28] No dia seguinte os educadores partiriam para diversos assentamentos em que a fazenda se dividia.

Em certo momento da solenidade falou um dos jovens alfabetizadores, militante do movimento. Em seu discurso, depois de ligeira pausa, como se estivesse organizando seu pensamento, disse:

"Num dos primeiros momentos de nossa luta tivemos de cortar, com a força que ganhamos de nossa união, as cercas de arame farpado do latifúndio. Cortamos e entramos Mas quando chegamos dentro descobrimos que *tinha* outras cercas mais difíceis para cortar, em nós mesmos. A do analfabetismo, a da ignorância, a do fatalismo. A nossa ignorância é a alegria dos latifundistas, como a nossa leitura, a melhora de nossa memória e o avanço de nossa cultura *faz* eles tremer de medo. Por isso", concluiu, "temos de transformar o que foi um enorme latifúndio num grande *centro de cultura*".

O discurso do jovem líder camponês do Sul do país me levou de volta quase trinta anos, às discussões em torno da cultura, da sua importância na luta democrática, em torno do papel da educação criticizadora, discussões animadas, às vezes privadas, na minha casa, na de Argentina e Paulo Rosas, na de Norma e Germano Coelho, na de Anita Paes Barreto.

O jovem líder camponês falava e eu me dizia: não há por que reeditar o MCP. Ele está vivo sem esse nome, sem sua organização, mas com o mesmo espírito de luta, nos movimentos populares de hoje. Onde quer que educadoras ou educadores aprendam com os Movimentos Populares e a eles ensinem está vivo o MCP do Recife dos anos 60. Há algo, porém, que me assusta hoje, e quanto mais me assusta mais me move a falar, mais que falar, a gritar, ao expressar minha preocupação. Me assusta que o desencanto de milhões de brasileiros e de brasileiras, provocado pelo cinismo, pela desfaçatez, pela democratização da sem-vergonhice entre nós, pela impunidade que acoberta tudo, que deixa sempre para amanhã a punição necessária que jamais se realiza, termine por levá-los à defesa da ditadura que emergiria da democracia *afogada* nas águas da corrupção.

O caminho de nossa reinvenção não passa pela *ditadura*, pelo fechamento do Congresso, pela negação das liberdades. É falso e injusto o discurso que nivela todos os políticos, considerando-os gatos de um mesmo saco. Não há unanimidade na virtude ou no erro.

Não será com o fechamento do Congresso que sanearemos nossa sociedade, nem tampouco com restrições à liberdade de imprensa. Temos de refazê-la.

Se, porém, você que me lê agora, me perguntar se tenho receita para a solução, lhe direi que não a tenho, que ninguém a tem. Uma coisa, contudo, eu sei e digo porque a história nos tem ensinado, a história dos outros e a nossa, *que o caminho não é o do fechamento antidemocrático*, dos regimes de exceção, de governos sectários, intolerantes e messiânicos, de *direita* ou de *esquerda*. O caminho é o da luta democrática pelo sonho possível de uma sociedade mais justa, mais humana, mais decente, mais bonita, por tudo isso.

Trouxera comigo para o MCP tudo o que havia aprendido de minha rica passagem pelo Sesi, de que falei na carta anterior. A última etapa da prática das relações entre escolas e famílias, os círculos de pais e professores, a que se juntava o não menos rico experimento com as diretorias dos Clubes Sesianos, estimulando-os a assumir-se a si mesmos, desafiando-os a superar o assistencialismo do Sesi. Práticas democráticas em que o processo de conhecimento era vivido dialogicamente, desde a própria escolha dos *objetos cognoscíveis* e em que, por isso mesmo, *conhecer* não era *receber conhecimento* mas produzi-lo.

Preocupado, na prática educativa informal, com o autoritarismo e o mecanicismo da *escola tradicional*, pensei na criação de instituição aberta, viva, curiosa, em que o educador ou educadora, ao ensinar, estivesse expondo-se a aprender e em que o educando aprendesse na prática de aprender que só aprende realmente quem *produz* a *compreensão* ou a *inteligência* do *ensinado*. Quer dizer, só *aprende* quem *apreen-*

de e formula a compreensão do ensinado. Por isso mesmo, memorizar mecanicamente o perfil do conceito do objeto não revela conhecimento.

Foi assim que, no Projeto de Educação de Adultos que coordenei no movimento nasceram, de um lado, os Centros de Cultura e, de outro, os Círculos de Cultura. Os primeiros eram espaços amplos que abrigavam em si círculos de cultura, bibliotecas populares, representações teatrais, atividades recreativas e esportivas. Os Círculos de Cultura eram espaços em que dialogicamente se ensinava e se aprendia. Em que se conhecia em lugar de se fazer transferência de conhecimento. Em que se produzia conhecimento em lugar da justaposição ou da superposição de conhecimento feitas pelo educador a ou sobre o educando. Em que se construíam novas hipóteses de leitura do mundo.

Os educadores e as educadoras de quem dispúnhamos eram jovens universitários e universitárias que, procurando o movimento como voluntários, depois de informados em torno dos diferentes projetos em atividade, escolhiam, em função de sua preferência, inclinação ou gosto, aquele ou aqueles a que dar sua contribuição. Após um período de formação que jamais se considerava concluído — a formação, no fundo, é permanente —, os candidatos davam início a seu trabalho, sob a supervisão da equipe que coordenava o projeto.

A primeira série de Círculos de Cultura se estruturou em zonas populares em torno do Recife.

Eram círculos que se formavam em associações beneficentes, em clubes de futebol, em sociedades de amigos de bairro, em igrejas. Os educadores se encarregavam de preparar o terreno para a criação do círculo, visitavam o clube popular ou a igreja paroquial ou a sociedade de amigos de bairro e falavam da ideia, da possibilidade de um trabalho pedagógico. Quando aceita a proposta, se fazia boa divulgação na área, usando-se os recursos populares. Aproveitava-se o poder de multiplicação de notícias dos bares de esquinas, de barbearias, do serviço de alto-falante do clube e da paróquia ou da igreja evangélica.

Criados dois, três círculos, os educadores faziam um levantamento temático entre os participantes que era estudado por nós, em equipe, na sede do movimento. "Tratados" os temas, se organizava com eles um programa a ser discutido com os participantes do círculo, cujo número de encontros variava de círculo a círculo, em função das possibilidades e do interesse de seus membros. Preparávamos os materiais para as discussões tendo em vista os recursos de que dispúnhamos. Quadro-negro, giz, flanelógrafo, projetor de *slides*, gravador. Penso no que poderíamos fazer hoje com os recursos tecnológicos à nossa disposição...

Depois de alguns levantamentos temáticos eu já tinha uma ideia dos assuntos fundamentais que surgiriam de novas pesquisas.

Nacionalismo, democracia, desenvolvimento, imperialismo, voto do analfabeto, reforma agrária, remessa de lucros para o estrangeiro, analfabetismo, excluídos da educação, entre outros, eram temas que faziam parte do universo da curiosidade das áreas populares do Recife nos anos 60.

Foram exatamente a eficácia deste trabalho, o interesse por ele despertado, a vivacidade nas discussões, a curiosidade crítica e a capacidade que os grupos populares revelavam de conhecer que me fizeram pensar na hipótese de elaborar algo parecido com vistas à alfabetização de adultos.

Os resultados das atividades dos Círculos de Cultura do MCP repetiam acertos metodológicos de atividades dialógicas realizadas antes no Sesi.

Quando comecei a ensaiar caminhos para a alfabetização de adultos, já estava convencido da validade de certos pressupostos que tive apenas que aprofundar e compreender melhor à luz das práticas em que me envolvi e da reflexão teórica a que sempre me entreguei.

Ao escrever hoje um pouco sobre esse momento, sou não apenas o que fui ontem mas também o que estou sendo hoje. Falo de como pensava ontem e de como penso agora numa continuidade que, em verdade, existe.

Se se pensa no meu período de Sesi na prática político-pedagógica sobre a qual jamais faltou a reflexão crítica que, necessariamente, implicava intensa leitura de extensa literatura, se percebe como o MCP, seus princípios, seu sonho coincidiam com os meus e se entregavam a mim como excelente campo de atividades. De atividades que, no fundo, eram alongamentos de outras noutro tempo e noutro espaço vividos. O tempo e o espaço do Sesi. Comum a diferença. No Sesi, eu era uma contradição possível. No MCP, eu era uma coincidência agradável.

Vejamos porém alguns dos pressupostos de que eu partia e sobre os quais não me alongarei precisamente por tê-los tratado de forma às vezes exaustiva em estudos anteriores.

A melhor maneira, talvez, de falar deles seja tomar a prática educativa — uma situação educativa qualquer — como objeto de nossa curiosidade e procurar, desvelando-a criticamente, detectar nela seus elementos necessariamente constitutivos.

Façamos o exercício. Maria é professora. Como professora, ela se sente e se sabe *educadora*. Trabalha três vezes por semana com uma classe de trinta alunos e alunas a quem ensina História do Brasil.

O primeiro ponto a observar é que a situação educativa se realiza em um dado *espaço* a que de modo geral não se dá nenhuma ou se dá pouca importância. Na verdade, porém, o espaço em que se vive a situação educativa é tão importante para educadores e educandos quanto me é importante o em que trabalho em minha casa, o em que escrevo e leio. A aparente desordem em que se acha a mesa em que escrevo ficaria talvez em real desordem se outra pessoa que não eu a tentasse arrumar. Afinal, o arranjo da sala ou da mesa tem que ver com o que e para que faço nela, tem que ver comigo mesmo. Com o meu gosto ou o meu eventual mau gosto sobre o qual pouco tenha trabalhado para torná-lo bom gosto. Precisamos conotar o espaço de trabalho com certas qualidades que são, em última análise, prolongamentos nossos. Fazemos o espaço que, se não nos refaz totalmente, nos ajuda ou não nos ajuda no cumprimento de nossa tarefa. É neste sentido que o que há de adverbial, de circunstancial no espaço educativo termina por virar tão fundamental quanto o espaço mesmo. O estético, a necessária boniteza, o cuidado com que se trata o espaço, tudo isso tem que ver com um certo estado de espírito indispensável ao exercício da curiosidade. Talvez um bom começo para um ano escolar fosse uma boa conversa entre educadores e educandos sobre seu espaço. Sobre como fazer ou ir fazendo dele um lugar alegre, provocador de bem-estar. Há uma necessária relação entre o corpo do(a) educador(a), o corpo dos educandos e o espaço em que trabalham. Não há corpo vivo sem trocar *experiências* com seu espaço. O cuidado do espaço revela a vontade de luta por ele e por isso mesmo a compreensão de sua importância. Revela também que o ou os corpos conscientes resistem a deixar-se cair no indiferentismo fatalista para o qual já não há o que fazer.

Não é por acaso que os animais demarcam o seu espaço em defesa do qual lutam denodadamente. Não é também por acaso que, sentados em um banco de praça, reagimos automaticamente se um estranho se senta demasiado próximo de nós. Estou convencido de que o desinteresse pelo espaço revela um certo "burocratismo mental" em face do quefazer a ser nele realizado. Não me parece que o gosto pelo que fazemos coincida ou conviva com o indiferentismo, com o descaso pelo espaço em que agimos. Além do mais, revelar cuidado e respeito pelo espaço de trabalho é excelente oportunidade que tem o(a) educador(a) de testemunhar a seus alunos sua disciplina e seu reconhecimento da importância do espaço e das coisas que o compõem para o bom andamento de sua prática. O mesmo se pode dizer do espaço em que vivem as crianças, em que brincam. Como respeitar amanhã a sala de aula se desrespeitam hoje a sala de estar de suas casas em nome de que são livres? Como respeitar o mundo lá fora, as árvores, os bichos, as águas, se destroem hoje os móveis da casa, se maltratam os animais, se destroem os arbustos do quintal?

Em minhas andanças pelas áreas populares do Recife me impressionava a vaidade sã e legítima com que donas de casa realmente pobres exibiam sua sala de chão batido, absolutamente limpa, com seus tamboretes envernizados e, vez ou outra, uma cadeira ostentando um paninho artisticamente bordado, "tinindo" de branco. As paredes, às vezes aquinhoadas de fotos coloridas da família.

Não coincidia uma casa assim com o imobilismo fatalista..

Jonathan Kozol, um dos mais importantes educadores norte-americanos hoje, autor do conhecido best-seller *Morte em tenra idade*,* conta sua experiência de professor no sistema educativo de Boston e de como a discriminação racial levava ao mais absurdo descaso o espaço pedagógico dos discriminados e oprimidos.

Morte em tenra idade, digo eu no prefácio da edição brasileira desse excepcional livro, lamentavelmente pouco lido entre nós, foi um dos primeiros livros com que me "encontrei" em uma de minhas quase diárias peregrinações pelas ótimas livrarias de Cambridge, nos começos de 1969. Quando o retirei da estante e comecei a folheá-lo — repetindo esse gesto universal e bem conhecido de quem quase se perde percorrendo as diferentes "ruas" de grandes livrarias —, eu já havia sido introduzido a ele. Alguém me tinha falado do livro com entusiasmo, em Nova York, semanas antes.

Na livraria ainda, li o prefácio de Robert Coles, que me empurrou — este é bem o verbo — de volta à casa para entregar-me à leitura, que fiz quase de um fôlego, desse excelente livro de Jonathan Kozol.

---

* Kozol, Jonathan. *Morte em tenra idade*. São Paulo: Edições Loyola, 1982.

Tudo no livro, à medida que ia lendo, me tocava fortemente, me fazia centrado nele, sem intenção nenhuma de deixá-lo. O estilo suave, sem ser adocicado; enérgico, sem ser arrogante; a palavra certa, a apreensão exata do sofrimento de crianças discriminadas, a capacidade de conviver com elas, de senti-las de perto, sem lhes fazer favor, a tudo isso somando a coragem de recusar o mais fácil: a acomodação ao jogo discriminatório com ares ainda de quem defendesse o direito igual de todas as crianças. Entre o silêncio de quem compactuasse com a "morte em tenra idade" de crianças desamadas e a prática e o gesto que denunciassem essa "morte" Kozol jamais hesitaria. Praticou a denúncia e foi afastado de seu cargo de professor substituto numa escola pública do "terceiro mundo" de Boston... Não é por acaso que esse livro continua atual nos Estados Unidos, com tiragens que se sucedem de ano a ano, tendo tido seis impressões no mês em que foi lançado.

O título diz bem do que fala Kozol no seu livro, do que fala apaixonadamente. E é sempre assim que ele escreve. Kozol não publica livros para atender a uma exigência burocrática qualquer. Kozol gesta seus livros com paixão e com amor nos embates que trava com e na realidade em que se engaja.

Um mês depois de haver lido e relido *Morte em tenra idade*, fui coordenador de mais um curso em Cuernavaca, México, no centro que Ivan Illich mantinha dinâmico e aberto e ao qual atraía um sem-número de intelectuais latino-americanos, norte-americanos e europeus.

No terraço arredondado e cheio de samambaias da casa gostosa, sede do centro, Illich costumava reunir os intelectuais que, por uma ou outra razão, se achavam lá — uns pesquisando, às voltas com o riquíssimo acervo de documentos de que o centro dispunha; outros coordenando cursos às vezes de forma permanente, como Francisco Julião,[29] que viveu nordestinamente em Cuernavaca.

...De volta, eu para Cambridge, ele para Boston, nunca mais deixamos de encher tardes de sábados com conversas de antigos.

"Depois da janela ter desmoronado pela força do vento, o zelador apareceu e trancou-a com pregos, de modo que não tornasse a cair — nem tampouco a abrir. Levou um mês até providenciarem um vidro que faltava. As crianças perto da janela tremiam. A diretora passava frequentemente por nós e poderia ter visto isso, do mesmo modo que as supervisoras escolares", diz Kozol.*

Que fazer, do ponto de vista pedagógico e humano, num espaço a esse ponto relegado?!

Que fazer nos espaços precaríssimos de escolas brasileiras de áreas populares menosprezadas e discriminadas? É por isso que a luta de educadoras e educadores brasileiros, que deve partir da radical exigência de salários menos imorais, com que se sintam respeitados na sua dignidade pessoal e profissional, tem de estender-se à luta pelo espaço pedagógico, à luta por sua formação permanente, à luta por tempo remunerado para estudar.

Precisamos chegar a um momento em que nenhuma mulher ou homem público possa mais dizer, em sua defesa: "Os professores e as professoras estão certos, ganham pouco, mas eu não tenho verbas para pagar o que pedem."

---
* Kozol, Jonathan, op. cit., p. 47.

É preciso que os governantes criem em si o que, de certo modo, lhes vem faltando, com raras exceções: vontade política para não só proclamar, enquanto candidatos, que educação e saúde são prioridades, mas, enquanto eleitos, realmente *provar* que o são.

Para que educação e saúde sejam prioridades é indispensável que disponham de verbas: a prioridade se traduz concretamente em dinheiro para pessoal, para material de pesquisa, para formação permanente de pessoal.

O que me parece imoral é o disparate entre os níveis salariais. Uns com tanto, outros sem nada, como é o caso dos educadores e das educadoras.

É urgente, por isso mesmo, não só cobrar impostos a quem não paga, mas reorientar a política dos gastos públicos. É urgente extirpar gastos desnecessários, assim como moralizar a distribuição e a aplicação das verbas orçamentárias. É preciso também punirmos com a negação de nosso voto futuro quem, na prática de *eleito*, negando o discurso de candidato, nada fez em favor da educação. Na verdade, quando um governo chega ao poder, herda quinhentos anos de descaso para com a educação pública. Já é grande coisa poder dizer que, em seu mandato, deu aumentos salariais acima da inflação, mas é preciso fazer mais: superar a distorção a que vêm sendo submetidos educadores e educadoras. Não é possível estarmos à altura de nosso tempo com escolas maltratadas, desequipadas, com professoras e professores despreparados, e não é possível termos professores competentes e bem-humorados com os salários que aí estão.

É urgente que se faça uma quase pregação, em nível nacional, com que se desperte a consciência da sociedade civil para o que realmente significa a educação. Despertar de consciência no sentido de que, assumindo a profunda significação da prática educativa, assumamos também, em favor dela, certos sacrifícios necessários.

É por isso que, quando professores e professoras de uma rede escolar entram em greve defendendo ou exigindo salários menos imorais, exercem um direito legítimo, democrático, e dão às crianças e aos adolescentes o testemunho de que lutam pelo avanço da sociedade.

Em lugar de criticar os professores e as professoras, as famílias dos alunos deviam lutar contra o Estado, que, historicamente, vem descumprindo o seu dever de oferecer educação em quantidade e em qualidade à população. E não é com salários de faz de conta que podemos ter educação de qualidade. A luta dos professores e professoras é justa e será tanto mais bonita quanto menos firam a *ética* enquanto lutam.

Um segundo pressuposto de que partia é a existência, na prática educativa, de sujeitos, educador e educandos, sem que isto signifique que sejam um e outros iguais entre si. O fato de serem sujeitos da prática não anula a especificidade de cada um. Um é sujeito do ato de ensinar, outros, sujeitos do ato de aprender. Um aprende ao ensinar, os outros, ensinam ao aprender. São todos sujeitos do processo de conhecer, que envolve ensinar e aprender.*

Um terceiro pressuposto é a presença na prática educativa do conteúdo ou do objeto cognoscível, uma vez que, sendo cognitiva, não pode tal prática existir sem *objeto de co-*

---

* Ao longo destas cartas como em vários trabalhos publicados, tenho me referido à riqueza desses processos.

nhecimento que, sendo *ensinado* pelo *professor*, deve ser *aprendido* pelos alunos.

Por outro lado, e agora falo do quarto pressuposto — não há prática educativa que não se *direcione* para um certo objetivo, que não envolva um certo sonho, uma certa utopia. A *diretividade* da prática educativa explica a sua politicidade [quinto pressuposto], a impossibilidade de ser um que fazer "assexuado" ou neutro.

O fato, porém, de não poder ser a prática educativa neutra não pode levar educadora ou educador a pretender ou a tentar, por caminhos sub-reptícios ou não, impor aos educandos os seus gostos, não importa quais sejam. Esta é a dimensão *ética* da natureza da prática educativa [sexto pressuposto]. Dimensão que se alonga à questão da boniteza, da estética, com relação não apenas ao produto da prática mas também ao processo [sétimo pressuposto].

Um outro ponto de partida fundamental está no respeito à identidade cultural dos educandos, do corte de classe que marca tal identidade: vale dizer, o respeito à linguagem dos educandos, à sua sintaxe, à sua prosódia, à sua semântica, aos conhecimentos de experiência feitos com que chegam à escola.

Por tudo isso embasava a prática da alfabetização de adultos, cujas pesquisas e primeiras experiências [ancoradas na compreensão crítica da educação que começara no tempo fundante do Sesi] realizei no MCP, nos seguintes pontos:

1. A alfabetização é um ato de conhecimento, um ato de criação, e não de memorização mecânica de letras e de sílabas.

2. Os alfabetizandos devem ser desafiados a assumir o papel de sujeitos do processo de aprendizagem da escrita e da leitura.
3. O programa deve surgir de pesquisa do universo vocabular dos alfabetizandos, que nos dá igualmente o universo temático da área. As codificações primeiras a ser "lidas", decodificadas, pelos alfabetizandos oferecem a possibilidade da discussão em torno do conceito de cultura. A compreensão da cultura como criação humana, da cultura como alongamento que mulheres e homens com seu trabalho fazem ao mundo que não fizeram, ajuda a superação da experiência politicamente trágica do imobilismo provocado pelo *fatalismo*. Se homens e mulheres podem mudar, com sua ação, com a tecnologia, incipiente ou sofisticada, o mundo que não fizeram, por que, então, não podem mudar o mundo da história, o mundo *social, econômico* e político de que são fazedores?
4. O diálogo como caminho de conhecimento deve caracterizar a prática da alfabetização, o que não invalida a *informação* necessária feita discursivamente e sem a qual não há conhecimento.
5. As palavras geradoras devem ser postas nas codificações cuja "leitura" possibilita a criação de inúmeras sentenças com elas. Somente depois de uma larga experiência de sentenciação, tendo-se a palavra geradora em diferentes posições e funções, é que se começa o trabalho de descodificação da palavra em sílabas e, depois, o da combinação de sílabas em novas palavras e destas em novas sentenças.

6. É absolutamente necessário jamais dicotomizar escrita de leitura. Não há uma sem a outra, e é fundamental exercitar ambas sistematicamente. Mais ainda, o aprendizado da escrita e da leitura deve melhorar a *oralidade*, daí a necessidade de sua prática.
7. Que se leve em consideração o que significa para um adulto de trinta, de quarenta anos, habituado com o peso de seu instrumento de trabalho, passar a manipular o lápis. No início de sua experiência deve haver uma desproporcionalidade entre a força que aciona e o peso do lápis. É preciso que, aos poucos, se recondicione a partir de repetidas práticas.
8. Considere-se ainda, a insegurança do adulto iletrado, que se agrava se ele se sente tratado como criança. Nenhuma maneira mais eficaz de respeitá-lo do que acatar o seu conhecimento de experiência feito com o objetivo de ir mais além dele. Trabalhar no sentido de criar, com os educandos, um clima de confiança em que a segurança possa existir é absolutamente favorável ao processo de aprendizagem.

A discussão, por exemplo, em torno da afirmação: ninguém sabe tudo, ninguém ignora tudo, enriquecida de exemplos concretos, pode concorrer para a assunção de uma posição mais crítica do alfabetizando que reforça a descoberta anterior, feita sobre cultura.*

---

* Ver *Educação como prática da liberdade* e *Ação cultural para a liberdade*, ambos publicados pela Paz e Terra, em que me estendo na análise desses aspectos, razão por que me limito agora [14ª ed. São Paulo: Paz e Terra, 2011].

Considerando os princípios político-pedagógicos em que me fundei, bem como certas razões epistemológicas de que tenho falado em diferentes textos, não tenho por que negar minhas proposições. Continuam hoje tão válidas quanto ontem numa perspectiva progressista. Do ponto de vista, porém, da alfabetização em si é impossível relegar a um plano secundário os estados atuais da sócio e da psicolinguística, a contribuição de Piaget, de Vygotsky, de Luria; a de Emilia Ferrero, de Madalena Weffort, de Magda Soares. Contribuições que, se bem-aproveitadas, retificam e aprimoram algumas das propostas que fiz.

Se bem que minha intenção, ao escrever sobre o MCP, fosse dizer de minha passagem por ele, não me satisfaz falar apenas dos processos em que me envolvi. Há uma importância especial em tudo ou quase tudo o que se fez no pouco tempo de existência do movimento. Já falei, por exemplo, da valoração das festas populares que enchiam de gente simples o Arraial do Bom Jesus ou sítio Trindade, como é também conhecido, para dançar, para cantar, para brincar, para ser. Já me referi às experiências artísticas de Abelardo da Hora, para quem o gosto da boniteza, que precisa ser desafiado, trabalhado, não é, porém, propriedade de uns poucos.

Gostaria, nesta linha, de sublinhar as Praças de Cultura, projeto coordenado pelo prof. Paulo Rosas; a educação popular de crianças e adolescentes, sob a responsabilidade de Anita Paes Barreto, notável psicóloga que se alonga em não menos notável educadora; o teatro popular, coordenado por Luiz Mendonça e porque passou Ariano Suassuna.

A cartilha para adultos de Norma Coelho e Josina Godoi, sobre a qual Anísio Teixeira, à frente, na época, do Instituto Nacional de Estudos Pedagógicos, INEP, escreveu página altamente favorável.

O Projeto de Pesquisas, de que fiz parte também, mas que teve em Paulo Rosas, suas colaboradoras e colaboradores, a presença mais marcante, desenvolveu importante papel no movimento.

Agora, servindo-me apenas da memória, me lembro de algumas vezes em que Anita Paes Barreto, Paulo Rosas e eu debatemos, com a plateia que assistira a uma peça teatral, as implicações plurais da mesma.

O projeto do teatro popular mantinha um circo ambulante, que passava de bairro a bairro e em que oferecíamos espetáculos teatrais e sessões de cinema. O ingresso tinha o mesmo valor de uma entrada no mais barato cinema do bairro. Antes de começar o espetáculo, alguém avisava que, terminada a representação da peça, três educadores viriam ao palco para discutir com quem quisesse e, portanto, permanecesse no circo, o que cada um tivesse a dizer. Poucos os que se retiravam, tal era o interesse pela discussão, entre nós, nos anos 60. Discussão de questões políticas, sociais, econômicas, culturais, históricas. Emersas no processo histórico, as classes populares se experimentavam curiosas, como se estivessem medindo os limites de seus direitos. O estilo populista de fazer política, ambíguo por natureza, possibilitava, de um lado, maior espaço de participação às classes populares, de outro, os restringia. Elas vinham aos debates, aos encontros, ora porque se achavam motivadas para saber mais e intervir, ora porque precisavam de saber até onde ia o seu direito de participar, de que tanto se falava.

O MCP se inscrevia entre quem pensava a prática educativo-política e a ação político-educativa como práticas desocultadoras, desalienadoras, que buscavam um máximo de consciência crítica com que as classes populares se entregassem ao esforço de transformação da sociedade brasileira. De uma sociedade perversa, injusta, autoritária, para outra, menos perversa, menos injusta, mais aberta, mais democrática.

Esta é a utopia necessária que, sendo hoje tão oportuna e fundamental quanto ontem, eu oponho ao "sonho" do *antissonho* dos *pragmatistas* que decretaram a morte da utopia, das ideologias, das classes sociais e de seus conflitos como a morte da história.

Há um *tema gerador* hoje a preocupar, de forma diferente, não importa, os poderosos e os sem poder. É o tema do conhecimento, da produção do conhecimento, de sua instrumentalidade.

Conhecimento que, em termos práticos, constitui a formação de mulheres e de homens para o processo de produção.

A operosidade dos grupos humanos cada vez mais está na dependência do saber técnico e científico, em níveis distintos.

A resposta neoliberal a esse desafio reduz a *formação* técnico-científica a puro *treinamento*, em cujo processo o *treinado* não tem como nem por que se preocupar com a razão de ser dos fatos que demandem explicação mais além da técnica ao nível da pura prática.

A resposta progressista, a cujo ideal tenho feito várias referências nestas cartas, não separa a habilidade técnica da razão filosófica, o uso das mãos do exercício da mente, o prático do teórico, a produção econômica da política.

Creio finalmente que não estarei falseando a verdade se disser que este foi o espírito que, preponderantemente, marcou o trabalho do Movimento de Cultura Popular do Recife.

Acredito também que o MCP continua à espera de trabalho objetivo, que não se realiza contudo com a negação impossível da subjetividade de quem o faça, que o analise historicamente e que, por isso mesmo, vá mais além de ensaios como este, marcadamente impressionista.

Do MCP ao Serviço de Extensão Cultural da Universidade Federal de Pernambuco

O Serviço de Extensão Cultural da Universidade, então chamada do Recife, nasceu de um sonho nosso, do então reitor prof. dr. João Alfredo Gonçalves da Costa Lima e meu.

Eu o conheci no Sesi quando ele chefiava a divisão de Saúde e eu a de Educação e Cultura. Assim, muito antes de que ele se tornasse reitor, quando era ainda vice-reitor, costumávamos conversar sobre a possibilidade de, ultrapassando seus *muros*, a universidade estender sua ação às áreas não acadêmicas, mas escolarizadas, como a de estudantes pré-universitários e a do magistério público de nível fundamental. E a essa possível clientela juntar a de áreas populares, trabalhando, por exemplo, ora com lideranças sindicais a quem oferecer cursos de formação, ora, por que não?, enfrentando desafios como o do analfabetismo. A importância de uma universidade como a Federal de Pernambuco, Nordeste brasileiro, contribuir para a formação permanente de professoras e professores do ensino básico e do médio do Estado e, pelo menos, dos municípios da chamada Grande Recife, como de participar da formação popular desde a alfabetização mesma, era algo que nos parecia tarefa e dever da ação universitária, sem que isto jamais devesse significar a diminuição de sua seriedade no exercício da docência e da pesquisa.

Na verdade, quando pensávamos em termos críticos em universidade e áreas populares, universidade e povo, universidade e classes populares, de modo algum estávamos admitindo que a universidade devesse se tornar indiferente à preocupação rigorosa que deve ter com relação à pesquisa e à docência. Não faz parte da natureza de sua relação ou de seu compromisso com as classes populares sua falta de rigor, sua incompetência. Pelo contrário, a universidade que não luta por mais rigorosidade, por mais seriedade no âmbito da pesquisa como no da docência, sempre indicotomizáveis, esta sim, não pode se aproximar seriamente das classes populares, comprometer-se com elas.

O discurso que subestima a Academia, a Teoria, a Reflexão em favor da pura *prática* é falso. Tão falso e prejudicial quanto o que exalta apenas a reflexão teórica e nega a importância da prática.

A universidade, no fundo, como tenho dito em trabalhos anteriores, mas que posso e devo repetir,* tem de girar em torno de duas preocupações fundamentais, de que

---

* Ver Freire, Paulo. *Pedagogia da esperança*. Rio de Janeiro: Paz e Terra, 1992.

se derivam outras e que têm que ver com o ciclo de conhecimento. Este, por sua vez, tem apenas dois momentos que se relacionam permanentemente: um é o momento em que conhecemos o conhecimento existente; o outro, o em que produzimos o novo conhecimento. Ainda que insista na impossibilidade de separarmos mecanicamente um momento do outro, ainda que enfatize que são momentos de um mesmo ciclo, me parece importante salientar que o momento em que conhecemos o conhecimento existente é preponderantemente o da docência, o de ensinar e aprender, e o outro, o da produção do novo conhecimento, é preponderantemente o da pesquisa. Na verdade, porém, toda docência implica pesquisa e toda pesquisa implica docência. Não há docência verdadeira em cujo processo não se encontra a pesquisa como pergunta, como indagação, como curiosidade, criatividade, assim como não há pesquisa em cujo andamento necessariamente não se aprenda porque se conhece.

O que me parece trágico é que quase sempre nossas universidades não podem dedicar-se à pesquisa enquanto produção de conhecimento, ora por falta de verbas, a que se junta ausência de quadros competentes, ora por ambas as razões, e não se afirmam também como centros em que o conhecimento do conhecimento existente, quer dizer, o ato de ensinar, se dê de forma rigorosa e séria. Só assim, inclusive, seria possível formar pessoal que viesse a se engajar depois em pesquisas de alto nível. O papel da universidade, seja ela progressista ou conservadora, é viver com seriedade os momentos desse ciclo. É ensinar, é formar, é pesquisar. O que distingue uma universidade conservadora de outra, progressista, jamais pode ser o fato de que uma ensina e pesquisa e a outra nada faz. Por isso insisto mais uma vez em que, em nome da democratização da universidade, não podemos fazê-la pouco séria com relação a qualquer dos momentos do *ciclo gnosiológico*. Nenhum educador ou educadora progressista pode jamais reduzir a democratização da universidade a um tratamento simplista do saber. Não é isto o que se pretende. O que se quer é diminuir a distância entre a universidade ou o que se faz nela e as classes populares, mas sem a perda da seriedade e do rigor. Sem negligenciar diante do dever de ensinar e de pesquisar.

Para que isto comece a ocorrer é preciso que a universidade, se ainda não é, vá se tornando uma *criação* da cidade, estendendo, aos poucos, sua influência à zona em que a cidade se insere.

Uma universidade *estrangeira* à sua cidade, a ela *superposta*, é uma ficção alienada e alienante. Não pretendo dizer que a universidade deva ser a pura expressão de seu meio, mas para que possa movê-lo e não apenas reproduzi-lo é preciso que com ele se identifique ou vá se identificando. Da mesma forma como se impõe ao educador singular A ou B que, para ir mais além dos níveis de saber de seus educandos, deva partir desses níveis, se faz indispensável que a universidade tenha no seu contexto original o ponto de partida de sua ação. Ou, em outras palavras, que a universidade *diga* o seu contexto para que possa *desdizê-lo*. Dizer o contexto é assumir-se como expressão sua; desdizê-lo é condição para nele *intervir*, para *promovê-lo*. Por isso ninguém *desdiz* sem antes ou simultaneamente *dizer*.

A universidade *estrangeira* a seu contexto não o *diz*, não o *pronuncia*. *Diz* contexto distante, alheio, por isso não pode *desdizer* nem um nem outro.

Neste sentido é injusta e cega a política pedagógica de uma universidade que, atendendo apenas à elite de seu contexto, lhe oferece níveis de excelência mas nada faz para melhorar e incrementar os padrões de educação básica do contexto. E o faz afirmando, quase sempre, que universidade não é ginásio...

Numa perspectiva democrática e não elitista da universidade, sabemos que suas exigências epistemológicas são outras, mais profundas, mais amplas, mas sabemos também que os estudos universitários são um momento do processo de conhecer de que fazemos parte. Por isso mesmo implicam a formação necessária, a preparação indispensável para que possamos neles nos mover com eficácia, vale dizer, com bons resultados.

Nenhum contexto cresce globalmente se nele tocamos parcialmente apenas. O desenvolvimento de uma região demanda a formação crítica intelectual das maiorias e não só de uma elite egoísta e centrada em si mesma.

A universidade cujos contextos local e regional se ressentem de profunda e extensa carência de educação de base, com um número surpreendente dos chamados professores leigos, despreparados, desrespeitados por salários de fome, deveria ter em seus centros ou faculdades de educação espaços seriamente devotados à formação permanente de educadoras e educadores.

Essas universidades deveriam multiplicar convênios com o Estado, com municípios, com movimentos populares, cooperativas de produção, clubes recreativos, clubes de amigos de bairro, associações, igrejas, através de que se intensificasse sua ação formadora.

Desdizer o seu contexto é *contra-dizê-lo* neste ou naquele aspecto para modificá-lo. Se se trata de contexto com altos índices de analfabetismo, de despreparo de professores do nível básico de educação, a universidade não tem como negar-se a oferecer sua contribuição para a amenização do quadro. Foi exatamente por isso que, de junho de 1963 até abril de 1964, quando o Golpe de Estado nos foi desfechado, o Serviço de Extensão Cultural da Universidade Federal do Recife participou diretamente dos trabalhos desenvolvidos pelo Programa Nacional de Alfabetização, PNA, de responsabilidade do Ministério da Educação e Cultura. Não chegamos, por falta de tempo, naquela época, a sequer iniciar algum esforço no campo da formação permanente do magistério fundamental público. Sob nossa direção, o SEC teve vida breve, menos de dois anos, e as direções que se sucederam à nossa não tinham por que ter os mesmos sonhos nossos nem a mesma compreensão do papel das universidades.

Iniciamos, porém, vários projetos que permitiam ao SEC *dizer* o seu contexto: o convênio com o governo do estado do Rio Grande do Norte, que viabilizou a experiência de Angicos; o convênio com o Ministério da Educação e Cultura, segundo o qual participava da formação de equipes responsáveis pelo programa de alfabetização em todo o país; cursos de extensão a várias turmas de jovens secundaristas de alguns colégios particulares do Recife; cursos em que se debatiam educação e atualidade brasileira com alunas de escolas normais do Recife; curso sobre realidade brasileira e educação popular oferecido a diferentes grupos engajados em programas de educação popular;* início do cadastramento dos professores e professoras da Universidade do Recife, no sentido de dar-lhes conhecimento da recepção deste ou daquele documento que nos chegava de universidades estrangeiras com as quais mantínhamos relações.

Publicávamos também um boletim informativo que falava do que estávamos fazendo e do que pensávamos fazer. Além desses projetos criamos a Rádio da Universidade, com excelente e variada programação. Estávamos em processo de obter autorização para fazer programas dirigidos à África quando fomos violentados pelo Golpe de 64. Golpe que também frustrou o diálogo que vínhamos mantendo com lideranças sindicais no sentido de criar espaço e tempo para crescer juntos no debate de nossa realidade.

Preocupado com poder *dizer* o nosso contexto para poder *desdizê-lo*, visitei, acompanhado da equipe diretora do SEC, cuidadosa e seriamente constituída, as mais importantes instituições da área do Recife, universitárias ou não. De pesquisa, de formação, de intervenção na realidade, com cujos responsáveis dialogávamos sobre o que pretendíamos e nos púnhamos abertos a sugestões que nos enriquecessem. Foi assim que, além de todas as faculdades e institutos de pesquisa da universidade, contatamos órgãos como a Sudene,[30] chefiada na época pelo economista Celso Furtado, como o Serviço Social Rural, sob a direção do prof. Lauro Borba.

Creio interessante fazer referência, além de cumprir um dever, à excelente equipe com quem me foi possível criar o Serviço de Extensão Cultural da Universidade do

---

* Entre os vários grupos a quem oferecemos esse curso se sobressaía a equipe dirigente da Ceplar da Paraíba.

Recife. Equipe que se distribuía na formulação e na coordenação de diferentes projetos. Todos na época bastante jovens e hoje afirmados intelectuais nesta ou naquela área. Luiz Costa Lima, José Laurênio de Melo, Juracy Andrade, Sebastião Uchoa Leite, Orlando Aguiar da Costa Ferreira, Jarbas Maciel, Jomard Muniz de Brito, Roberto Cavalcanti de Albuquerque, Francisco Bandeira de Mello, a que se juntou depois um bom grupo de educadoras e educadores empenhados na compreensão e na prática da educação popular.

Além da contribuição fundamental que Luiz Costa Lima dava ao SEC, coordenando cursos de teoria literária ou de literatura brasileira, oferecidos a jovens universitários ou pré-universitários, dirigia ainda a *Revista de Cultura da Universidade do Recife, Estudos Universitários*, de que era secretário executivo.

Um outro projeto a que me refiro aqui apenas porque, quase como se fosse gente, vem insistindo para que dele fale desde quando comecei a alinhar os dados em torno da experiência ligeira, mas marcante, do SEC, é o que trata da ideia, nascida no MCP, e a que pensei juntar os esforços do SEC através de convênio SEC-MCP. Refiro-me aos Círculos de Cultura, já funcionando em áreas populares do Recife. O projeto igualmente frustrado pelo Golpe de Estado previa ampliá-los e reforçá-los, transformando aos poucos os Círculos de Cultura em Institutos Populares de Estudos Brasileiros, IPEBs. Seriam assim versões populares mas não populistas, do Iseb.[31] Esse projeto e a própria ideia do SEC e do MCP deixavam transparecer, de um lado, a nossa *aposta* na capacidade de as classes populares se mobilizarem, se organizarem, de assumir-se e de saber;

de outro, não apenas a nossa *aposta*, porque esta era a nossa opção, nossa utopia política e poderíamos estar movidos por um sonho impossível, mas também apoiados em que uma das condições para a própria vida é a de não se imobilizar jamais. Imagine-se ao nível da existência humana.

O processo permanente de aprender, portanto de ensinar, de conhecer, inviabiliza a *imobilidade*, e a presença humana na cidade, traduzida como prática social transformadora, provoca mais saber, mais ensinar, mais aprender. O que há nas culturas humanas é a maior ou menor rapidez na mudança dentro da história.

As classes populares aprendem e sabem, apesar dos obstáculos que lhes são impostos. Nossa tese político-pedagógica era a de possibilitar às classes populares ocasiões em que, desafiadas, pudessem começar a desocultar, com a participação de educadores, verdades escondidas. Desocultação de verdades a que se deveria juntar a apreensão de saberes técnicos e científicos.

Nossa tese político-pedagógica tinha assim um fundamento ético e um científico e filosófico.

Ontem, como hoje, as forças paralisantes reacionárias estiveram e estão contra a lucidez das classes populares.

Ontem, a *conscientização* era vista como um instrumento diabólico e eu era o próprio *capeta* ameaçando de perdição a alma sofrida de tantos incautos.

Hoje, a conscientização, o sonho, a utopia, nada disso é válido para os *imobilistas*. Só é válido, dizem eles, o que é prático, e só a eficácia científica e técnica são práticas.

Hoje, pelas próprias condições conjunturais, o discurso neoliberal, de natureza pragmática, vem tendo menos possibilidade de *vingar* do que ontem perduravam, eficazes, os discursos sobre as ameaças do comunismo.

A propalada excelência do capitalismo a que se contrapõe a morte da utopia socialista sublinha, ao contrário, cada vez mais, a perversidade do capitalismo, de um lado, e a vigência do sonho socialista, de outro, depurado ou depurando-se, à custa de sacrifício e de penas, da distorção autoritária. Daí que mais e mais se venha afirmando a coincidência necessária entre socialismo e democracia, em face do fracasso do socialismo autoritário e da malvadez intrínseca do capitalismo, insensível à dor das maiorias exploradas. Se o sonho da burguesia emergente era o capitalismo no marco da democracia burguesa, o sonho das maiorias populares hoje vem ficando mais claro dever ser o do socialismo no marco democrático também. A questão fundamental não é acabar com a democracia, mas aperfeiçoá-la, tendo, como miolo seu, não mais o capitalismo, mas o socialismo. É preciso, porém, que aqueles e aquelas que sonham com este sonho não se entreguem à visão mecanicista da história, já tão criticada nestas cartas, de acordo com a qual o futuro é um *dado dado*, e não um *dado dando-se*, que precisa *ser feito* por nós na *briga* para fazê-lo. Não é válido pensar que bastou à burguesia sonhar com a unidade entre democracia e capitalismo para que ela se fizesse. A burguesia teve de lutar com a aristocracia e com outras forças anticapitalistas para manter a unidade entre capitalismo e democracia.

Forjar a unidade entre socialismo e democracia é o desafio que nos instiga, de forma clara, neste fim de século e começo de milênio. *Desafio* e não destino certo; *utopia* e não *fado* ou *sina*. *Futuro* como *problema* como *possibilidade* e não como *tempo inexorável*.

O Serviço de Extensão Cultural da Universidade do Recife e a Experiência de Alfabetização de Adultos de Angicos — Rio Grande do Norte

Numa tarde de domingo já não me lembro de que mês de 1963, chego de volta a casa com Elza, filhas e filhos de nosso regular passeio e encontro à minha espera Calazans Fernandes, jovem, mas já conhecido jornalista, então secretário de Educação do estado do Rio Grande do Norte. Calazans havia escrito excelente reportagem sobre Angola em que a malvadez colonialista era sublinhada e estava sem espaço para publicá-la. Luiz Costa Lima lhe ofereceu o da *Revista de Cultura da Universidade do Recife, Estudos Universitários*, com que fez um bem aos amorosos da liberdade e aos ideais de autonomia dos povos e deve ter criado alguns problemas diplomáticos e políticos para o reitor João Alfredo.

Valeu a pena.

Calazans viera de Natal para ter uma conversa preliminar comigo sobre minhas buscas em torno dos trabalhos de alfabetização.

Odilon Ribeiro Coutinho, velho e fraterno amigo, tivera comigo uma das conversas que costumávamos ter e de que sinto falta hoje, longa e desdobrando-se em variados assuntos, uns trazidos por outros que, por sua vez, se alongavam em inesperados temas. Um dos momentos da conversa com Odilon fora exatamente sobre as pesquisas em torno da alfabetização. Me lembro de que lhe falara da experiência que fizera no Poço da Panela, na velha casa tombada pelo Patrimônio Histórico Nacional e que pertencera à família de Olegário Mariano. Contara a Odilon a emoção que eu tivera quando Joaquim, o alfabetizando, era este o seu nome, o nome de meu pai e de um de meus filhos, escreveu a primeira palavra, NINA, e explodira num riso nervoso, difícil de ser controlado. E eu, envolto na emoção do momento, lhe indaguei, não tanto porque precisasse de resposta: "Que há, por que rir tanto?"

"Nina, Nina", disse ele, sem mais rir, como se estivesse certo de que acabara de re-inventar uma pessoa. "Nina é o nome de minha mulher. É minha mulher."

Aquele foi um dos momentos ricos de humanidade que vivi intensamente na minha prática de educador, o de participar da alegria de alguém que escrevia pela primeira vez o nome de sua mulher. Dissera a Odilon do espanto quase incrédulo de uma aluna da faculdade de filosofia que, acompanhando-me ao Poço da Panela para conhecer o Joaquim, lhe pedira que lesse uma página de livro que lhe passara. Um livro de Machado de Assis. Joaquim leu quase sem vacilar e ela não acreditou que há pouco tempo lhe teria sido impossível fazê-lo. Odilon falara desses fatos ao governador, que por sua vez os transmitira a Calazans, pedindo-lhe que me contactasse.

Era por essas coisas que Calazans estava ali, no meu terraço, sentado em frente a mim, naquela tarde de domingo de um mês qualquer de 1963. Queria saber da possibilidade de ajuda minha ao estado do Rio Grande do Norte, no campo da alfabetização de adultos.

"Que podemos fazer", disse Fernandes, "para que o senhor nos ajude, no Rio Grande do Norte, a enfrentar o analfabetismo? Dispomos de verbas da Aliança para o Progresso destinadas à educação".

Minha colaboração, disse eu, depende apenas da aceitação do governo do estado do Rio Grande do Norte a umas poucas exigências que faço e que são as seguintes:

1) Convênio entre o governo do estado e a Universidade do Recife.
2) No convênio deve estabelecer-se que a Secretaria de Estado da Educação assume a responsabilidade dos gastos de transporte e diárias da equipe que me acompanhe toda vez a Natal, além de uma gratificação a ser estipulada.

Com relação a mim, o governo do estado pagaria apenas os traslados a Natal, os pernoites e as refeições. Eu já era pago pela universidade para trabalhar os dois horários.

3) O fato de colaborar com o governo do estado não me proibiria de igualmente colaborar com o município de Natal cujo secretário de Educação, Moacir de Gois, era e continua a ser fraterno amigo.

   Havia uma contradição entre as posições políticas do prefeito Djalma Maranhão, homem de esquerda, e o governador Aluízio Alves, homem de centro.
4) A coordenação dos "trabalhos deveria ser entregue à liderança universitária"[32] em estreita relação com o secretário de Educação.

5) O governador do estado deveria precaver-se de, durante os trabalhos, fazer visitas aos centros ou aos círculos de cultura para evitar exploração política.

Me lembro ainda de que Fernandes, com humor, me colocou a questão da Aliança para o Progresso [que no Nordeste brasileiro se chamava Aliança pára* o Progresso] e de se minhas relações com ela não me prejudicariam politicamente.

Em primeiro lugar, respondi, minhas relações se darão com o governo do Rio Grande do Norte através de sua secretaria; em segundo lugar, o que me importa é a autonomia que a liderança universitária e eu tenhamos para decidir, o que me importa é a seriedade do senhor e o respeito do governo às exigências que faço. De onde vem o dinheiro não me importa se eu puder trabalhar com independência em favor do sonho político a que me entrego e sirvo. Estou certo de que, se a Aliança para o Progresso pretende realmente cooptar-nos, desistirá em pouco tempo pela impossibilidade de fazê-lo.

Em 1970, quando ainda me achava em Cambridge, comprei um livro, *The Alliance That Lost Its Way*,** em cuja página 291 se dizia, e agora que se me permita longa citação:

---

* Antes do Novo Acordo Ortográfico firmado em 2009, que é hoje o padrão gramatical para a ortografia no Brasil, esta nota não seria necessária. No entanto, com a eliminação do acento diferencial, tanto a proposição "para" quanto o verbo "parar", quando conjugado na terceira pessoa, passaram a ter a mesma grafia. Sendo assim, o contexto pode não ser suficiente para que a piada seja compreendida rapidamente. Por esse motivo, optamos por manter o acento diferencial nesse trecho, a despeito das orientações do novo acordo. (N.E.)
** Levision, Jerome; Onis, Juan de. *The Alliance That Lost Its Way. A Critical Report on the Alliance for Progress*. A Tewentieth Centure Fund Study, Chicago Quadrangle Books, 1970, p. 291.

"O programa de Paulo Freire era naturalmente subversivo em sua base técnica de deliberada provocação e em seu propósito de desenvolver uma consciência crítica, criando um senso de capacidade e responsabilidade moral no indivíduo para mudar sua vida e o mundo em torno de si. Numa sociedade paternalista hierárquica, onde a palavra do coronel era lei, esta ênfase sobre o pensamento crítico e sobre a ação do indivíduo e da comunidade era destrutiva dos valores tradicionais. O programa de Freire era revolucionário no mais profundo sentido do termo.

"Em janeiro de 1964, a insatisfação com a técnica pedagógica de Freire e a inquietação em torno do conteúdo político do programa levaram a Aliança a cortar seu suporte financeiro ao Programa (exatamente três meses antes do golpe contra Goulart)."

Nunca fizera afirmação tão bem e objetivamente comprovada depois, pelos fatos, quanto a que fiz para aceitar minha presença em Angicos.

Voltemos, porém, à conversa com Fernandes. Depois de ouvir-me fazendo anotações, me disse que iria informar ao governador Aluízio Alves o conteúdo de nossa conversa e, em seguida, entraria em contato comigo. Realmente, poucos dias depois, recebia telegrama sugerindo três hipóteses de datas para que eu fosse a Natal no sentido de conversar com o governador e, se aceitasse as minhas exigências, com a liderança universitária e com o secretário de Educação para estruturarmos a equipe e discutir a agenda de trabalhos conjuntos.

Escolhi uma data. Recebi a passagem. Viajei a Natal. Conversei longamente com o governador que, sem dificuldade, aceitou as condições que eu havia colocado. Manifestou, contudo, o seu desejo de que fosse Angicos a cidade escolhida para a experiência. Angicos é sua cidade natal e lhe cabia, como governador do estado, escolher a cidade por onde começar o trabalho.

Antes de deixar Natal tive uma primeira reunião com a liderança universitária e o secretário Calazans Fernandes em que se acertaram duas datas do nosso calendário: a de uma visita de trabalho daquela liderança ao Recife, quando discutiríamos o curso de formação a ser dado em Natal pela equipe do SEC, e a do início do curso, sua duração, seu conteúdo programático.

Caberia à liderança universitária selecionar os vinte candidatos que participariam do curso de formação a que se seguiriam as atividades em terreno.

O ideal teria sido que o estudo do meio urbano de Angicos e seus alongamentos rurais, que a pesquisa do universo vocabular, que nos dava o temático, que a escolha das chamadas *palavras geradoras*, a criação das *codificações*, que tudo isso tivesse constituído o primeiro momento do curso de formação. Desta forma, teria sido fazendo que os futuros educadores e educadoras teriam aprendido a fazer, *desembutindo* da prática a sua teoria.*

Tivemos trezentos educandos em Angicos, alfabetizandas e alfabetizandos, distribuídos entre quinze círculos de cultura instalados em salas de escola ou de casas da cidade.

---

* Anos depois foi assim que procedemos no Primeiro Seminário Nacional de Formação de Alfabetizadores em São Tomé e Príncipe, África. Ver Freire, Paulo. *Pedagogia da esperança*.

Recentemente voltei a Angicos: fazia trinta anos que vivera com força, com alegria intensa a experiência em que trezentas pessoas, de diferentes idades, aprenderam a escrever e a ler, debatendo problemas locais, regionais e nacionais. Em que trezentas pessoas, ao perceber como liam anteriormente o mundo, passaram em regra, enquanto aprendiam a escrever e a ler a palavra, a lê-lo de forma mais crítica. Estive em Angicos acompanhado de Ana Maria, Nita, do professor Moacir Gadotti, da Universidade de São Paulo, e do professor Carlos Torres, da Universidade de Los Angeles, Califórnia. Estivemos agora com dez dos(as) alfabetizadores(as) e doze dos ex-alfabetizandos. Conversamos. Relembramos casos, momentos marcantes como, por exemplo, a solicitação de indulto de dez condenados recém-alfabetizados por Marcos Guerra, líder do grupo e hoje secretário de Educação do Rio Grande do Norte. A decisão do presidente Goulart de, ouvidas as instâncias regulares, atender ao pedido. A estória contada por Marcos sobre a primeira greve ocorrida na cidade, no setor de construção. Operários de cidades próximas estavam sendo trazidos para Angicos no sentido de abortar a luta dos locais, em sua maioria alunos do programa. O encontro, no meio do caminho, entre os que vinham e os locais. No diálogo se chegou à conclusão de que os que estavam vindo voltariam e os grevistas continuariam na luta por seus direitos. Angicos foi um ensaio progressista.

Enquanto conversávamos e ouvíamos depoimentos de ex-alfabetizandos sobre a saudade daquele tempo, sobre a saudade de sua professora, sobre sua experiência de ler e de escrever;[33] enquanto conversávamos com o autor de discurso que deu o que falar no encerramento do curso pelo presidente Goulart em que afirmou que os alfabetizandos ali presentes não apenas sabiam ler a Carta do ABC "do Brasil, sua *Constituição*, mas se achavam dispostos a reescrevê-la", eu me lembrava da decisão da Aliança para o Progresso,* cortando seu suporte ao programa três meses antes do Golpe de Estado de 1964.

Como estive certo em dar a minha contribuição ao programa. Como estiveram errados os que me criticaram por isto.

Na solenidade em que a Câmara Municipal me outorgou o título de cidadão honorário de Angicos, uma jovem mulher entrevistada por Nita lhe disse ter sido alfabetizada ao lado de seus pais, que a traziam para que não ficasse sozinha em casa. Ela devia ter seis anos, então.

"Tomei um gosto tão grande por ler e escrever que me tornei professora. No dia da conclusão do curso me aproximei do presidente Goulart e lhe disse que eu também sabia ler e escrever. Rindo e brincalhão, pediu a um dos seus assistentes que me desse um jornal para que eu lesse. Não tive problema, li boa parte das notícias da primeira página. Foi então que ele me perguntou:

"— Que é que você quer de presente?

"— Uma bolsa de escola — respondi.

"— Se um presidente lhe fizesse esta pergunta hoje, que você responderia? — indagou Nita.

"— Hoje, pediria ao presidente respeito às professoras e professores deste país, salários decentes e educação séria para todas as crianças brasileiras."

---
* The Alliance That Lost Its Way, op. cit.

13ª Carta
Uma carta de transição

Cheguei, Cristina, ao fim do primeiro momento destas cartas a você. Esta é, por isso mesmo, uma carta de transição entre as em que, atendendo a sua solicitação inicial, falei preponderantemente de mim. De mim menino, de mim jovem, de mim homem. Ou também em torno de mim, de como penso, de como submeto sempre minha prática a uma reflexão teórica, de como, sem martirizar-me e punir-me, procuro constantemente ser coerente, diminuir a distância entre o que digo e o que faço. Esta é uma carta de transição entre o primeiro bloco de cartas, em que falei de alegrias, de dores, de sofrimentos, de experiências pessoais, e o segundo, em que, ainda quando dizendo algo de mim, falo de um elenco de temas que me têm sido sugerido dentro e fora do Brasil em seminários, em entrevistas, em leituras de jornais e de revistas.

Espero, porém, que haja uma certa harmonia do ponto de vista da linguagem ou do estilo entre o primeiro e o segundo blocos, como me parece que existe nas cartas entre si. Na verdade, rara é a carta do primeiro bloco em que, falando de meu pai, de minha mãe ou de mim, não dedique algum tempo à análise, às vezes cuidadosa, de um conceito ou de um tema. Em que, discutindo um problema, não me alongue na compreensão de outro ou de outros, sem contudo perder de vista o aspecto principal da discussão. Mas, sobretudo, espero não desencantar leitoras e leitores que, porventura, tenham encontrado, na primeira parte destas cartas, razão ou motivos de agrado.

Tio Paulo.

SEGUNDA PARTE

14ª Carta
Educação e democracia

"Não é possível atuar em favor da igualdade, do respeito aos demais, do direito à voz, à participação, à reinvenção do mundo, num regime que negue a liberdade de trabalhar, de comer, de falar, de criticar, de ler, de discordar, de ir e vir, a liberdade de ser."

Uma das negatividades destas cartas termina possivelmente por tornar-se positividade pelo que representa de desafio maior a mim mesmo. Refiro-me a meu limitado empenho de procurar suporte fora de minha própria reflexão para análises que faço deste ou daquele tema em discussão. Talvez o espírito ligeiro das cartas me tenha conduzido ao uso de uma linguagem simples, acessível e pessoal. É preciso, contudo, deixar claro que evitar a angústia da procura nervosa a textos e a afirmações com os quais desse peso às minhas não deve significar, de modo algum, autossuficiência ou arrogância de quem, "cheio de si mesmo", não tivesse por que se amparar em ninguém. Pelo contrário, não apenas necessito de amparo, de ajuda, como não me sinto diminuído em recebê-los.

Se falo, por exemplo, como falei e voltarei agora a falar em educação e democracia, no contexto destas cartas, no estilo em que as escrevo me satisfaz dizer como vejo e entendo o problema entre nós.

Ao tomar a frase educação e democracia como objeto de minha curiosidade, devo me colocar uma primeira questão: que queremos dizer quando dizemos educação e democracia? A que me conduz a minha primeira aproximação à frase em busca da inteligência da mesma? Indiscutivelmente há nela a intenção de estabelecer relações entre seus termos educação-democracia.

Educação para a democracia, educação e experiência democrática, democracia através da educação. Não há dúvida, por outro lado, de que a frase sugere outra indagação: é possível *ensinar* democracia? Que significa educar para a democracia? Que fazer se a sociedade em que se trabalha como educador ou educadora tem fortes tradições democráticas? Que fazer, pelo contrário, se não as tem mas se a educadora ou o educador, de maneira coerente, tem opções progressistas? Que significa ser uma sociedade democrática?

Um outro aspecto sobre que pensar, no momento em que nos indagamos sobre educação e democracia, se centra nas relações contraditórias, dialéticas, entre *autoridade* e *liberdade*. Relações que, por sua vez, não podem estar alheias à sua natureza ética.

Tenho insistido, ao longo de minha prática educativa, que jamais se ressentiu de uma reflexão filosófica, em que, seres finitos, inacabados, homens e mulheres vimos sendo seres vocacionados para *ser mais*. Daí que tenha sempre afirmado que a humanização enquanto vocação tem, na desumanização, sua distorção. Da natureza dos seres humanos, natureza histórica e socialmente constituindo-se, faz parte esta vocação, como sua distorção vem sendo uma possibilidade histórica.

Nenhuma reflexão em torno de educação e democracia igualmente pode ficar ausente da questão de poder, da questão econômica, da questão da igualdade, da questão da justiça e de sua aplicação e da questão ética.

Não hesitaria em afirmar que, tendo-se tornado historicamente o *ser mais* a vocação ontológica de mulheres e homens, será a *democrática* a forma de luta ou de busca mais adequada à realização da vocação humana do *ser mais*. Há, assim, um fundamento ontológico e histórico para a luta política em torno não apenas da *democracia* mas de seu constante aperfeiçoamento. Não é possível atuar em favor da igualdade, do respeito aos demais, do direito à voz, à participação, à reinvenção do mundo, num regime que negue a liberdade de trabalhar, de comer, de falar, de criticar, de ler, de discordar, de ir e vir, a liberdade de ser.

A democracia que seja estritamente política se nega a si mesma. Nela, o direito que se oferece às massas populares é o do voto. Do voto que, nas circunstâncias perversas de miséria em que aquelas massas sobrevivem, se avilta e se degrada. Nessas sociedades a democracia assegura aos miseráveis e aos pobres o direito de morrer de fome e de dor. Este é o caso brasileiro: trinta e três milhões de Marias, de Josefas, de Pedros e de Antônios morrendo dia a dia de fome e de dor. A democracia puramente formal muito pouco ou quase nada faz pela libertação dos oprimidos a não ser através do uso de espaços políticos cuja existência a própria democracia formal não tem como não admitir. Espaços a ser aproveitados pelos progressistas na luta pela transformação da sociedade. Por outro lado, a democracia que se diz econômica, de cujo sonho faz parte a superação das injustiças perpetradas no sistema capitalista mas a que os ideais de justiça, de igualdade, de respeito às gentes se acham submetidos aos estreitos espaços da moldura autoritária, se deteriora e se perverte.

Não creio em nenhuma busca, bem como em nenhuma luta em favor da igualdade de direitos, em prol da superação das injustiças que não se funde no respeito profundo à vocação para a *humanização*, para o *ser mais* de mulheres e de homens.

Como sempre tenho insistido, essa *vocação* não é expressão de sonho idealista, mas qualidade que os seres humanos incorporaram histórica e socialmente à sua natureza. É neste sentido que as discriminações de classe, de sexo e de cor, a que se junte qualquer tipo de diminuição e de desrespeito ao ser humano, negando aquela vocação, negam também a democracia.

Nenhuma sociedade alcança a plenitude democrática se não se estrutura legalmente para defender-se, com vigor, de tais arremetidas. Mais ainda, se suas leis antidiscriminatórias não são postas em prática ou o são de maneira facciosa. Por isso não basta o arcabouço de leis; é indispensável que se efetivem não importa quem sejam as pessoas a quem se devam aplicar.

Ainda quando, nem sempre, se consiga bom resultado com o discurso crítico, bem-articulado, que, apoiado na natureza humana, sublinha a contradição entre a prática discriminatória e a vocação de homens e de mulheres para a humanização, é preciso fazê-lo. É preciso insistir no desvelamento ou no desnudamento da farsa de quem, proclamando-se *cristão*, discrimina alguém, ou da farsa de quem, dizendo-se *progressista*, faz o mesmo. É absolutamente necessário que o discriminador se perceba como contraditório, como incoerente, para que, assim, trabalhe seu próprio descompasso.

É importante não dar trégua aos discriminadores para que eles ou elas não resolvam seu problema com o jogo ardiloso das falsas explicações.

O processo discriminatório gera em quem discrimina um mecanismo de defesa que quase os petrifica ou os "impermeabiliza". Às vezes, até parece que se *convencem* mas não se *convertem*. *Intelectualmente*, aceitam que se contradizem, mas, *visceralmente*, não se sentem em contradição. Não há, para eles, *inconciliação* entre o discurso cristão do "ama a teu próximo como a ti mesmo" e a prática racista. O discriminado ou a discriminada, para o racista, não é *outro*, é *isto*. É como se a prática de discriminar *emburrecesse* as pessoas além de embrutecê-las.

No fundo, a discriminação, não importa fundada em quê, fere diretamente a democracia, que tem como um de seus *sine qua, a tolerância. A virtude que nos ensina a conviver com o diferente*, a aprender com ele. *Conviver* com o diferente sem, obviamente, se considerar superior ou inferior a ele ou a ela, como *gente*.

A tolerância não é favor que "gente superior" faz a "gente inferior" ou concessão que gente bondosa e caridosa faz a "gente carente". A tolerância é dever de todos, nas nossas relações com os outros, dever de respeitar o direito de todos de ser diferentes. A tolerância porém não me obriga a concordar se me oponho, por *n* razões, ao outro.

Não me obriga, esgotados os argumentos que defendo para não aceitar a posição do outro, a continuar, em nome da necessária dialogicidade do tolerante, uma conversa enfadonha e repetitiva, ineficaz e desgastante de ambos. Mas me obriga a respeitar o pensamento contrário ao meu e ao sujeito que o pensa. Ser tolerante não significa negar o conflito ou dele fugir. O tolerante, pelo contrário, é tanto mais autêntico quanto melhor defenda suas posições, se convencido de seu acerto, com denodo. O tolerante, por isso mesmo, não é uma figura pálida, amorfa, pedindo desculpas toda vez que arrisca uma discordância. O tolerante sabe ser a discordância que se funda no respeito àquele e àquela de quem se discorda não só um direito de todos mas também uma forma de crescer e desenvolver a produção do saber. Mas, na medida mesma em que discordar tem uma tal importância nas relações sociais, *discordar* coloca profunda exigência ética a quem discorda e critica: o dever de, ao fazê-lo, não *mentir*.* A tolerância, afinal, é uma virtude e não um defeito. Sem ela não há democracia. Ensinar tolerância como ensinar democracia implica o testemunho coerente de pais e de mães, de professoras e de professores. Como ensinar tolerância e democracia a nossos filhos e filhas, a nossos alunos e alunas se lhes negamos o direito de ser diferentes de nós, se nos recusamos a discutir com eles suas posições, sua leitura de mundo, se não nos tornamos capazes de perceber que o mundo deles lhes faz desafios e exigências que o nosso não poderia ter feito?

Como ensinar democracia e tolerância a nossos filhos e filhas, a nossos alunos e alunas se lhes dizemos ou lhes

---

* Ver Freire, Paulo. *Política e educação*. São Paulo: Cortez, 1993.

ensinamos que exigir o seu direito, que lutar contra uma afirmação falsa, que recorrer à lei é prova de autoritarismo, como se a democracia fosse licenciosa?

Recentemente, o prefeito de São Paulo, em entrevista a um jornal da capital do estado, referindo-se ao que, segundo ele, fora o uso distorcido de uma foto sua junto a outro político, declarou não ter ido à Justiça contra o órgão da imprensa que havia publicado a foto por ser *democrata e não autoritário*. Não! O prefeito não foi à Justiça por outra razão qualquer, que ele tem o direito de não explicitar, e não porque é *democrata*. A democracia lhe garante o direito de lutar para superar, juridicamente, o dano que ele declarou ter sofrido.

Liberdade de imprensa não é licenciosidade de imprensa. Só é livre a imprensa que não mente, que não retorce, que não calunia, que não se omite, que respeita o pensamento dos entrevistados em lugar de dizer que eles disseram *A* tendo dito *M*.

Acreditando realmente na liberdade de imprensa, o verdadeiro democrata sabe, pelo contrário, que faz parte da luta em favor da imprensa livre a briga jurídica de que resulta o aprendizado ético, sem o qual não há imprensa livre.

Defender nossos direitos não é prova de autoritarismo, é sinal de amor à liberdade, à democracia e à justiça.

De qualquer maneira é interessante observar como as nossas fortes tradições histórico-culturais, de natureza autoritária, quase sempre nos deixam em posição ambígua, pouco clara, diante das relações contraditórias liberdade-autoridade. Relações dialéticas e não mecânicas. Às vezes estamos apenas usando nossa autoridade necessária, limitadora, mas nos julgamos autoritários. Às vezes, temendo continuar "autoritários", terminamos por cair na licenciosidade.

Nenhuma dessas posições, a autoritária ou a licenciosa, trabalha em favor da democracia. É neste sentido, por isso, que viver bem a tensão entre autoridade e liberdade se torna, em casa como na escola, algo da mais alta importância. É que, no fundo, é através dessas relações entre autoridade e liberdade que se vão estabelecendo os indispensáveis limites à autoridade e à liberdade, sem os quais, deterioradas ambas, nega-se a democracia.

Um dos equívocos da autoridade familiar ou pedagógica é pensar que se limita a liberdade através do medo, da coação, dos prêmios e dos castigos. É experimentando-me como sujeito moral que vou assumindo os limites necessários à minha liberdade e não porque, coagido, ameaçado, tenho puro medo da reação do poder que, desrespeitando minha liberdade, não limita sua autoridade. O autoritário é que não se preocupa com o *selo* moral no comportamento do sujeito (liberdade) a quem sua prescrição se dirige. A ele ou a ela lhe basta a palavra de ordem que emite. Pouco se lhe dá saber até que ponto a obediência conseguida resulta de uma *adesão* da liberdade que, a pouco e pouco, reconhecendo a validade ética da norma a assume. É neste sentido também que o autoritarismo é imoral. O autoritário ou autoritária nega não só a liberdade dos outros mas também a *sua*, ao transformá-la no direito imoral de esmagar as outras liberdades.

Não há verdadeiro *limite* sem a assunção por parte do sujeito livre da razão de ser moral do mesmo. A exterioridade do *limite* só se autentica quando se converte em *interiori-*

dade. A autoridade externa há de ser introjetada, tornando-se assim autoridade interna.*

Não quero dizer que a autoridade que confronta a situação em que a liberdade se recusa a assumir o limite necessário a ela cruze os braços e deixe que as coisas fiquem como estão. Esta capitulação da autoridade a torna licenciosa e, dessa forma, anulando-se como autoridade, em nada contribui para a autenticidade da liberdade. O exercício democrático se sacrifica nessa distorção da relação autoridade-liberdade. Assim como a liberdade precisa de assumir o limite a si mesma como algo necessário, a autoridade precisa de fazer-se respeitar. O desrespeito a ambas inviabiliza a democracia na família, na escola, bem como na sociedade politicamente organizada.

A liberdade que assume seus limites necessários é a que luta aguerridamente contra a hipertrofia da autoridade. Quão equivocados estão os pais que tudo permitem aos filhos, muitas coisas às filhas, ora porque, dizem, tiveram infância e adolescência difíceis, ora porque, afirmam, querem filhas e filhos *livres*. Assim, filhos e filhas *decrescem*, em lugar de *crescer* bem, filhas e filhos, sem consciência dos limites — que jamais experimentaram —, tendem a perder-se na irresponsabilidade do *vale tudo*.

Creio que um dado fundamental no exercício da autoridade em suas relações com a liberdade é a compreensão clara de que, a partir de certo nível de experiência, nenhuma autoridade é exclusivamente autoridade como nenhuma liberdade é apenas liberdade.

Como pai sou não apenas a autoridade paterna mas também a liberdade filial, bem como a liberdade de cidadão. Se

---

* Ver Barbu, Zevedei, *Democracy and Dictatorship*.

não posso, por diferentes razões, exercer as tarefas de pai ou não sei tampouco agir como cidadão, sou uma autoridade paterna descompassada e uma liberdade cidadã incompetente.

A liberdade que se "liberta" da autoridade nega a democracia tanto quanto a autoridade que, no seu exercício, asfixia, em si, a liberdade embutida nela; asfixiando a liberdade dos outros, nega igualmente a democracia.

Em última análise, a autoridade é uma invenção da liberdade para que ela, liberdade, possa continuar a ser. Não foi a autoridade paterna ou materna a que criou a liberdade de filhos e filhas, mas a necessidade da liberdade deles e delas que gerou a autoridade dos pais. A autoridade não tem, por isso, sentido, nem se justifica, se se esvazia de sua tarefa precípua: assegurar à liberdade a possibilidade de ser ou de estar sendo. O autoritarismo e a licenciosidade, como expressões, de um lado, da exacerbação, e, de outro, do esvaziamento da real autoridade, impedem a verdadeira democracia.

Por isso é que, numa prática educativa progressista, se há de estimular em educandos e educadores o gosto incontido da liberdade. Que a juventude cante, grite, pinte a cara, venha às ruas, encha as praças, proteste contra a mentira, o engodo, a impunidade, a sem-vergonhice. Que a juventude, assumindo os indispensáveis limites à sua liberdade, somente como sua liberdade se faz verdadeira, lute contra qualquer abuso de poder. O argumento de que à juventude cabe *apenas estudar* é uma falácia. A defesa da liberdade, a vigilância no sentido de deter qualquer traição a ela são deveres democráticos a que não podemos renunciar, jovens ou não. Mais ainda, protestar contra os desvios éticos de autoridades moralmente incompetentes é uma forma não só de estudar e de aprender mas também de produzir conhecimento, de aprofundar e fortalecer a democracia.

O gosto da liberdade desaparece se seu exercício escasseia, mesmo que um dia volte em expressões libertárias. É que o *gosto da liberdade* faz parte da natureza mesma de mulheres e de homens, faz parte de sua vocação para *ser mais*. Por isso é que podemos falar no *sonho* da liberdade, na possibilidade do gosto por ela em situações em que na relação *necessidade-liberdade* a primeira se superpõe à segunda. É que a liberdade, um *sine qua* da vocação para o *ser mais*, não é ponto de chegada, mas sempre ponto de partida.

Por outro lado, a própria vocação para o *ser mais* se acha condicionada pela realidade concreta do contexto. Pela realidade histórica, econômica, social, político-cultural etc.

Uma coisa, por exemplo, é a significação que pode ter a liberdade de imprensa para as populações famintas, miseráveis, de nosso país, e outra é o que ela representa para as classes populares que já comem, vestem e dormem mais ou menos.

O trágico é que a liberdade de imprensa é absolutamente fundamental quer para os que comem, quer para os que não comem. É importante salientar contudo que, nas condições objetivas de miséria, nem tudo o que é *sentido* já se tornou um destacado percebido em si. Já foi ou está sendo apreendido com o seu conjunto de razões de ser. Muito dificilmente uma população faminta e iletrada, mesmo que às vezes tocada pelo rádio, pode alcançar, antes de comer, o valor para si mesma de uma imprensa livre. Imprensa que sequer vê. Se, porém, uma população nessas condições consegue começar a comer, em algum tempo sua compreensão da liberdade muda e, passo a passo, desvela finalmente o valor da imprensa livre. Uma vez exercido o direito básico de comer, a negação do exercício de outros direitos vai sendo sublinhada. Este é um dos aspectos centrais da extraordinária obra do sociólogo Herbert de Souza, que prefiro chamar fraternalmente de Betinho.

Talvez possa alguém perguntar: e onde fica a vocação para o *ser mais*? Fica onde mulheres e homens a puseram ao longo da história de suas lutas. Fica na *natureza humana* como tal, historicamente condicionada. É exatamente por isso que o *ser mais* é *vocação*, não é *dado dado*, nem *sina* nem *destino certo*. É *vocação* como pode, distorcendo-se, virar *desumanização*. Por isso é que viver a *vocação* implica lutar por ela, sem o que ela não se concretiza. É neste sentido que a liberdade não é presente que recebemos, mas direito que ora conquistamos, ora preservamos, ora aprimoramos, ora perdemos. Em que pese ontológica, a humanização anunciada na vocação não é inexorável, mas problemática. Tanto pode concretizar-se quanto pode frustrar-se. Depende do que estaremos fazendo do nosso *presente*.

O futuro não é uma província histórica mais além do hoje à espera de que lá cheguemos um dia e façamos a operação de acrescentar este *amanhã* já *feito* ao *hoje*, tornando-se velho e superado. O futuro nasce do presente, de possibilidades em contradição, do embate travado pelas forças que dialeticamente se opõem. Por isso mesmo, como sempre insisto, o futuro não é um *dado dado*, mas um *dado dando-se*. O futuro é *problemático* e não *inexorável*. Só numa "dialética domesticada" se fala do futuro como algo já sabido. Numa perspectiva verdadeiramente dialética, o *sonho* que nos move é uma possibilidade por que devo lutar para que ela se realize. E se luto com muitos outros e outras para a sua efetivação é porque há forças que, opondo-se à razão de ser de nossa luta, se batem, por exemplo, pela manutenção de privilégios inconfessáveis de que resulta o reinado de alarmantes injustiças — milhões de indivíduos famintos, milhões de meninas e meninos proibidos de vir às escolas, outros milhões delas sendo expulsos quase após nelas entrar, um número incalculável de pessoas morrendo por falta de um mínimo de recurso médico-hospitalar. O desrespeito aos mais mínimos direitos da maioria da população pelo arbítrio da minoria no poder. A desfaçatez, a impunidade, a desvergonha que vêm gerando a desesperança das maiorias que eu temo esteja chegando às vésperas do limite possível.

É no presente concreto, dinâmico, contraditório que se trava a luta de que emerge o futuro. Só o passado enquanto tempo *vivido*, dando-se à nossa análise, à nossa compreensão, não pode ser transformado. Pode ser compreendido, aceito, recusado, jamais mudado. Não nos é possível intervir nele, mas, entendendo seus movimentos contraditórios, atuar melhor no presente. O presente e o futuro são tempos em construção, transitando para o passado.

Um dos equívocos maiores da prática e do pensamento reacionários é julgar que "imobilizando" o presente podem transformar o futuro na pura repetição do presente. Acontece que, quando o amanhã do hoje vira novo hoje em face de outro amanhã problemático, e não inexorável, o novo hoje jamais é a pura repetição do anterior hoje.

Estou convencido de que, no hoje em construção que vivemos, uma das experiências a ser mais enfatizadas com vistas à melhoria ou ao aperfeiçoamento da democracia entre nós, considerando-se, sobretudo, nossa forte tradição autoritária, é a da criação do gosto pela *liberdade*. Gosto que não cresce e se robustece na ausência da responsabilidade. Há responsabilidade no exercício da liberdade, quando esta vai assumindo eticamente os limites que a autenticam.

Propor situações concretas aos educandos para que eles e elas se manifestem em torno do respeito ou do desrespeito a direitos e deveres, à negação da liberdade, à falta de ética no trato da coisa pública é prática indispensável a uma educação progressista.

Envolver a juventude no acompanhamento do que vem revelando a CPI do Orçamento no Congresso Nacional, ora através da leitura da imprensa, ora de programas de televisão, é prática de indiscutível valor. Mais importante ainda será se a juventude estudantil, convocada por seus órgãos, vier às ruas, às praças e, apoiando o esforço da CPI do Orçamento, fizer a crítica merecida aos infiéis, exigindo sua punição.

Não podemos, não importa a idade que tenhamos, a cor da nossa pele, o sexo a que pertençamos, a compreensão da sexualidade que tenhamos, deixar que a nossa democracia em aprendizagem se afogue em novo "mar de lama".

Ensinar democracia é possível. Para isto, contudo, é preciso testemunhá-la. Mais ainda, testemunhando-a, lutar para que ela seja vivida, posta em prática ao nível da sociedade global. O que quero dizer é que o ensino da democracia não se dá através apenas do discurso *sobre* a democracia, não raro contraditado por comportamentos autoritários. O ensino da democracia implica também o discurso sobre ela, não abstratamente feito, mas sobre ela ao ser ensaiada e experimentada. Discurso crítico, bem-fundado, que analisa, concretamente, os seus descompassos, suas incoerências. Discurso teórico, emergindo da compreensão crítica da prática, eticamente baseado. Não entendo como possamos conciliar a radicalidade democrática pela qual lutamos com uma compreensão *cinzenta, insossa, fria,* da prática educativa realizando-se em salas resguardadas do mundo, com educadores e educadoras que apenas *depositam* conteúdos nas *cabeças vazias* de submissos educandos.

Levando em consideração a falta de experiência democrática em que crescemos, não pode o ensino da democracia, de modo nenhum nocional, palavresco, jamais compactuar com os "sabe com quem está falando?" e com os "já disse, não há nada mais de que falar".

Na verdade, nossa democracia em processo de aprendizagem tem, em todos os níveis, de empenhar-se ao máximo no sentido de evitar tanto o autoritarismo quanto a licenciosidade, a que sempre nos expõe nossa inexperiência democrática. Nem o professor que, inseguro, não consegue afirmar sua autoridade nem tampouco o que, arrogante, a exacerba, mas o professor que, jamais negando-se enquanto autoridade, jamais nega, tampouco, a liberdade dos educandos.

Autoritarismo e licenciosidade não são caminhos que levem à democracia ou que a façam aperfeiçoar-se.

Ensinar democracia é possível, mas não é tarefa para quem se desencanta da terça para a quarta-feira somente porque as nuvens ficaram pesadas e ameaçadoras.

Ensinar democracia é possível, mas não é tarefa para quem pensa que o mundo se refaz na cabeça das pessoas bem-intencionadas.

Ensinar democracia é possível, mas não é tarefa para quem, só paciente, espera tanto que perde o "trem da história", como não é tarefa para quem, só impaciente, põe a perder seu próprio sonho.

Ensinar democracia é possível, mas não é tarefa para quem percebe a história e nela atua mecanicistamente, para os voluntaristas, "donos" da História.

Engajar-se em experiências democráticas, fora de que não há ensino da democracia, é tarefa permanente de progressistas coerentes que, compreendendo e vivendo a história como possibilidade, não se cansam de lutar por ela, democracia.

Esta é a demanda que nos faz aos progressistas a atualidade brasileira de cujo ser fazem parte contraditoriamente, de um lado, as tradições antidemocráticas, de outro a emersão popular no ensaio de superação do ciclo de governos militares inaugurado como Golpe de Estado de 1º de abril de 1964.

É esta a exigência que nos faz a sociedade brasileira atual, a de não perder tempo, a de não deixar para amanhã o que pudermos fazer hoje, quanto ao caráter democrático, ético, de nossa prática. Quanto mais dramaticamente vivamos a contradição entre a herança bem viva, antidemocrática, e o gosto recente da liberdade, tanto mais devemos competente e responsavelmente estimular o gosto novo da liberdade.

A luta, no Brasil, pela democracia, passa por uma série de possíveis ângulos a ser política e pedagogicamente tratados — o da justiça, sem a qual não há paz, o dos direitos humanos, o do direito à vida, que implica o de nascer, o de comer, o de dormir, o de ter saúde, o de vestir, o de chorar os mortos, o de estudar, o de trabalhar, o de ser criança, o de crer ou não, o de viver cada um e cada uma a sua sexualidade como bem lhe aprouver, o de criticar, o de discordar do discurso oficial, o de ler a palavra, o de brincar não importa a idade que se tenha, o de ser eticamente informado do que ocorre no nível local, no regional, no nacional e no mundial. O direito de mover-se, de ir e de vir. O direito de não ser discriminado nem do ponto de vista do sexo, da classe, da raça ou por outra razão qualquer, como por ser demasiado gordo ou gorda ou demasiado magro ou magra.

Corresponde a esses direitos um dever fundamental: o de nos empenhar no sentido de viabilizá-los. No fundo, é o dever de, se reconhecidos, sem sombra de dúvida, esses direitos, por eles lutar incessantemente, não importa qual seja a nossa ocupação na sociedade. Esta é uma luta política à qual indiscutivelmente a prática educativa criticamente realizada oferece indispensável contribuição. Se, por um lado, a prática educativa não é a chave para as necessárias transformações de que a sociedade precisa para que aqueles direitos e outros tantos se encarnem, de outro, sem ela, essas transformações não se dão.

A uma maior clareza da "leitura do mundo" que façam as classes populares proveniente da ação educativa pode corresponder uma intervenção política de que decorre um avanço fundamental no processo de aprendizagem da democracia.

O que educadoras e educadores progressistas precisam fazer é trazer a vida mesma para dentro de suas salas de aula. Fazendo uma leitura crítica da cotidianidade, analisar, com os educandos, os fatos chocantes, os descompassos de nossa democracia. Submeter aos educandos exemplos de discriminação retirados da experiência do dia a dia, discriminação de raça, de classe, de sexo; exemplos do desrespeito à coisa pública, de violência, de arbítrio. Analisá-los como pontos de agressiva contradição ao que venho chamando *vocação para o ser mais* de mulheres e de homens que, ao longo da história, se veio constituindo como sua natureza. Como pontos de contradição também à autenticidade da vida democrática. Na verdade, uma democracia em que essas discriminações e esses desrespeitos ocorrem impunemente tem muito ainda o que aprender, o que fazer para purificar-se.

Não que eu creia possível a existência, um dia, de uma democracia a tal ponto perfeita que esses desrespeitos inexistam.

O sonho possível é a democracia em que os desrespeitos se dão, mas os desrespeitadores, quem quer que sejam eles ou elas, são severamente punidos de acordo com a lei. O acerto ou o valor da democracia não está na santificação de mulheres e de homens, mas na rigorosidade ética com que trata os desvios da própria democracia de que somos capazes como seres históricos, inconclusos, inacabados. Nenhuma democracia pode esperar que sua prática tenha força santificante.

A boa democracia adverte, esclarece, ensina, educa, mas também se defende das ações de quem, ofendendo a natureza humana, a nega e a rebaixa.

É preciso também, na crítica que fazemos a nós mesmos, reconhecer que a explosão sucessiva de escândalos, da participação direta na corrupção da figura do ex-presidente da República, de ministros de Estado, de senadores, de deputados, de empresários, de magistrados, que a denúncia pública desses desvios representa um indiscutível avanço democrático. Outro avanço por que devemos lutar será a punição rigorosa aos infiéis. E é preciso também sublinhar a nós mesmos que sequer um deputado, um senador, o presidente, que nenhum deles chegou à Câmara, ao Senado ou à presidência sem o voto de alguém. A conclusão a que se chega é que precisamos, no mínimo, de votar melhor, a que se junta a certeza de que à democracia em aprendizado que vivemos devemos somar mais democracia, jamais substituída por governos de exceção. Não se aprende nem se aperfeiçoa democracia com golpes de Estado. É pura ingenuidade acusar-se a democracia brasileira dos desmandos e dos desvios éticos, como se os governos de exceção tivessem constituído uma província histórica imune à corrupção. Pelo contrário, é exatamente porque nossa democracia melhorou ou se fez mais democracia que estamos sabendo o que nos deixa estupefatos.

O pensamento ingênuo é que, apreendendo mal a razão de ser dos fatos, percebe defeito no que é virtude. Se não fosse pela democracia que estamos experimentando, apesar de suas idas e vindas, nada disso estaríamos sabendo.

Um golpe de Estado hoje nos atrasaria tanto quanto ou mais do que o Golpe de 64 e nos deixaria tantas sequelas quantas aquele nos deixou.

Os regimes autoritários são em si uma contradição, uma negação profunda da natureza do ser humano, que, indigente, inconcluso, necessita da liberdade para ser, como o pássaro precisa do horizonte para voar.

Que longe, bem longe de nós fique a possibilidade de novo golpe, sonho de inveterados reacionários, amorosos da morte e inimigos da vida.

15ª Carta
O PROCESSO DE LIBERTAÇÃO: A LUTA DOS SERES HUMANOS PARA A REALIZAÇÃO DO *SER MAIS*

"Desde os inícios, até mesmo no tempo mais indeciso, quase nebuloso, em que começava a visualizar o processo de libertação, jamais pude entendê-lo como expressão da luta individual dos homens e das mulheres, mas, por outro lado, sempre recusei a inteligência dele como fenômeno puramente social no qual se diluísse o *indivíduo*, manifestação pura da classe."

O GOSTO EM MIM DA LIBERDADE QUE ME FEZ, desde a mais tenra infância, sonhar com a justiça, com a equidade, com a superação dos obstáculos à realização jamais absoluta, na história, do que viria a chamar a vocação humana para o *ser mais*, me engajou até hoje, à minha maneira, na luta pela libertação de mulheres e de homens. O gosto da liberdade gerando-se no amor à vida, no medo de perdê-la.

Este veio se tornando o tema central, fundamental, que venho tratando, ora de forma explícita, ora não, em todos os textos que tenho escrito. Tema central também na maioria dos encontros de que tenho tomado parte, no Brasil e fora dele.

Em *Educação como prática da liberdade*, em *Pedagogia do oprimido*, em *Educação e mudança*, em *Ação cultural para a liberdade* e outros escritos, em *Pedagogia da esperança*, em *Professora sim, tia não*,* terei sido mais explícito no tratamento do tema referido. Em alguns mais do que em outros, terei deixado clara a matriz ontológica da luta: a natureza humana que, social e historicamente, se tornou vocacionada ao *ser mais*. Vocacionada e não inexoravelmente destinada ao *ser mais*. Daí que tanto possa realizar-se quanto possa frustrar-se a *vocação*.

Desde os inícios, até mesmo no tempo mais indeciso, quase nebuloso, em que começava a visualizar o processo de libertação, jamais pude entendê-lo como expressão da luta individual dos homens e das mulheres, mas, por outro lado, sempre recusei a inteligência dele como fenômeno puramente social no qual se diluísse o *indivíduo*, manifestação pura da classe.

Pelo contrário, complexo e plural, o processo de libertação se envolve com quantas dimensões marquem fundamentalmente o ser humano: a classe, o sexo, a raça, a cultura.

Da mesma forma como jamais pude aceitar que a luta de libertação pudesse ser restringida à briga de indivíduos, jamais aceitei também que ela pudesse ser reduzida à luta das mulheres contra os homens, dos negros contra os brancos. A luta é dos seres humanos pelo *ser mais*. Pela superação dos obstáculos à real humanização de todos. Pela criação de condições estruturais que tornem possível o ensaio de

---

* Com exceção de *Professora sim, tia não*, publicado por Olho d'Água, São Paulo, em 1993, todos os outros livros são edições da Paz e Terra.

uma sociedade mais democrática. A luta não é, como disse na carta anterior, e vale a pena repetir, por uma sociedade democrática a tal ponto perfeita que suprimisse, de uma vez por todas, o machismo, o racismo e a exploração de classe. A luta é pela criação de uma sociedade capaz de se defender punindo os infratores com justiça e rigor, por uma sociedade civil capaz de *falar*, de *protestar* e sempre disposta a lutar pela realização da justiça. A luta, afinal, não é pela santificação de homens e de mulheres, mas pelo reconhecimento deles e delas como gente finita, inacabada, histórica, por isso mesmo capaz de, negando a *bondade*, tornar-se *malvada;* **mas, reconhecendo a *bondade*, tornar-se amorosa e justa.**

É bem verdade que na luta de libertação não é possível esquecer ou minimizar aspectos específicos que caracterizam as relações mulher-homem, negro-branco, classe trabalhadora-classe dirigente. Mas, para mim, o reconhecimento dessas especificidades não é suficiente para que nenhum dos grupos de contradição se converta no *focus* do processo e esgote a importância dos outros. No fundo, não posso reduzir a luta das mulheres à luta de classe, a luta contra a opressão da branquitude à luta de classes também, mas, por outro lado, não posso prescindir da compreensão do papel das classes sociais, mesmo numa sociedade tão complexa quanto a norte-americana, para o meu entendimento do racismo e do machismo. Para as próprias táticas de minha luta.

Às vezes me criticam porque, dizem, eu não dei atenção às situações em que, ambíguos, os indivíduos se experimentam como oprimidos e, em seguida, como opressores. Em primeiro lugar, devo dizer que me tenho referido a essa ambiguidade, até com insistência, em diferentes textos, quando discuto as *virtudes* dos educadores e educadoras progressistas. Entre essas virtudes saliento a *coerência*, que, exigindo de nós *humildade*, sublinha no nosso comportamento a contradição de nossa opção verbalizada. Fazemos um discurso progressista e temos uma prática reacionária. É o caso, por exemplo, de uma professora que, lutando contra a discriminação machista, tem, contudo, uma prática pedagógica opressiva. Na sua tarefa acadêmica de orientar estudantes pós-graduados na produção de suas teses se comporta de tal maneira autoritariamente que pouco espaço para criar e para se aventurar intelectualmente lhes resta. Esta professora hipotética, mas muito fácil de ser encontrada, é a um tempo oprimida e a outro opressora. É uma incoerente. A sua luta contra a violência machista perde a força e vira um blá-blá-blá inconsequente. Para a autenticidade de sua luta ela necessita superar a *incoerência* e, assim, ultrapassando o blá-blá-blá, diminuir a distância entre o que diz e o que faz.

Na medida em que a professora de nosso exemplo reflita criticamente sobre sua prática é possível perceber que, em última análise, na relação entre sua autoridade de professora e as liberdades de seus alunos, ela os vem oprimindo, e isto contradiz o seu discurso e sua prática antimachista. Desta forma, das duas uma: ou assume cinicamente seu autoritarismo e continua falsamente sua luta feminista ou, rejeitando-o, revê suas relações com os estudantes para que, assim, possa continuar sua luta antimachista. É a mesma coisa que ocorre com o homem que, dizendo-se progressista, faz discursos veementes em defesa da libertação da classe trabalhadora, mas, em casa, é *proprietário* da mulher.

É por isso que eu defendo a prática do *desnudamento* do contraditório ou da contraditória. A prática de não deixá-lo ou deixá-la em paz. Afinal, o cinismo não é arma indicada para a reconstrução do mundo.

Insistamos contudo em que a incoerência é uma possibilidade e não um dado dado em nossa existência. A viabilidade da incoerência deve desafiar-me para que não seja por ela enredado. A minha humildade me ajuda na medida em que me adverte para o fato de que posso também cair na incoerência. Por outro lado, o fato de reconhecer tantas possibilidades de incoerência quantos possam ser os diferentes tipos de relações em que coexiste num mesmo indivíduo o rol de dominado e de dominador não é suficiente para obstaculizar o processo de libertação. Me lembro de que na *Pedagogia do oprimido* me refiro a isso citando Fanon e Memmi.*

No fundo, o oprimido introjeta o opressor que passa a viver nele. Daí a ambiguidade do oprimido, que é ele e o opressor dentro dele.

No que Fanon chama "violência horizontal", em que o oprimido fere e maltrata o oprimido como se fosse opressor, em última análise é o oprimido matando o opressor no oprimido.

Há outro lado a ser pensado na problemática educativa progressista. É o que diz respeito às relações professor/professora-alunos.

Na verdade, nos estudos posteriores à *Pedagogia do oprimido*, tentei maior clareza ao procurar analisar as relações professor-alunos. Tenho insistido no sentido de deixar claro

---

* Fanon, Franz. Os *condenados da terra*; Memmi, Albert. *Retrato do colonizador precedido do retrato do colonizado*.

que professor e alunos são diferentes, mas, se o professor tem uma opção democrática, não pode permitir que sua diferença em face dos alunos vire antagonismo. O que vale dizer, que sua autoridade se exacerbe em autoritarismo. Mais uma vez, estamos diante da *incoerência* de que falei. O professor ou professora fazendo um discurso democrático e tendo uma prática autoritária.

De qualquer modo, contudo, na *Pedagogia do oprimido* eu dizia: "O educador se põe frente aos educandos como sua antinomia necessária. Reconhece na absolutização da ignorância daqueles a razão de sua existência. Os educandos, **alienados, por sua vez, à maneira do escravo na dialética** hegeliana, reconhecem em sua ignorância a razão da existência do educador, mas não chegam nem sequer, ao modo do escravo naquela dialética, a descobrir-se educadores do educador.

"Na verdade, como mais adiante discutiremos, a razão de ser da educação libertadora está no seu impulso inicial conciliador. Daí que tal forma de educação implique a superação da contradição educador-educando, de tal maneira que se façam ambos simultaneamente educadores e educandos.

"Na educação bancária... não se verifica nem pode verificar-se esta superação."

Se a opção do professor é realmente democrática, ao constatar sua incoerência não tem outro caminho senão diminuir a distância entre o que diz e o que faz. Nenhum progressista, mulher ou homem, não importa a profissão, escapa a esta possibilidade de contradizer-se que tem sua superação no exercício da coerência. Do ponto de vista de qualquer que seja a visão político-pedagógica que tenhamos, como quer que a chamemos, pedagogia feminista, pedagogia radical, pedagogia crítica, pedagogia libertadora, pedagogia construtivista, precisamente porque progressista, enfrentando esse problema teremos de buscar, por este ou aquele caminho, a superação da contradição representada na incoerência.

Como pode um professor racista falar de democracia a não ser de uma democracia muito especial que vê na negritude a razão de sua deterioração?

Como pode um professor machista falar de democracia a não ser de uma democracia imune à presença da mulher?

Como pode um professor elitista falar de democracia a não ser de uma democracia que, crescendo apenas *com* e *para* a aristocracia, fenece com a presença nela das classes populares?

Não há sombra de dúvida de que a fim de o professor racista, de o professor machista, de o professor elitista, que falam de democracia e se dizem progressistas, poderem realmente comprometer-se com a *liberdade*, é preciso que façam sua *"páscoa"*: que "morram" como *machista*, como *racista*, como *elitista* para *"renascer"* como verdadeiros progressistas, inscritos na luta de reinvenção do mundo. O que não é possível é continuar na ambiguidade que sua incoerência provoca — discurso progressista, prática reacionária. E como, entre o que se diz e o que se faz é o que se faz que ajuíza o que se diz, é como antidemocráticos e reacionários que eles serão vistos e compreendidos. Sua luta pela democracia nem tem validade ética nem eficácia política.

Em última análise, não é a autoridade necessária do professor ou da professora que os faz obstáculos à libertação. A autoridade do professor, como salientei na carta anterior, é indispensável ao desenvolvimento da liberdade do educando. O que frustra o processo é a exacerbação da autoridade do professor, que o torna autoritário, ou o seu esvaziamento, que gera o clima licencioso.

O saber acumulado do professor ou da professora, que obviamente reforça sua autoridade, não é também, em si, razão para antagonizar os polos da prática educativa.

O professor arrogante, cheio de si, que ironiza a "ignorância", por ele considerada absoluta, dos alunos é que se torna inconciliável com a democracia, com a liberdade.

Assim, não são a autoridade do professor, seu real saber que trabalham contra a liberdade, mas seu autoritarismo, sua arrogância, sua visão incorreta do que é conhecer.

Creio importante sublinhar este ponto porque, às vezes, somos levados a considerar que a contradição entre professor e alunos é sempre *inconciliável*. Na verdade, não. A *contradição* original entre professor e alunos tanto pode tornar-se *inconciliável* quanto *conciliável*.

Se minha opção político-ideológica é democrática, libertadora, e eu sou coerente com ela, a contradição que vivo com a liberdade dos alunos é *conciliável*.

Foi por isto que, na página 67 da *Pedagogia do oprimido*, disse: "Na verdade, como mais adiante discutiremos, a razão de ser da educação libertadora está no seu impulso *conciliador*. Isto porém não significa que o educador deixa de ser educador e para de ensinar e que o aluno para de aprender e deixa de ser aluno. O que o educador deve fazer, se é real e coerentemente democrata, é, 'cuidando' bem de sua autoridade, exercê-la. E a melhor forma que tem o professor de cuidar de sua autoridade é respeitar a liberdade dos alunos."

O fato de reconhecer, desde *Educação e atualidade brasileira*, minha tese universitária de 1959,[34] que a ação dos homens e das mulheres se dá numa realidade tempo-espacial onde também se geram suas ideias, e que não é possível desconhecer os condicionamentos históricos, culturais, éticos, raciais e de classe a que estamos submetidos, não é possível também esquecer a razão de ser ontológica para minha decisão de lutar em favor da libertação dos oprimidos.

O gosto da liberdade, o amor à vida, que me faz temer perdê-la, o amor à vida, que me situa num permanente movimento de busca, de incessante procura do SER MAIS, como *possibilidade*, jamais como *sina* ou *fado*, constituem ou vieram constituindo social e historicamente a *natureza humana*. Uma das coisas, se não a que mais me agrada, por ser gente, é saber que a história que me faz e de cuja leitura participo é um tempo de possibilidade, e não de determinismo. É por isso que, responsável em face da possibilidade de ser e do risco de *não ser*, minha luta ganha sentido. Na medida em que o futuro é problemático, e não inexorável, a *práxis* humana — ação e reflexão — implica decisão, ruptura, escolha. Implica ética.

Os condicionamentos concretos de sexo, de raça, de classe, que não posso minimizar, não podem por outro lado sobrepor-se à razão ontológica. É por isso que, embora me reconhecendo homem, brasileiro do Nordeste, nascido numa certa classe, numa certa família, numa certa geração, tendo recebido determinadas influências na infância, na adolescência, na maturidade, o meu compromisso enquanto me bato pela libertação é fundamentalmente leal àquele gosto da liberdade, àquele amor à vida, àquele senso de justiça.

A nossa luta, como mulher, como homem, como negro, negra, como operária, como brasileiro, norte-americana, francês ou boliviana, em que pesem os diferentes e importantes condicionamentos de sexo, de cor, de classe, de cultura, de história que nos marcam, é a que, partindo da concretude condicionante, converge na direção do SER MAIS, na direção dos objetivos universais. Ou, para mim, pelo menos, não tem sentido a luta.

Uma das razões, segundo entendo, do fracasso não do socialismo, mas do que se chamou "socialismo realista", foi o seu *desgosto* da liberdade, seu autoritarismo, sua "burocratização mental" que reduzia a vida à imobilidade. Foi a concepção mecanicista da história que, negando a história como *possibilidade*, anula a liberdade, a escolha, a decisão, a opção e termina por negar a própria vida.

16ª Carta
O PAPEL DO ORIENTADOR DE TRABALHOS ACADÊMICOS NUMA PERSPECTIVA DEMOCRÁTICA

"Não é possível, é verdade criar sem séria disciplina intelectual, mas também não é possível criar sob um sistema de regras fixas, rígidas, impostas por alguém."

GOSTARIA DE FAZER AGORA ALGUMAS CONSIDERAÇÕES em torno de um problema de que um e outro aspecto fazem parte constantemente de conversas de corredor de nossas universidades.

Refiro-me ao problema da orientação de dissertações de mestrado ou de teses de doutoramento.

Parto do reconhecimento da tarefa da orientação como necessária ao esforço do orientando para escrever seu trabalho acadêmico. Como prática auxiliar a orientação deve ser a ajuda que o orientador oferece ao orientando no sentido de que este se ajude.

O papel do orientador, por isso, não pode ser o de programar a vida intelectual do orientando, estabelecendo regras sobre o que ele pode e não pode escrever. O papel do orientador que realmente *orienta*, que acompanha as dúvidas do orientando, a que sempre junta mais dúvidas, é, de maneira aberta, amiga, ora aquietar, ora inquietar o orientando. Aquietar com resposta segura, com sugestão oportuna, com bibliografia necessária, que o levarão contudo a nova inquietação. A quietude não pode ser um estado permanente. Só na relação com a inquietude é que a quietude tem sentido. A vida, que é movimento constante de busca, de procura, não pode, em nenhum de seus múltiplos momentos, como o em que escrevemos dissertações ou teses, ser imobilizada. As relações entre orientador e orientando, mais do que estritamente intelectuais, devem ser afetivas, respeitosas, capazes de criar um clima de mútua confiança que estimula em lugar de inibir a produção do orientando.

O papel do orientador é discutir com o orientando quantas vezes sejam necessárias, no limite de seu tempo, o andamento de sua pesquisa, o desenvolvimento de suas ideias, a agudeza de sua análise, a simplicidade e boniteza de sua linguagem ou as dificuldades com que se defronta o orientando no trato de seu tema, na consulta à bibliografia, no próprio ato de ler e de estudar. A lealdade com que ele discute temas e pessoas no seu texto. Não, obviamente, para impor ao orientando sua forma pessoal de estudar, de analisar, de consultar e citar documentos, mas para apoiar os procedimentos do orientando ou para deixar clara sua posição contrária que, porém, não pode ser a ele imposta.

O papel do orientador é valorizar o empenho do orientando ou criticar sua inoperância. Silenciar ante o seu esforço, de que está resultando uma produção séria, é tão prejudicial quanto silenciar em face do descaso por sua tarefa. No fundo, se progressista, o orientador nem pode atuar autoritariamente nem tampouco licensiosamente. Nem pode emudecer frente ao mérito do orientando nem em face do seu demérito.

O papel do orientador é viabilizar variadas fontes de informação em torno da temática do orientando, chamar sua atenção para este ou aquele documento mais raro, é estimular e mediar encontros do orientando com outros intelectuais do mesmo campo ou de campo afim a seu interesse científico. É ajudar o orientando a ajudar-se. Afinal, o que interessa centralmente à Academia, ao orientando, ao orientador e à sociedade é a formação científica tão boa quanto possível do orientando.

O papel do orientador, obviamente, numa perspectiva democrática, não é o de, apropriando-se do orientando, escolher por ele o assunto da dissertação, seu título e ainda impor-lhe o estilo, o número de páginas a escrever, a linha político-ideológica do trabalho e a extensão das citações.

Um ponto que me parece pacífico: tanto orientador quanto orientando têm o direito de recusar trabalhar em oposição um ao outro. Não há, tampouco, exigência de prazo para pôr-se fim às relações entre ambos. No momento em que, por "mil razões", ocorre nelas um descompasso, a Academia não tem outra coisa a fazer senão aceitar que novas relações se estabeleçam.

O que o orientador não pode também é, no dia do exame, depois de ter sido intelectualmente solidário com o orientando durante o processo da orientação, por não importa qual a razão surpreender o orientando com um discurso adverso à sua tese. Um orientador que assim procede só se sente livre para fazê-lo porque jamais tem sua avaliação avaliada. O pior, possivelmente, de um tal procedimento é o testemunho que ele dá aos estudantes da falta de ética que, enfeando a vida acadêmica, nos diminui.

O que não apenas pode mas deve é, de maneira comprometida, apaixonada mesmo, se convencido de equívoco ou de erro do orientando, chamá-lo à compreensão de seu desvio para que ele, o orientando, assumindo-o, o supere.

Há casos, porém, em que não se trata propriamente de erro, mas de divergência de interpretação. Não vejo por que devam coincidir sempre orientador e orientando. O que o mestrando ou doutorando precisa revelar à Academia não é que pensa tal qual o orientador, mas que *ousa pensar* com independência, não importa que, às vezes, se equivocando ou errando. O erro não é pecado, mas parte ou momento do processo de conhecimento.

Uma dissertação pode valer mais pelo que demonstra de curiosidade, de risco, de aventura do espírito, por parte do seu autor, do que outra que, "bem-comportada", revela medo do risco e da ousadia.

Não é possível, é verdade, criar sem séria disciplina intelectual, mas também não é possível criar sob um sistema de regras fixas, rígidas, impostas por alguém. Regras que não podem ser postas em juízo.

O bom orientador, por isso mesmo, é o que, humilde, tanto está atento à contribuição que deve oferecer ao orientando quanto reconhece, sem se sentir diminuído ou zangado, o subsídio importante que o orientando traz a seu campo de estudo.

A Academia não pode nem deve ser um contexto inibidor da busca, da capacidade de pensar, de argumentar, de perguntar, de criticar, de duvidar, de ir mais além dos esquemas preestabelecidos. Por isso é que, fiel a seus objetivos críticos, não pode prender-se a um só modelo de pensamento, correndo assim o risco de perder-se na estreiteza sectária.

Creio dever ser também uma das preocupações do orientador, no começo de sua atividade com o orientando, a quem auxilia no esforço de trabalhar sua dissertação ou sua tese, com ele discutir o que significa escrever um texto. O que significa escrever um texto necessariamente implica o que significa ler um texto. É quase impossível escrever sem superar algumas das dificuldades que escrever nos coloca, sem o exercício crítico da leitura. Em primeiro lugar, eu leio o que os outros escrevem, e escrevo para que outros leiam o que escrevi. Na medida em que exercito minha curiosidade crítica na leitura de um texto e vou dominando o processo de produção de sua inteligência, em lugar de procurá-la feita, elaborada, repousando no texto e lá deixada por seu autor, eu estou me preparando para escrever. A possibilidade de participar da criação da compreensão do texto me torna capaz também de reescrevê-lo.

Para quem quer e precisa escrever o melhor caminho é ler bem e bastante a que corresponde escrever com respeito ao tema, com elegância e boniteza. Escrever diariamente uma nota sobre fato referido no noticiário da televisão, uma carta mesmo que não a remeta a ninguém, um comentário sobre leitura feita de livro ou de revista.

O fundamental é escrever levando em consideração a clareza do texto, a capacidade de dizer o que precisava ser dito, o bom gosto da linguagem.

Tenho insistido, em trabalhos anteriores, em que não há antagonismo entre escrever com rigor e escrever bonito. Tenho enfatizado que a busca da boniteza na produção de texto não é dever apenas dos artistas da palavra, mas de todos e de todas que escrevemos.*

Por isso sempre me pareceu importante juntar à leitura indispensável à fundamentação da tese ou da dissertação a de bons escritores, bons romancistas, bons poetas, bons biógrafos.

Só se tem o que ganhar com a convivência com a sonoridade da frase, com a clareza da exposição, com a leveza do estilo. Obviamente que a sonoridade da frase ou a leveza do estilo só são valores quando associadas à importância do conteúdo. Daí que fale de sonoridade da frase, de leveza do estilo e não de blá-blá-blá. O palavreado oco, sim, é que não atende nem às justas exigências da Academia nem à rigorosidade das boas editoras. Neste sentido é que, não podendo um texto ser tese, não pode igualmente ser livro. O que me parece estranho é poder um texto ser bom livro mas não ter nível de tese. Neste caso, uma das duas está errada: a Academia ou a editora.

Certa vez, coordenando um curso de férias de um mês, em universidade estrangeira, com duas horas diárias dedicadas a entrevistas com alunos e alunas, tive uma longa conversa com uma delas sobre seu projeto de tese. Era um texto bem-escrito, que falava com clareza dos diferentes passos do trabalho. Em certo momento, levantei uma questão em torno da neutralidade da educação e disse de minha discordância. Com ar triste, ela me respondeu também não aceitar o tratamento que estava dando à educação, mas que assim pensava seu orientador.

Estou totalmente convencido de que em casos como este a posição correta do orientador seria: discordando da

---

* Ver Freire, Paulo. *Pedagogia da esperança*; e *Professora sim, tia não*.

orientanda, falar de sua posição contrária à dela e justificá-la. Se, porém, ela insistisse na não neutralidade da educação, caberia ao orientador, primeiro, renunciar à sua tarefa ou, segundo, o que me parece seria prova de sua *tolerância*, continuar na orientação mas reservar-se o direito de, eticamente, se contrapor, no exame, à posição da orientanda. No caso em apreço, o orientador, autoritariamente, impôs sua opção político-ideológica à orientanda, que se curvou a seu autoritarismo.

Participei, na Pontifícia Universidade Católica de São Paulo, de excelente experiência no campo da orientação de dissertações e de teses, ao lado da professora Ana Maria Saúl, até recentemente vice-reitora da mesma universidade.

Nos reuníamos cada quinze dias com alunos e alunas da pós-graduação ligados ao programa para discutir o relato que cada uma ou cada um fazia do processo de redação de sua dissertação ou de sua tese.

Eram reuniões de três horas, com pequeno intervalo para o café. No primeiro momento um dos participantes falava, partindo de sua chegada mesma ao programa, de sua entrevista inicial, de suas incertezas, de suas dúvidas, da dificuldade ou não de fazer perguntas de que poderia nascer seu tema ainda nebuloso e vago. Falava, afinal, de sua caminhada. Dos diferentes instantes do largo processo de produção de seu documento acadêmico.

Em seguida, submetíamos seu relato a um debate, quase sempre rico de indagações e de sugestões.

Cada um se via um pouco na experiência do outro nas dificuldades para pôr no papel o discurso ainda como pensamento organizando-se. Dificuldades para expressá-lo na linguagem escrita. O exercício oral de expor e de debater sua prática acadêmica, o de falar como pensa seu tema, o de como lê uma bibliografia fundamental, o de como trabalha com seu orientador terminava por auxiliar cada um no esforço de escrever sua dissertação ou sua tese.

Na verdade, do processo de escrever a tese faz parte *falar* sobre o projeto. O momento oral deve preceder o da escrita de que devemos voltar à fala, tanto quanto possível sobre o que estamos escrevendo. Falar sobre o que se pretende escrever, falar do que já se está escrevendo nos ajuda a melhor escrever o ainda não escrito ou reescrever o escrito mas não terminado.

Algumas vezes o orientador de um ou outro participante do grupo comparecia ao seminário, contribuindo com sua crítica ou seu comentário para o relatório em discussão.

Nunca fizemos uma avaliação objetiva das reuniões, mas, a julgar pela riqueza das mesmas, pela atuação crescentemente crítica dos participantes e pelos depoimentos pessoais de alguns ou de algumas delas, não há dúvida em torno de sua eficácia e do acerto em tê-las realizado.

A própria diversidade e pluralidade temática das reuniões contribuía para ampliar o leque dos desafios e da curiosidade. Havia assim, para todos, uma possibilidade de enriquecimento. Não raras vezes, pelo fato mesmo de estar discutindo um tema que não era o seu, um dos participantes se aventurava em sua análise, levantando um aspecto que não havia sido ainda considerado por quem expunha seu trabalho.

Realizadas em grupo, as reuniões, em última análise, proporcionavam visões novas de certos problemas e *revisões* de velhas formas de ver. Visões novas e re-visões provocam a percepção da percepção anterior, a que se junta o conhecimento do conhecimento anterior. Perceber como percebia, conhecer como conhecia implicam finalmente *re-confirmar* o antes firmado ou *firmar* nova forma de perceber ou nova forma de conhecer, indispensável exercício a quem faz uma pós-graduação.

É preciso, por outro lado, que o estudante ou a estudante, em processo de orientação, assuma responsavelmente seu papel. Escrever, de modo geral, é um quefazer prazeroso, mas demandante. Escrever vai virando um ato prazenteiro na medida em que, com humildade e persistência, vamos superando esta ou aquela dificuldade para pôr no papel o nosso discurso sobre o objeto.

A alegria que sentimos ao escrever é o prêmio que recebemos pelo esforço, pela tenacidade com que nos entregamos à tarefa de registrar a nossa inteligência ou a nossa compreensão do objeto.

Mas, por outro lado, não é possível escrever sobre o que não se sabe. É fundamental, por isto mesmo, que eu saiba sobre o que escreverei, quer dizer, que eu delimite o campo de minha busca, vale dizer, que tenha clara a minha pergunta e mais ou menos clara a minha resposta a ela. Sem trabalhar estas exigências com o orientador ou orientadora, sem o levantamento de uma bibliografia básica que cerque o meu tema, escrever a tese é impossível.

Sem rigor, sem seriedade, sem disciplina intelectual, o processo da orientação que envolve orientador e orientando se frustra e deixa de cumprir o que dele se espera.

Escrever sobre um tema implica prévias e concomitantes leituras sobre ele, bem como a leitura de minha própria escrita. E nada disso pode ser feito sem esforço, sem dedicação, sem responsabilidade. É um absurdo que o orientando, sobretudo se bolsista, faça que estuda em vez de estudar e dê a impressão de que trabalha sem levar sua tarefa a sério.

As exigências éticas no trabalho da orientação não se restringem apenas ao orientador. Elas alcançam necessariamente os orientandos também.

De qualquer forma, porém, no processo da orientação, temos de reconhecer e mesmo sublinhar a importância da figura do orientador ou da orientadora. A importância do estímulo, que o orientando recebe do orientador, a repercussão no orientando de um gesto pouco cortês com que o orientador *destrata* o trabalho do orientando. Afinal, o orientando é tão gente quanto o orientador, gente que sente, que sofre, que sonha, que sabe e pode saber mais, que ignora, que precisa de estímulo. *Gente*, não *coisa*!

17ª Carta
O SONHO DA LIBERTAÇÃO E A LUTA CONTRA A DOMINAÇÃO

"Só os mecanicistas, que perdem, sem o saber, a forma dialética de pensar, podem aceitar partejamento do homem e da mulher novos tão simplista quanto o de que falam."

Gostaria de, agora, fazer um exercício diferente. Gostaria de ensaiar uma aproximação crítica a umas poucas entre muitas perguntas que me são feitas, ora por participantes de encontros que coordeno no Brasil ou fora dele, ora por cartas.

São perguntas que giram, de modo geral, em torno de certos núcleos básicos, de certas preocupações fundamentais a propósito do tema da dominação, seja ela de classe, de raça ou de sexo.

Não há nenhuma pergunta de que se possa dizer que é a primeira. Toda pergunta revela insatisfação com respostas dadas a perguntas anteriores. Perguntar é assumir a posição curiosa de quem busca. Não há conhecimento fora da indagação. Fora do espanto. Quem pergunta, por outro lado, deve comprometer-se ou já estar comprometido com o processo da resposta tanto quanto espera que aquele ou aquela a quem pergunta se comprometa. Quer dizer, quem pergunta não pode satisfazer-se com esperar a resposta. É claro que quem pergunta espera resposta, mas quem criticamente pergunta está aberto ou disposto não apenas a lidar com a resposta ou as respostas que lhe deem mas também a tentar sua resposta. Mais ainda, há perguntas que, trazendo em si a resposta de quem as faz, procuram retificá-la ou ratificá-la. Quem faz este tipo de pergunta procura, em última análise, submeter sua afirmação ("resposta") ao juízo daquele ou daquela a quem indaga.

Tenho aqui, na mesa de trabalho, quatro perguntas que me acabam de chegar do Norte e que repetem quase com as mesmas palavras muitas outras que lá recebo.

1. Como explicar os altos níveis de fracasso entre estudantes de cor em sociedades que se consideram progressistas?
2. Podem os oprimidos, em verdade, trabalhar como reais sujeitos em programas progressistas com o opressor?
3. Como explicar que posições discriminadoras de classe, de sexo, de raça perdurem em sociedades que se dizem progressistas?
4. Pode a prática educativa libertadora erradicar manifestações do poder discriminador de classe, de raça, de sexo, numa sociedade progressista?

Creio que o ponto de partida para responder a estas perguntas, não importa por qual delas começar, é a discussão da dominação e da libertação como processos contraditórios e não mecânicos. Não há experiência de dominação que não produza nos e nas que dominam e nos e nas que são dominados posições e atitudes, formas de valorar, de ler o mundo, contrárias umas às outras. Ninguém, pessoa, classe ou grupo dominado até ontem, terça-feira, revelando seu comportamento ambíguo e dual, passa, de hoje em diante, quarta-feira, a ser diferente. O novo homem e a nova mulher jamais serão o resultado de uma ação mecânica, mas de um processo histórico e social profundo e complexo. O novo homem nasce aos poucos, vem tornando-se, não nasce feito. Só os mecanicistas, que perdem, sem o saber, a forma dialética de pensar, podem aceitar partejamento do homem e da mulher novos tão simplista quanto o de que falam. Carregamos conosco e em nós a inexperiência democrática, às vezes vigorosa, que nos marca desde os tempos da colônia, de que são contradição expressões novas ou impulsos novos de democracia. Marcas coloniais que perduram até hoje.

É preciso, na verdade, insistir na natureza processual da história. E a prática progressista, histórica, não seria uma exceção.

Nenhum sonho democrático, nem mesmo o socialista, pode, por outro lado, alimentar em si o ideal de santificação de homens e de mulheres. O de *ser mais*, sim, que é sua vocação histórica. Esta, porém, por isso mesmo que é *vocação* e não *sina* ou *destino certo*, tanto pode ir consolidando-se através da luta libertadora quanto pode, desorientando-se, criar ou intensificar a *desumanização* existente.

Um dos problemas que todas as revoluções tiveram e que a mente mecanicista jamais poderia entender é a permanência de expressões da velha supraestrutura na nova, em contradição com a infraestrutura em processo de criação pela revolução. É que formas de ser, de valorar, de pensar certas crenças como certos saberes do ontem penetram no hoje revolucionário. As novas formas de pensar e valorar não se constituem da terça para a quarta-feira, como num passe de mágica. Uma coisa é tirar uma mesa de um lugar da casa para outro. Basta ter força física para fazê-lo. A outra é mudar um hábito cultural. Convencer, por exemplo, os brasileiros de que feijoada de soja é gostosa.[35]

A velha educação elitista e autoritária, que antes mesmo da revolução no poder era vivida incoerentemente por educadores e educadoras revolucionários, se adentra no tempo da revolução, dificultando a constituição da *nova educação*. Em certo sentido, por outro lado, alguns aspectos ou momentos da nova compreensão e da nova prática educativa, em contradição com a velha supraestrutura da sociedade, começaram a constituir-se no processo mesmo da luta. O envolvimento no conflito parteja a nossa consciência.

Às vezes as contradições se davam, a rigor, entre a permanência das velhas marcas no novo tempo revolucionário e a forma *idealista* de pensar dos revolucionários. Para eles, a nova infraestrutura se constituía da noite para o dia e a nova supraestrutura no mesmo ritmo, mecanicamente.

Tomemos agora, depois de feitas estas considerações, a primeira pergunta: Como explicar os altos níveis de fracasso entre estudantes de cor em sociedades que se consideram progressistas? É que tais sociedades apesar de se pensarem e se proclamarem progressistas e de até possivelmente contarem com um sistema de leis antidiscriminatórias, quase nunca aplicado com equidade, não foram ainda capazes de "morrer" como racistas para "re-nascer" enquanto democráticas.

Na medida em que só no papel a ideologia racista é combatida e em que os discriminados se sentem impotentes ou quase impotentes no apelo à lei, os estudantes de cor continuam numa luta desigual para garantir seus padrões de eficácia.

Os altos níveis de incoerência que essas sociedades revelam entre sua população trabalham em favor de tal descompasso. De um lado, o discurso democrático, apaixonado, de quem se reconhece, misteriosamente, professores de democracia do mundo, salvaguardas dos direitos humanos; de outro, a prática racista malvada, agressivamente contraditória dos reais ideais democráticos. A luta contra o racismo, contra o sexismo, contra a discriminação de classe é uma exigência irrecusável da sociedade democrática e de seu aperfeiçoamento.

Não importa em que espaço escolar trabalhem, na escola básica, na de ensino médio ou na universitária, no ensino profissional ou na educação popular, informal, não têm, educadores e educadoras progressistas, outro caminho senão o da coerência entre seu discurso democrático e sua prática igualmente democrática.

Não é possível falar-se em democracia e ao mesmo tempo aceitar-se sem nenhuma reação o descaso a que se relega o espaço educativo, a educação mesma de crianças pobres, proletárias, negras, como se elas fossem meros *isto*, ontologicamente inferiores ou inferiores de nascença. A conivência com um tal destrato nos faz solidários com ele, o que nos torna menores do que aqueles ou aquelas que, *pequenos*, o fazem por convicção ou por opção ideológico-política.

De estranhar seria que, em sociedades assim, os estudantes de cor não revelassem altos índices de fracasso.[36]

É preciso, me parece, insistir, até com raiva em duas obviedades: primeira, o fracasso dos jovens estudantes negros é êxito do poder racista dominante; segunda, o fracasso dos jovens negros não é de sua responsabilidade, mas da política discriminatória contra eles.

A segunda questão: Podem os oprimidos, em verdade, trabalhar como reais sujeitos em programas progressistas com o opressor?

Não importa que realizada como tática espoliadora, violenta, de classe dominante ou assumida contraditoriamente por quem se apresenta como progressista, a prática opressora é incompatível com o sonho e com a prática progressista.

É mais fácil, porém, pelo menos parece, ao opressor que, homem e branco, discrimina — uma forma de oprimir — a mulher e o negro, em que pese dizer-se progressista, superar sua contradição do que o opressor que o é na razão de sua classe e de seu poder. O opressor em razão de sua classe pode inclusive dizer-se democrata, mas seu ideal democrático tem horizontes demasiado estreitos, não suporta um homem de cor perto dele. A democracia que ele defende se sente em perigo, ameaçada, se as classes populares enchem as ruas e as praças em defesa de seus direitos e de seus interesses. A substantividade democrática exige maior radicalidade ética. Não pode fazer vistas grossas a nenhuma forma de discriminação. Deste ponto de vista, para que progressistas trabalhem lado a lado com um autoritário, antidemocrático, é preciso que os progressistas se tornem reacionários, e o projeto deixe, então, de ser progressista ou que o autoritário se converta à luta progressista.

Outra hipótese que não se enquadraria no espírito da pergunta se pode verificar nas situações em que uma pessoa democrática, por questão de sobrevivência, trabalhe em e não com uma equipe de racistas. Ela sabe, então, como e quando sanar seu mal-estar.

A terceira pergunta tem como centro algo de que já andei falando no trato das questões anteriores. Como explicar que posições discriminatórias de classe, de sexo e de raça perdurem em sociedades que se dizem progressistas? Em primeiro lugar, uma coisa é o discurso oficial da sociedade sobre si mesma, outra é a sua *prática social*. E o que realmente perfila uma sociedade é sua prática social, e não o discurso oficial sobre ela. O discurso oficial porém tem valor, de um lado histórico, de outro, sobretudo, para os progressistas que não só poderão mas deverão usá-lo em sua luta. Usá-lo no sentido de, mostrando a incoerência entre ele e a prática social, cobrar a diminuição crescente da distância entre o que se apregoa no discurso e o que se faz na prática.

Não tenho dúvida, contudo, de que uma das razões por que perduram, na sociedade que se pensa e, em certo sentido, tem sinais progressistas, práticas discriminatórias é a dificuldade que as chamadas minorias dessas sociedades têm para, superando-se a si mesmas, perceber-se como *maiorias*. Perceber-se e comportar-se como maiorias.

Seria muito menos difícil às chamadas minorias acertar suas arestas entre si, num exercício político diário, e lutar unidas do que, debilitadas, cada uma lutando por si, conseguir seus objetivos.*

---

* Ver, a esse propósito, Freire, Paulo. *Pedagogia da esperança*.

Faz parte do sonho da libertação, da busca permanente da liberdade, da vida, a superação processual de todas as formas de discriminação. A educação crítica, desocultadora, joga um papel indiscutível neste processo. E será tanto mais eficaz quanto na experiência cotidiana da sociedade diminua a força dos processos discriminatórios. Não podemos esperar uma prática educativa de natureza libertadora de uma educadora ou de um educador reacionário, da mesma forma que a ação democrática verdadeira pouco efeito tem, se realizada de forma isolada, num contexto pesadamente racista.

A prática política realizada por mulheres e homens amadurecidos, que, reconhecendo criticamente o papel e a necessidade da unidade na diversidade, em si uma prática pedagógica também, é indispensável à luta contra a dominação.

A luta por uma democracia menos injusta, mais eticamente alicerçada, é também uma obra de arte que nos chama e nos espera.

É assim que uma educação libertadora pode ajudar o processo de superação das manifestações do poder discriminatório. Na medida também em que prepare agentes políticos para a intervenção transformadora das estruturas políticas e econômicas do Estado.

18ª Carta
A PROBLEMATICIDADE DE ALGUMAS QUESTÕES DO FIM DO SÉCULO XX

> "A relação senhor-escravo, a que se empreste o mais colorido disfarce, pouco importa, não desumaniza apenas o escravo mas também o senhor. Do ponto de vista ético, e cresce cada vez mais a importância radical da ética, são ambos desumanizados."

GOSTARIA, AGORA, AO ENCERRAR ESTE CONJUNTO de cartas, de propor a quem venha a ler o livro que nascerá delas alguns temas que se vêm pondo a mim como problemas neste fim de século, que é também de milênio. Problemas entre os quais, alguns, emersos recentemente, outros, de há muito presentes na história, mas que, agora, ocupando espaços visíveis, ganham novas cores.

Sei não ser fácil arrolar no fim de um século tocado e desafiado por guerras mundiais, por guerras locais de caráter quase mundial, por transformações radicais de natureza social, política, econômica, ideológica, ética, por revoluções na ciência, na tecnologia, pela superação de crenças, de mitos, mas também pela reativação de alguns como o mito nazista da raça, da nação, pelo retorno à dúvida que põe em juízo a certeza demasiado certa da modernidade, sei não ser fácil arrolar o que nos possa parecer estar sendo fundamentalmente problemático. Problemático para quem vive a última década do velho século mas também para quem viva os começos do próximo.

Alguns pontos de indiscutível complexidade, que envolvem da política à epistemologia, podem ser inventariados.

RELAÇÕES NORTE-SUL

Enquanto centro de poder, o Norte se acostumou a "perfilar" o Sul. O Norte "norteia"* o Sul.

Uma das tarefas nestas relações que o Sul se imporá, espero, é a de, tentando superar sua dependência, começar a ser sujeito também de sua busca; a ser um "ser para si" e não "para o outro", como tem sido.

Muito mais, contudo, do que buscar — mesmo que fosse fácil — trocar de posição: deixar de ser "norteado" e passar a "sulear", não tenho dúvida de que o caminho não seria este mas o da interdependência, em que um não pode ser se o outro não é. Neste caso, ao "nortear", o Norte se exporia ao "suleamento" do Sul e vice-versa.

Sonho impossível? Não! Utopia. Possibilidade.

Na verdade o desequilíbrio entre Norte e Sul, de que resulta a dominação do segundo, a violência do primeiro, o poder exacerbado do Norte, a fraqueza do Sul terminam por afetar os interesses do próprio Norte e prejudicar o avanço global da democracia.

---

* A propósito da ideologia do "nortear", ver Márcia Campos em nota de Ana Maria A. Freire, em Freire, Paulo. *Pedagogia da esperança*.

A relação senhor-escravo a que se empreste o mais colorido disfarce, pouco importa, não desumaniza apenas o escravo mas também o senhor. Do ponto de vista ético, e cresce cada vez mais a importância radical da ética, são ambos desumanizados. Não há, por isso mesmo, o que escolher entre ser dominador ou ser dominado. As indiscutíveis vantagens materiais de quem domina vão se esvaziando em face da resistência, qualquer que seja ela, de quem, ofendido, luta pela restauração ou pela "inauguração" da liberdade. Entre ser dominador ou dominado o caminho é o da utopia, o do sonho possível e concreto da liberdade. O caminho é o da luta sem trégua, bem vivida, astutamente planejada, com a malícia e a sagacidade da serpente e não só com a candura do cordeiro. Saliente-se, por isso mesmo, que a opção não pode ser a da imolação, a da desistência, mas a de quem se afirma na luta crítica em busca de sua autenticidade.

É óbvio que esta não é uma luta fácil. Em primeiro lugar, é luta para gente teimosa, persistente, esperançosa, pacientemente impaciente. Gente hábil, curiosa, sempre disposta a aprender com o diferente, a extrair saber de sua relação com o antagônico; gente politicamente competente, que não se isola, pelo contrário, que amplia, tanto quanto pode, o número de companheiros de luta. Gente tolerante que sabe não ser possível fazer política sem concessão mas que sabe também que conceder não é conivir.

O problema de como trabalhar a unidade dos dominados para enfrentar o dominador comum em favor do objetivo maior, de como superar suas diferenças, em certa fase do processo, é obstáculo quase intransponível. Usando fórmula tão velha quanto ainda eficaz, o dominador divide os dominados entre si e, assim, continua a reinar.

A unidade dos diferentes mais uma vez se impõe se pretendem ser eficazes na sua justa luta.

É interessante observar que, em 1968, ninguém previra o que ocorreria em maio, não apenas em Paris ou Nova York, mas no mundo, mais fortemente numa sociedade, menos noutra. Ninguém pensaria que toda uma geração faria exigências de liberdade, de afirmação pessoal que abalariam os alicerces do poder tradicional e autoritário.

Alguns amigos e companheiros de exílio em Santiago haviam chegado de Paris em abril e tinham estado com cientistas políticos do mais alto nível, latino-americanos e franceses, e, em nenhum momento, um deles sequer havia suspeitado da rebelião a explodir.

Repetiu-se de forma bastante mais profunda recentemente em face de algo que mudou e continua mudando a cara do mundo. O desmoronamento do que se chamou "socialismo realista" e não, no meu entender, do sonho ou da utopia socialista.

Se alguém há dez anos tivesse falado do que aconteceria, mesmo parcialmente, no Leste europeu, seria considerado um desvairado e ninguém lhe daria ouvidos. Quem já se viu, cair o muro de Berlim! É louco. Na verdade não teria sido um "tonto", mas alguém que acreditava no gosto da liberdade.

A QUESTÃO DA FOME

A questão da fome no mundo,[37] em cuja estatística entramos com trinta e três milhões de brasileiros e brasileiras, de uma população de 149.236.984 [169.590.693, em 2000], em sendo uma horrível realidade é também uma retumbante pornografia.

É impossível conviver em paz com as estatísticas que retratam o problema da fome do mundo. Da fome que vai se alongando a um sem-número de trágicos desdobramentos constituindo cada um deles, em si, um imenso desafio.

É indiscutivelmente uma vergonha que cheguemos, no Brasil, neste fim de século, com a quantidade alarmante de irmãos e irmãs que morrem por não terem o que comer.

O desafio que o sociólogo Herbert de Souza, Betinho, vem fazendo ao país com a campanha contra a fome que ele lidera tem provocado repetidamente a pergunta se a campanha conscientiza ou não.

Apesar de já haver escrito inúmeras vezes sobre o conceito de conscientização, devo correr o risco de me repetir. Em primeiro lugar, me parece fundamental distinguir, mesmo rapidamente, conscientização de tomada de consciência — *prise de conscience*.

A tomada de consciência se verifica na posição espontânea que meu corpo consciente assume em face do mundo, da concretude dos objetos singulares. A tomada de consciência é, em última análise, a presentificação à minha consciência dos objetos que capto no mundo em que e com que me encontro. Por outro lado, os objetos se acham presentificados à minha consciência e não dentro dela.

Sobre a mesa em que trabalho, escrevo e leio e que me acompanha quase "fraternalmente" desde minha chegada a Genebra em 1970, tenho agora livros, papéis, aparelho de som, telefone, canetas. Deles, tomo consciência. Se acham todos presentificados à minha consciência mas não *dentro* dela. A tomada de consciência é o ponto de partida. É tomando consciência do objeto que eu primeiro me dou conta dele. Dando-se à minha curiosidade o objeto é conhecido por mim. A minha curiosidade, porém, diante do mundo, do "não eu", tanto pode ser puramente espontânea, desarmada, ingênua, que apreende o objeto sem alcançar a razão de ser possível do mesmo, quanto pode, virando, processualmente, a curiosidade que chamo epistemológica, apreender não o ou um objeto em si, mas a relação dos objetos entre si, percebendo a razão de ser dos mesmos.

No primeiro caso, o da tomada de consciência, o conhecimento fragmentário fica ao nível preponderante da sensibilidade do objeto ou do fenômeno. No segundo, apreendendo as relações entre os objetos e a razão de ser dos mesmos, o sujeito cognoscente produz a inteligência dos objetos, dos fatos, do mundo. O sujeito cognoscente conhece criticamente, sem que isto signifique não poder haver errado ou se equivocado. É isto que venho chamando leitura do mundo que precede sempre a leitura da palavra. Leitura do contexto, leitura do texto, uma implicando a outra.

Na tomada de consciência como na conscientização, aprofundamento daquela, lemos o mundo e podemos ler a palavra. Na pura tomada de consciência a nossa leitura é ingênua enquanto na conscientização nos vamos fazendo mais críticos.

É muito normal, por isso mesmo, que comunidades iletradas, fortemente castigadas pelas injustiças, atribuam ao destino ou à sina ou à vontade de Deus a causa da fome que as dilacera. Em função de sua experiência de luta para sobreviver é que começam a superar a percepção ingênua e mágica do fenômeno. A conscientização visa a esta mudança de percepção dos fatos e se funda na compreensão crítica dos mesmos.

A pessoa conscientizada é capaz de perceber claramente, sem dificuldades, a fome como algo mais do que seu organismo sente por não comer, a fome como expressão de uma realidade política, econômica, social, de profunda injustiça. E se a pessoa conscientizada, crendo em Deus, faz orações, certamente as fará para pedir-lhe forças no sentido de lutar contra a indignidade a que é submetida. A pessoa conscientizada, mas crente, tem em Deus uma presença na história, mas uma presença que não faz a história em lugar dos homens e das mulheres. A nós, na verdade, é que nos cabe fazer a história e ser por ela feitos e refeitos. E é fazendo a história de forma diferente que acabaremos com a fome.

A pessoa conscientizada é capaz de relacionar fatos e problemas entre si, de compreender facilmente os nexos entre fome e produção de alimentos, produção de alimentos e reforma agrária, reforma agrária e reação contra ela, fome e política econômica, fome e violência e fome como violência; fome e voto consciente em políticos e partidos progressistas; fome e a recusa do voto a políticos e a partidos reacionários, com discursos às vezes enganosamente progressistas.

A pessoa conscientizada tem uma compreensão diferente da história e de seu papel nela. Recusa acomodar-se, mobiliza-se, organiza-se para mudar o mundo. A pessoa conscientizada sabe que é possível mudar o mundo, mas sabe também que sem a unidade dos dominados não é possível fazê-lo. Sabe muito bem que a vitória sobre a miséria e a fome é uma luta política em favor da profunda transformação das estruturas da sociedade. Sabe claramente que a superação da fome passa pela existência de empregos nos campos e nas cidades, assim como a criação dos mesmos passa, mais uma vez, pela reforma agrária.

Uma das condições para que um fato, um fenômeno, um problema seja entendido em sua rede de relações é que se torne, dialeticamente, um destacado percebido em si. Primeiro que o compreendamos como algo nele mesmo para assim perceber que sua compreensão envolve suas relações com outros dados ou fatos.

Creio que isto é exatamente o que a campanha da fome liderada por Betinho vem fazendo. Vem tornando a fome entre nós algo que, apesar de sua concretude, não era, antes: um destacado em si. Uma presença chocante, incômoda, indignante. Não tenho dúvida de que Betinho jamais pensou em organizar uma campanha puramente assistencialista porque sei também que ele distingue perfeitamente assistência de assistencialismo. A assistência é necessária. Ela pode inclusive deflagrar, e na realidade já o fez, o processo de conscientização, na medida em que, sublinhando a carência e começando a aguçar a curiosidade dos "assistidos", vai possibilitando a eles assumir-se como sujeitos históricos através de seu engajamento na luta política.

Recentemente, li uma afirmação exemplar de Betinho que tem que ver com estas considerações. "Nunca soube", disse ele, "de nenhum faminto que tivesse feito a quem lhe trouxe um prato de comida um discurso como este: 'Obrigado, senhor, mas não posso aceitar seu gesto porque é assistencialista'". O discurso do faminto é o seu próprio ato de comer a comida. É diminuindo a necessidade que maltrata que ele fala. É a partir desta coisa concreta — comida — que responde a esta outra igualmente muito concreta — a fome — que o faminto pode, inclusive, preparar-se para, compreendendo melhor ou começando a compreender a razão de sua fome, se engajar na necessária luta contra a injustiça. Mais ainda, engajando um sem-número de pessoas que comem, que vestem, que ouvem música e vivem bem, a campanha necessariamente moverá a muitos, mudando-lhes a maneira de ver e de pensar o Brasil. A campanha as conscientizará e as "converterá".

Eu mesmo já escutei de várias pessoas para quem reforma agrária, educação crítica e teologia da libertação sugeriam subversão e autoritarismo, que isso tudo era e é falsificação ideológica. Que é urgente acabar com o ultraje da fome, que é urgente lutar pela reinvenção do Brasil.

Vai chegar o momento em que o poder dos jovens empresários brasileiros que estão descobrindo o quanto deixam de ganhar pela injusta distribuição da renda neste país começará a pressionar também em favor da reforma agrária como uma das pedras centrais do jogo. Na verdade, não é possível superar a fome sem reforma agrária, sem geração de empregos, sem uma justa distribuição da renda.[38] Nisto estão de acordo capitalistas e progressistas críticos.

Recentemente, um empresário brasileiro grande amigo meu me disse de uma conversa que teve em Nova York com um seu colega americano, a quem perguntou como ele via nossa realidade. Depois de umas referências positivas em torno da economia brasileira, disse-lhe o norte-americano:

"Vocês têm alguns obstáculos sem a superação dos quais não vejo como possam marchar — a péssima distribuição da renda e a relutância incrível e insustentável em fazer uma reforma agrária séria de que resulta a dificuldade sem par de fazer crescer em níveis necessários o mercado interno, cuja potência é indiscutível."

Na verdade com trinta e três milhões de famintos e alguns muitos na faixa da pobreza, com débil poder aquisitivo, temos mais *necessidade* do que *liberdade*.

A campanha contra a fome vem sublinhando esta situação-limite, o que caracteriza um momento fundamental de qualquer processo de conscientização.

Para terminar devo chamar a atenção para o fato de que a campanha contra a fome não se acha absolutamente isolada em si mesma, numa "esquina" da história. A campanha se está dando num determinado tempo histórico altamente importante e singular de nossa história política.

O impedimento de um presidente, com tudo o que isso implica, a CPI* do Orçamento, a posição desperta da imprensa, a inquietação e a presença reivindicante da sociedade civil, a juventude de novo nas ruas. Vivemos um clima em que o otimismo crítico na vida nacional se defronta com pessimismos e desilusões.

Creio, porém, que a posição prevalente é a otimista como otimistamente creio que as eleições deste ano de 1994[39] apresentarão resultados mais na direção das expectativas dos otimistas do que na dos desesperançados.

---

* Comissão Parlamentar de Inquérito que apurou profundas irregularidades na elaboração do Orçamento da República e cujo relatório final, dado a conhecer ontem, 21 de janeiro de 1994, propôs a cassação de dezoito congressistas implicados em falcatruas.

A QUESTÃO DA VIOLÊNCIA

A questão da violência não só física, direta, mas sub-reptícia, simbólica, violência e fome, violência e interesses econômicos das grandes potências, violência e religião, violência e política, violência e racismo, violência e sexismo, violência e classes sociais.

A luta pela paz, que não significa a luta pela abolição, sequer pela negação dos conflitos, mas pela confrontação justa, crítica dos mesmos e a procura de soluções corretas para eles é uma exigência imperiosa de nossa época. A paz, porém, não precede a justiça. Por isso a melhor maneira de lutar pela paz é fazer justiça.

Ninguém domina ninguém, ninguém rouba ninguém, ninguém discrimina ninguém, ninguém destrata ninguém sem ser legalmente punido. Nem os indivíduos, nem os povos, nem as culturas, nem as civilizações. A nossa utopia, a nossa sã insanidade é a criação de um mundo em que o poder se assente de tal maneira na ética que, sem ela, se esfacele e não sobreviva.

Em um tal mundo a grande tarefa do poder político é garantir as liberdades, os direitos e os deveres, a justiça, e não respaldar o arbítrio de uns poucos contra a debilidade das maiorias. Assim como não podemos aceitar o que venho chamando "fatalismo libertador", que implica o futuro desproblematizado, o futuro inexorável, não podemos igualmente aceitar a dominação como fatalidade. Ninguém me pode afirmar categoricamente que um mundo assim, feito de utopias, jamais será construído. Este é, afinal, o sonho substantivamente democrático a que aspiramos, se coerentemente progressistas. Sonhar com este mundo, porém, não basta para que ele se concretize. Precisamos de lutar incessantemente para construí-lo.

Seria horrível se tivéssemos a sensibilidade da dor, da fome, da injustiça, da ameaça, sem nenhuma possibilidade de captar a ou as razões da negatividade. Seria horrível se apenas sentíssemos a opressão mas não pudéssemos imaginar um mundo diferente, sonhar com ele como projeto e nos entregar à luta por sua construção. Nos fizemos mulheres e homens experimentando-nos no jogo destas tramas. Não somos, estamos sendo. A liberdade não se recebe de presente, é bem que se enriquece na luta por ele, na busca permanente, na medida mesma em que não há vida sem a presença, por mínima que seja, de liberdade. Mas apesar de a vida, em si, implicar a liberdade, isto não significa, de modo algum, que a tenhamos gratuitamente. Os inimigos da vida a ameaçam constantemente. Precisamos, por isso, lutar, ora para mantê-la, ora para reconquistá-la, ora para ampliá-la. De qualquer maneira, porém, não creio que o núcleo fundamental da vida, a liberdade e o medo de perdê-la, possa ser jamais supresso. Ameaçado, sim. Da vida entendida na totalidade da extensão do conceito e não só vida humana, vida que, implicando a liberdade como movimento ou permanente busca, implica também cuidado ou medo de perdê-la. Liberdade e medo de perder a vida engendrando-se num núcleo mais fundo, indispensável à vida, o da comunicação. Neste sentido me parece uma contradição lamentável fazer um discurso progressista, revolucionário e ter uma prática negadora da vida. Prática poluidora do ar, das águas, dos campos, devastadora das matas. Destruidora das árvores, ameaçadora dos animais e das aves.

Em certo momento do *Capital*, discutindo o trabalho humano em face do trabalho do outro animal, diz Marx que nenhuma abelha se compara ao mais "acanhado" mestre de obras. É que o ser humano antes mesmo de produzir o objeto tem a capacidade de ideá-lo. Antes de fazer a mesa o operário a tem desenhada na "cabeça".

Esta capacidade inventiva que implica a comunicativa existe em todos os níveis da experiência vital. Os seres humanos, porém, conotam sua atividade criativa e comunicante de marcas exclusivamente suas. A comunicação existe na vida, mas a comunicação humana se processa também e de forma especial na existência, uma das invenções do ser humano.

Da mesma forma como o operário tem na cabeça o desenho do que vai produzir em sua oficina, nós, mulheres e homens, como tais, operárias ou arquitetas, médicos ou engenheiras, físicos ou professores, temos também na cabeça, mais ou menos, o desenho do mundo em que gostaríamos de viver. Isto é a utopia ou o sonho que nos instiga a lutar.

O sonho de um mundo melhor nasce das entranhas de seu contrário. Por isso corremos o risco de tanto idealizarmos o mundo melhor, desgarrando-nos do nosso concreto, quanto o de, demasiado "aderidos" ao mundo concreto, submergirmo-nos no imobilismo fatalista.

Ambas estas posições são alienadas. A posição crítica é a em que, tomando distância epistemológica da concretude em que estou, com o que a conheço melhor, descubro que a única forma de dela sair está na concretização do sonho, que vira, então, nova concretude. Por isso, aceitar o sonho do mundo melhor e a ele aderir é aceitar entrar no processo de criá-lo. Processo de luta profundamente ancorado na ética. De luta contra qualquer tipo de violência. De violência contra a vida das árvores, dos rios, dos peixes, das montanhas, das cidades, das marcas físicas de memórias culturais e históricas. De violência contra os fracos, os indefesos, contra as minorias ofendidas. De violência contra os discriminados não importa a razão da discriminação. De luta contra a impunidade que estimula no momento entre nós o crime, o abuso, o desrespeito aos mais fracos, o desrespeito ostensivo à vida. Vida que, na desesperada e trágica forma de estar sendo de certa faixa da população, se continua ainda sendo um valor, é um valor sem estimação. É algo com que se joga por um tempo qualquer de que só o acaso fala. Vive-se apenas enquanto não morto se pode provocar a vida.

Luta contra o desrespeito à coisa pública, contra a mentira, contra a falta de escrúpulo. E tudo isso, com momentos, apenas, de desencanto, mas sem jamais perder a esperança. Não importa em que sociedade estejamos e a que sociedade pertençamos, urge lutar com esperança e denodo.

O RENASCIMENTO DA AMEAÇA NAZIFASCISTA

O renascimento da ameaça nazifascista não só na Europa mas no mundo, mais enfaticamente ali, menos aqui, como se o mundo tivesse perdido a memória, é um problema mais grave do que parece.

Violenta e necrofílica, a ideologia nazifascista odeia a vida e a alegria de viver e cultua a morte. Daí que deteste o movimento, a dúvida, o gosto da indagação. Toda curiosidade que possa levar seu sujeito a uma procura de que resulte um mínimo de dúvida em torno do mito de sua certeza é violentamente afogada e emudecida. A verdade é a palavra do chefe cuja validade é selada pela algazarra das massas domesticadas.

Esta ameaça pode aumentar na medida em que, estupefatas, as esquerdas vêm oscilando entre a negação de si mesmas, "acreditando" no discurso neoliberal que fala da morte das ideologias — e só ideologicamente é possível matar as ideologias —, da História, das classes sociais; que fala da morte das utopias e do sonho, da inviabilidade do socialismo e a reativação do stalinismo, portanto da grande negação da experiência do chamado socialismo realista. Um de seus grandes males, de fato, esteve na moldura autoritária, stalinista, com que ele foi imposto enquanto o positivo do capitalismo está na moldura democrática em que se move e não em si mesmo. É da natureza do capitalismo sua malvadez, sua perversidade sem véu. Humanizá-lo é um sonho impossível, a que se entregam espíritos angelicais ou inveterados farsários.

Na verdade, o caminho das esquerdas não é negar-se, fechando-se inoperantes, numa culpa ou numa desesperação alentadoras de seu contrário antagônico nem tampouco entregar-se de braços abertos à trágica negação de si mesmas, o autoritarismo stalinista.

Indiscutivelmente, o papel hoje das esquerdas não é acreditar que já não existem, de um lado e de outro, que devem continuar autoritárias e "religiosas", mas, pelo contrário, superar os seus erros históricos, filosóficos, políticos, epistemológicos, como, por exemplo, o de antagonizar socialismo e democracia.

A QUESTÃO DO PAPEL DA SUBJETIVIDADE NA HISTÓRIA

Como problema filosófico, histórico, epistemológico, político, pedagógico, que tanto diz respeito à Física Moderna quanto à prática educativa, à Teoria do Conhecimento quanto à democracia, este fim de século repõe a questão da importância do papel da subjetividade. Tema, que, afinal, sempre esteve presente nas preocupações humanas e que hoje revive superando certo mecanicismo de origem marxista — mas não de responsabilidade exclusiva de Marx — que reduzia a subjetividade a puro reflexo da objetividade, evitando, da mesma forma, repetir ingenuidades que absolutizavam aquela importância e de que resultava emprestar-se à subjetividade ou à consciência o rol de fazedora do mundo. Uma das funestas consequências daquela compreensão mecanicista da subjetividade era a inteligência igualmente mecanicista da História, de natureza determinista, em que o futuro era visto como inexorável, virgem, portanto, de qualquer problematicidade. É na História como possibilidade que a subjetividade assume o papel de sujeito e não só de objeto das transformações do mundo.

O futuro deixa, então, de ser inexorável e passa a ser o que historicamente é: problemático.

Carta de Cristina

Tio:

Cartas a Cristina proporcionou-me uma grande alegria junto com um mergulho interno extremamente gostoso.

"Ouvir" sobre suas idas e vindas, as vivências familiares, as opções de vida, a construção de seu trabalho, do seu acreditar nas possibilidades infindas do homem e da mulher, foi uma confirmação de que sonhar é preciso.

Lutar pelos nossos sonhos é imprescindível, para que continuemos vivos, atuantes e nos surpreendendo com os descompassos sociais em que estamos inseridos.

Perder a capacidade de sonhar e de se surpreender é perder o direito de atuarmos como cidadãos, enquanto instrumento de mudanças, sejam elas quais forem: sociais, políticas, afetivas etc.

Lembro sempre de um fato que me aconteceu nos meus tempos de Rio de Janeiro, pelos idos de 87, ônibus às sete da manhã sempre muito cheios, as pessoas logo cedo, mal-humoradas, desesperançadas por um bom dia; a pobreza e a miséria saltando aos nossos olhos pela cidade. Um senhor comenta comigo o quanto era difícil um dia dessa maneira:

> Houve um tempo, que só podia ter esse início de manhã. Gostaria, se pudesse algum dia, mudá-lo mas sem que jamais o esque-

cesse para não me alienar da realidade, para não me distanciar das dificuldades que esse povo vive.

Sinto que o exercício diário de lidar com as discrepâncias sociais, às vezes, é imensamente cansativo e desgastante, mas sempre muito rico em emoções, aprendizagens, *insights* etc., e é essa riqueza, penso eu, que você nunca deixou escapar de sua compreensão no e do mundo e que, consequentemente, o estimula para o seu trabalho e seu acreditar na capacidade do outro.

Nós, profissionais da Saúde e Educação deste país, temos que entrar na luta pela cidadania, pela humanização das relações profissionais, respeitar o cliente e seu familiar como usuário e cidadão, com direito à voz ativa na gestão dos serviços públicos oferecidos, ainda tão precários.

Fico feliz hoje em sentir e perceber, depois de tantas cartas enviadas e recebidas, de tantas saudades e curiosidades, às vezes até infantis, tanta sede de conhecer seu universo, as suas "idas e vindas", o quanto foi importante para minha formação enquanto profissional, mulher e cidadã, a sua participação, o seu trabalho, as suas questões sempre tão bem levantadas e colocadas e sua bela insistência em lutar pelos seus sonhos.

Muito carinho
Cris

Notas
de Ana Maria Araújo Freire

Estou outra vez com os leitores e as leitoras de Paulo Freire, para mim forte, profunda, saudosa e simplesmente Paulo, reescrevendo as Notas de *Cartas a Cristina: reflexões sobre minha vida e minha práxis*, pedidas por ele a mim, em 1994, para a 1ª edição, procurando atualizá-las para a publicação, em 2013, pela Editora Paz e Terra.

A minha experiência de "notista"* não me deu a condição desejada por mim mesma: ser sucinta. Continuo prolixa. Cortei algumas notas e reduzi outras, mas continuo uma escritora de muitas palavras. Sem parcimônia fui construindo — não poderia dizer jamais que a contragosto do autor do livro quando as fiz anos atrás — um espaço para as notas que, não deixando em nenhum momento de sê-las, foram tendo também uma alma própria, uma certa e necessária autonomia.

Não poderia nem deveria ser apenas a "notista" que explica neutralmente, desaparecendo enquanto quem escreve. As notas, entendo, devem carregar os sentimentos, a emoção e as reflexões de quem as escreve. Devem também ter a marca, —, o estilo de quem as escreve. Minha autonomia se deve à minha segurança sobre o que escrevo e à minha maneira e estilo de

---

* Escrevi Notas para dois outros livros de Paulo Freire: *Pedagogia da esperança* e *À sombra desta mangueira*, São Paulo: Olho d'Água, 1995 [Rio de Janeiro: Civilização Brasileira, 2012].

escrever, mas também porque eram respeitados por Paulo desde o momento em que ele leu os meus escritos. Assim, esta minha colaboração não foi um privilégio instaurado pela relação marido-mulher. Foi o reconhecimento dele a mim, explicitado na dedicatória deste livro: "A Ana Maria, minha mulher, (...) com a minha admiração pela maneira séria e rigorosa com que sempre trabalha."

Assim, sem invadir o texto e as reflexões dele, novamente me dedico a passar algumas informações detalhadas aos leitores(as) de Paulo, as quais ele preferiu, por vários motivos, não fazê-las, ao mesmo tempo colocando as minhas reflexões.

Tive um gosto muito especial no falar sobre as coisas da cultura nordestina, mas tive que pensar também sobre problemas da sociedade brasileira que, espantosamente, tanto mudaram dos anos 30 ou 40 ou 50 com relação aos de hoje, mas que, contraditoriamente, "permanecem" os mesmos. Nossos problemas exigem ser superados: uma economia sustentável mais humana e menos exploradora dos homens, das mulheres e da natureza; equidade de oportunidades para os estudos e educação de qualidade real para todos e todas; alimentação saudável, moradia e transportes satisfatórios; enfim, distribuição mais justa da renda como necessidade para construirmos o verdadeiro Estado Democrático de Direito a serviço de todo o povo brasileiro.

A eleição de Lula para presidente da República — que por justiça devemos dar também créditos a Paulo, que lutou por décadas, destemidamente, *para que o povo tivesse voz e pudesse construir a sua condição de sujeito da história* — e a recente eleição de Dilma Rousseff, primeira mulher presidente de nosso país, indicam estarmos caminhando na direção de um país que pode se consolidar sem suas seculares discriminações elitistas, interditoras e autoritárias que nos vêm caracterizando historicamente. Assim, conquistarmos o *inédito viável* mais almejado pelos brasileiros que *sonham* com um país que garanta a vida digna a todos os seus cidadãos.

Considero importante dizer que no momento em que Paulo escrevia este livro ele tomou conhecimento de que alguns de seus críticos(as) cobravam dele a "sistematização" de seu pensamento teórico, sobretudo criticando o formato de cartas,* que sabiam estar Paulo utilizando num novo livro. Ele persistiu em narrar e analisar sua vida nesta forma negando aos que lhe cobravam "mais formalidade", aos que se prendiam às regras meramente formais de um texto "esquematizado", sequenciado, que o "rigor" desses acadêmicos —, chama de "sistematização". Negou essa pretensão meramente formal escrevendo, deliberadamente, "cartas", e negou essa interpretação *poetizando* seus escritos.

Ambas essas negações são, pois, aparentes negações, pois elas, na verdade, não se antagonizam com os ditames da Academia no que se referem ao seu rigor científico. Para Paulo essas formas de expressão e comunicação — cartas e linguagem poética — não impedem ou distorcem o rigor científico necessário para dar sistematicidade a um pensamento teórico, desde que este esteja partindo do fato, da coisa ou do fenômeno prático, mítico, místico do cotidiano. O valor dado à prática, por parte de Paulo, também condenado por alguns acadêmicos, se deve, portanto, ao fato de que ele

---

* Paulo mesmo escreveu *Cartas a Guiné-Bissau* e justificava seu gosto por esta forma lembrando das Cartas, conceitualmente teóricas, trocadas entre Marx e Engels.

acreditava que é esta que valida a teoria. Sempre esteve atento acreditando que a dialética prática-teoria-prática é a que nos ensina partir da prática para praticar melhor conforme os ditames da teoria. Paulo sempre foi rigoroso na verdadeira sistematização de seu pensamento, seja ele qual fosse. Das coisas óbvias ou das coisas simples, ou aparentemente simples, às mais complexas sobre as quais pensava, ele foi rigoroso, qualquer que tenha sido a forma de ele se comunicar: ensaios, entrevistas, diálogos, livros-falados etc. Aliás, como ele mesmo dizia, o rigor não está nos rígidos, impenetráveis e intocáveis caminhos dos métodos e das "maneiras certas" a seguir, mas nos achados que fazemos nas nossas buscas epistemologicamente sérias e curiosas.

Ao fazer Cartas no lugar de ensaios em sua forma mais tradicional, sem negar as qualidades destes, que ele mesmo em tantos outros livros os utilizou, optou por esta forma menos habitual por acreditar que os textos assim redigidos são mais comunicadores. Deixa leitor-escritor numa relação de maior proximidade, sem faltar com os rigores da ciência. Estas são Cartas que têm um ponto final em cada uma delas, embora tenham também, contraditoriamente e acima de tudo, uma narrativa sequencial do caminho histórico de sua vida.

Ao fazer as reminiscências de sua infância, com as quais Paulo expõe o mais íntimo de si em seu sofrimento de meninice e de adolescência, não o fez para simplesmente fazer idealismo ou romantismo desses dias; não o fez para ser um coitadinho digno de pena e compaixão de seus leitores. Fez porque esses foram, realmente, anos deflagradores de seu pensar crítico de adulto. Ele mesmo acentuou numa das Cartas que foi em Jaboatão, onde sofreu parte dos maiores dissabores de sua vida, que se encontram "as mais remotas razões de minha radicalidade".

A vivência dolorosa de Paulo em sua infância e adolescência foi dita e redita, escrita e descrita por ele não como possibilidade de lamentar-se, lamuriar-se ou autoflagelar-se — coisas que ele nunca fez, pois as abominava, quero enfatizar —, mas porque embora tivesse sido uma vivência singular, isolada, subjetiva, traduz também o contexto objetivo do Brasil e de boa parte do mundo. Ela foi uma vivência pessoal radicada historicamente no Nordeste brasileiro, em seu contexto local, mas traduz, contraditoriamente, o contexto mundial abalado pela quebra da Bolsa de Nova York e as terríveis consequências para as já perversas relações capitalistas mundiais, que atingiram, com enorme força devastadora, gente pelo mundo afora.

Por meio de Cartas Paulo foi analisando, um a um, os problemas éticos, econômicos e políticos, decorrentes dessas relações capitalistas e da crise mesma, metaforicamente, através do apego de tia Lourdes ao seu piano, do uso da gravata de seu pai, da brabeza do professor Armada, das rodilhas de panos nas cabeças dos carregadores de pianos, dos calungas de caminhão, dos militares da "Turma do Lenço", dos barracões dos engenhos, dos mal-assombrados rondando os medrosos, da esperança de Dona Tudinha em ser secretária do Ginásio de Jaboatão, da morte prematura de seu pai, da casa de Olegário Mariano, do grito dos e das "caras pintadas", da feijoada de soja e tantas outras passagens que, falando de experiências e sonhos frustrados de pessoas, Paulo fala, na verdade, das mais distintas facetas da realidade do subdesenvolvimento brasileiro. Fala da impotência da esperança, da prepotência e do autoritarismo, da exploração e da dominação, do desemprego e do subemprego, dos *sonhos* impossíveis, das berrantes diferenças sociais, das deficiências do ensino e da exiguidade das escolas para os menos abonados, de sua dificuldade em frequentar escolas, de sua pobreza e fome e de suas incursões aos quintais alheios para minimizá-la. Enfim, da desumanização de muitos e da opulência de poucos determinadas pelo modo capitalista de produção, acirrada pela crise iniciada em 1929.

Quero acentuar que a narrativa de Paulo nestas "cartas--ensaios" sobre sua *vida subjetiva* não tornou seus textos subjetivistas, mas carregados e plenos de *subjetividade*, pois traduzem, de fato, o momento real, da *objetividade* concreta de parte da história mundial e brasileira da qual ele participou como *sujeito* e como *objeto*. O rigor de Paulo sobre o qual falei não permitiria a ele o *resvalamento subjetivista*.

Quero deixar claro também para os leitores e leitoras que as *denúncias* feitas por Paulo e por mim não implicam desesperança; contraditoriamente, elas trazem o *anúncio* esperançoso de dias melhores para todos nós e para nossa nação.

Faço, assim, não só como testemunho de fidelidade às ideias de Paulo, mas com enorme convicção, através destas Notas-denúncias que mostram algumas das "feiuras" do Brasil, a profissão de fé no povo brasileiro. Somos o país da impunidade, da corrupção e da opressão, mas, contraditoriamente, o país da alegria descontraída, do trabalho árduo e da criação exuberante.

Nita
Ana Maria Araújo Freire

1. O presidente da República em questão é o Sr. Fernando Collor de Mello, que, tendo vencido o segundo turno das eleições em 1989 com trinta e cinco milhões de votos, foi impedido de governar a nação brasileira dois anos e meio depois de sua posse, em 15 de março de 1990.

O entusiasmo inicial de seus próprios eleitores e eleitoras foi se transformando, rapidamente, em desilusão e indignação.

As medidas autoritárias, radicais e irrefletidas do presidente e de sua equipe ministerial foram deixando aturdidos os brasileiros e as brasileiras. O bloqueio, por dezoito meses, dos valores que excedessem na moeda nacional o equivalente a mil dólares em depósito, no dia de sua posse, nas cadernetas de poupança e nas contas-correntes bancárias, foi recebido pela população em geral como um verdadeiro confisco inconstitucional. Essas medidas tiveram repercussões dramáticas no cotidiano dos cidadãos, das empresas, das fábricas e das artes. No Brasil como um todo.

O presidente criou uma segunda moeda. Demitiu ou pôs em disponibilidade milhares de funcionários federais que, recebendo apenas parte de seus salários, estavam interditados de trabalhar; vendeu, também irresponsavelmente, as casas construídas para residência dos ministros quando do nascimento de Brasília, para beneficiar seus apaniguados; e perseguiu os "marajás", nome com que o presidente designava desde quando governador de Alagoas, mas, sobretudo, durante sua campanha para chefe da nação, aos que usufruíam desmesuradamente dos cofres públicos, muitas vezes por sua própria iniciativa, como funcionários de governo, todas medidas demagógicas, mas proclamadas como para sanear os gastos e a moral pública.

Iniciou um processo de privatização de empresas estatais de infraestrutura sem escrúpulos de favorecer grandes empresários brasileiros ou estrangeiros, sucateando-as, como se costumava dizer, em prejuízo da própria nação.

Sua política econômica inicial — Plano de Estabilização Econômica — era, na verdade, de caráter intencionalmente recessivo e inflacionário, mas Collor e a equipe ministerial de seu governo negavam tal fato.

Ao lado da imagem de austeridade que queria impor, ajudado, sobretudo, por um poderoso canal de televisão brasileiro, que o produziu, o presidente que governava a nação dentro dos parâmetros da modernidade liberalizante aparecia em nossas casas descendo, todas as sextas-feiras, a rampa do Palácio do Planalto — sede do governo na Capital Federal — com grupos de convidados ingênuos ou asseclas, vindos dos mais diferentes rincões do país, para reforçar sua intenção de parecer um estadista popular, mas que, na realidade, esvaziava os cofres públicos e atestava seu comportamento demagógico.

Completava Collor essa imagem "pilotando" aviões supersônicos da Força Aérea Brasileira ou embarcando ao fundo do mar nos submarinos da Marinha Brasileira; correndo em automóveis, de bicicleta ou fazendo *cooper* ou ainda navegando em praias movimentadas em poderosos *jet-skis*.

Assim, pensava estar se autopromovendo transmitindo à nação sua imagem como a de presidente jovem, forte, atlético, bonito, inteligente, desportista, destemido, moderno, corajoso, decidido, empreendedor, liberal, flexível e popular — se dirigia à população, com ênfase no povo, os "descamisados" por "minha gente".

Passado um ano de seu governo, às decepções com sua política econômica foram se acrescentando as com sua própria pessoa — mais a miúdo e generalizadamente surgiam suspeitas de sua falta de decoro na função pública. As histórias de corrupção tomam as primeiras páginas dos jornais e revistas como também das manchetes de TV e de rádio. Os partidos de oposição se mobilizaram mais e mais, e os da *mídia* se dedicavam ao jornalismo investigativo no afã de desvendar o não lícito e não ético de todo dia do presidente, no preparo de suas matérias para as edições da imprensa escrita, falada e televisiva. Sua imagem, produzida em agências de marketing e televisão, de homem público, jovem e lúcido, capaz de modernizar a nação estava caindo por terra. Nada adiantaram os gastos milionários com propaganda para sustentar essa representação.

Uma crise instaurada no seio da família Collor a divide. Pedro Collor de Mello se sentindo lesado, econômica e moralmente, por seus próprios familiares, denuncia a rede de extorsão liderada pelo ex-tesoureiro da campanha eleitoral de seu irmão para presidente — Paulo César Cavalcanti Farias —, que continuava beneficiando a si próprio, ao presidente e ao pequeno grupo dos apaniguados destes.

A "CPI do P.C." — Comissão Parlamentar de Inquérito sobre a atuação e origem do patrimônio das empresas de Paulo César Farias — instaurada pelo Congresso Nacional para apurar essas denúncias escandalizou a sociedade brasileira.

Em 29 de dezembro de 1992, por deliberação conjunta do Poder Legislativo e de um juiz do Supremo Tribunal Federal a punição esperada e sonhada pela população recaiu sobre Collor. Nessa assembleia de julgamento, em estratégica medida o advogado dativo (o advogado nomeado pelo Poder Judiciário frente ao afastamento dos dois inicialmente nomeados pelo réu) leu a carta de renúncia de Fernando Collor de Mello poucos minutos antes de lhe ser imposto o afastamento compulsório.

Todos nós brasileiros e brasileiras sabemos, entretanto, que ele não renunciou. Temos como verdade que o impedimos, pelo caminho democrático jurídico, dentro dos trâmites legais, pelas pressões organizadas de milhões de homens, mulheres e crianças, nas ruas e nas praças, em passeatas ou em comícios para que ele não continuasse (des-)governando, irresponsavelmente, a nação brasileira, dilapidando-a e vilipendiando-a, em grande parte também por seu alinhamento irresponsável ao modelo da globalização da economia e ao pensamento neoliberal.

2. A essa exortação de Paulo não poderia deixar de, com uma nota, dizer de uma pesquisa-denúncia igualmente veemente, de alguns brasileiros que gritaram também o mesmo: "Nunca mais".

Partindo do princípio de que a "tortura é o crime mais cruel e bárbaro contra a pessoa humana" (p. 17) e relacionando a tortura dos presos políticos brasileiros com a formação histórica do Brasil, que cresceu pelo colonialismo e pela escravidão plena de torturas dos negros e das negras, um grupo de brasileiros trabalhou de agosto de 1979 até março de 1985 fazendo o levantamento possível da repressão exercida pelo Regime Militar no Brasil, no período de 1.4.1964 a 15.3.1985.

Este estudo a partir de "707 processos completos e dezenas de autos incompletos" (p. 22), elaborado, evidentemente, na clandestinidade, redundou reduzido no livro *Brasil: nunca mais*,* publicado sob a égide do Conselho Mundial das Igrejas** e da Arquidiocese de São Paulo, na pessoa de Dom Paulo Evaristo Arns. Estes processos e relatórios diversos permaneceram sob a guarda do Center for Research Librairies, nos Estados Unidos, os quais só foram devolvidos no ano de 2011, quando se teve certeza de sua não destruição ou desaparecimento, ao Ministério Público Federal de São Paulo, que os colocará na Internet para consulta de todos os interessados.

O objetivo deste grupo foi, entre outros, denunciar as torturas e desaparecimentos infligidos pelo Regime Militar, para "que nunca mais se repitam as violências, as ignomínias, as injustiças, as perseguições praticadas no Brasil de um passado recente" (p. 26).

A partir da gestão do governo do presidente João Goulart, lutar para si ou para outras pessoas por condições mais humanas, pela integração da população miserável à de cidadãos, era recebido pelos setores dominantes civis e militares — impregnados e comprometidos com a Ideolo-

---

* Publicado pela Editora Vozes. 4ª edição, 1985. Todas as citações desta nota apontam as páginas deste livro e edição.
** Órgão no qual Paulo trabalhou por 10 anos, com sede em Genebra, Suíça.

gia da Segurança Nacional, criada pelos EUA — como ato subversivo passível de enérgica punição.

O Golpe Militar de 1º de abril de 1964, tendo como objetivo proclamado o combate à inflação, à corrupção e à subversão, instaurou, em nome desta "ordem", a tortura como punição, com a intenção de expurgar do país as práticas socialistas e comunistas, e para a extração de informações dos presos políticos, aos chamados subversivos, para multiplicar os atingidos por suas ações perversas.

Na verdade, queriam mutilar ou matar todos e todas aqueles que conscientemente vinham lutando contra a situação secularmente vivida no Brasil, sobretudo pelas camadas populares — a da injustiça social, política, econômica e cultural. Contra os que manifestavam contra a censura e lutavam contra as perseguições políticas, as torturas e as mortes praticadas pelos "agentes da Lei" nas ruas e nos porões da Ditadura.

Muitos e muitas dos que *sonharam* e não quiseram sair e permaneceram no país, conheceram o que foi serem premidos a fugir sem ter para onde ir, viver na clandestinidade nas condições mais precárias de vida, ser preso, ser torturado, sobreviver vendo as sombras de seus perseguidores a atormentar-lhe ou morrer nas prisões ou nos quartéis sob tortura, ou ainda "atropelados" nas calçadas, "afogados" nas praias ou fuzilados quando tentavam "fugir" dos cercos político-militares policiais. Outros milhares se exilaram no exterior sem conhecerem a tortura física, como foi o caso de Paulo. Outros saíram porque sabiam que não suportariam novas sessões de tortura. Um desses, Frei Tito, frade dominicano, destruído física e psicologicamente, atormentado pelas torturas, suicidou-se muito jovem, na França, em 10 de agosto de 1974.

Muitas famílias tiveram de ministros de justiça e de superiores militares explicações estarrecedoras quando estas procuravam seus "desaparecidos": recebiam o conselho de não mais procurá-los e silenciarem ou de ir encontrá-los "foragidos" nas guerrilhas dos países vizinhos ao nosso. Os cemitérios clandestinos,* recentemente descobertos, devolveram antigos corpos vivos e amados de maridos e mulheres, de filhos e filhas, de irmãos e irmãs, de pais e mães, que mortos das mais diferentes e aviltantes formas de matar jaziam em covas comuns, sem nenhuma identificação. Muitos foram identificados nos diversos "arquivos do horror", através de fotografias, por seus familiares ou amigos, mutilados, desrespeitados.

A obra citada catalogou no período em questão, pelo estudo de 695 processos a que tiveram acesso (não sendo, portanto, o total absoluto de todos os casos), "7.367 nomes de pessoas [que] foram levados ao banco de réus em processos políticos formados na Justiça Militar", alguns nomes com mais de um processo. Duzentos e oitenta e quatro marinheiros e fuzileiros navais foram denunciados. Aproximadamente 88% dos réus eram do sexo masculino e apenas 12% do feminino. Desse total, 38,9% tinham idade igual ou inferior a 25 anos — 2.868 casos —, dos quais 91 recaíram sobre menores de 18 anos de idade. Entre 4.476 réus, cujo nível de escolaridade constava dos processos, 2.491 possuíam grau universitário e apenas 91 se declara-

---
* O Cemitério de Perus, em São Paulo, é um exemplo emblemático.

ram analfabetos* O Exército Nacional foi o responsável direto por 1.043 prisões e por mais 884 efetuadas pelos DOI-CODIs — Destacamento de Operações de Informações Centro de Operações de Defesa Interna — organizados em 1970 pelo Exército Nacional, com a cooperação financeira de empresários nacionais e estrangeiros, espalhados pelo país, comandados por oficiais do Exército. Em 3.754 casos (51%) não se menciona, nos processos correspondentes, o órgão que efetuou a detenção (p. 85-86).

O livro-relatório ainda denuncia que 1.997 prisões foram efetuadas antes da abertura dos inquéritos. 3.572 réus tinham nascido no interior e 1.833 nas capitais dos Estados, enquanto 4.077 dos réus residiam nas capitais e apenas 1.894 residiam no interior. O maior número de réus, 1.872, residia no Rio de Janeiro quando foram processados e 1.517 residiam em São Paulo, caracterizando o enfrentamento ao Regime Militar como urbano e seus membros de classe média (p. 86).

Ainda segundo o mesmo trabalho as acusações recaíram: militância em organização partidária, 4.935 casos; participações em ação violenta ou armada, 1.464 casos; participação em diferentes postos do governo deposto em 1964 ou a simples identificação política com este, 484 casos; manifestação de ideias através da imprensa, aulas, sermões etc., 145 casos; e por intermédio do meio artístico, 18 pessoas (p. 85-87).

Quanto às comunicações a juízes pelas prisões efetuadas: "não consta qualquer comunicação, 6.256 casos (84%)"; "comunicação feita no prazo legal, 295

---

* Na época o Brasil contava com 20 milhões de analfabetos(as).

casos (41%)"; e "comunicação fora do prazo legal, 816 casos (12%)" (p. 87).

De outros 10.034 nomes envolvidos apenas na fase de inquéritos, 6.385 responderam como indiciados nos inquéritos, mas não fizeram parte da lista dos indiciados em denúncia judicial e os "3.649 restantes aparecem na fase de inquérito como testemunhas ou declarantes, não podendo ser excluídos da condição de atingidos, uma vez que se registraram inúmeros episódios em que estes também se encontravam detidos durante o inquérito, sendo alguns até mesmo torturados" (p. 88).

Os setores sociais atingidos pelo Regime Militar em sua repressão foram: contra membros da Marinha, Exército e Aeronáutica e Brigada Militar do Rio Grande do Sul num "esforço sistemático para expurgar das corporações militares todos os elementos identificados com o governo deposto e seu projeto nacionalista", com 38 processos; contra o meio sindical, com 36 processos; contra estudantes, com 53 processos; contra políticos que exerciam mandato parlamentar, postos executivos ou disputavam eleições, com 22 processos; contra profissionais de imprensa, com 15 processos; e contra membros da Igreja Católica, com 15 processos também. (p. 117-119)

Brasil: nunca mais ainda acusa que 11 brasileiros foram mortos por meio do "testemunho de pessoas que presenciaram, nos cárceres brasileiros, a morte de outros presos políticos, sob tortura" (p. 247) e de que a detenção arbitrária ou sequestro favoreceram o desaparecimento das vítimas, cujas pessoas, nomeadas uma a uma, somam um total de 125 desaparecidos políticos

(p. 291-293). Trinta anos depois foram cadastradas cerca de 50.000 pessoas presas pelo Regime Militar Brasileiro, entre brasileiros(as) e estrangeiros(as).

Também ficamos sabendo através do livro-denúncia que a maioria dos casos de tortura com morte e desaparecimento de presos políticos ocorreu no período presidencial do Gal. Emílio Garrastazu Médici, entre 1969 e 1974, quando, é importante mencionar, a maioria dos brasileiros e das brasileiras se entretinha com músicas que repetiam, incessantemente, "Eu te amo, meu Brasil, eu te amo"; com a consagração do futebol brasileiro recebendo a Taça Jules Rimet pelo tricampeonato da Copa do Mundo, no México, em 1970, e orgulhosamente anunciávamos o "milagre econômico brasileiro" delirantemente gritando para nós mesmos e para o mundo "Pra frente Brasil!"

Assim, empolgados pelo "grande destino brasileiro" que, enfim, estava se realizando, dormiam em paz todos aqueles e todas aquelas que não sabiam ou não acreditavam que nos porões dos órgãos de repressão, nas ruas, nas estradas, na floresta Amazônica (guerrilhas do Araguaia), muitas vezes sob o comando de oficiais das Forças Armadas, formadas para dar à Nação a segurança quanto ao inimigo externo, morriam ou eram mutilados muitos dos e das que tinham cometido o "crime" de *sonhar* e lutar por um Brasil no qual todos nós pudéssemos nos orgulhar pela real vigência de sua democracia.

"Brasil, 1964 nunca mais!", devemos todos gritar não só em nome dos torturados e mortos e seus familiares e amigos, mas também em nome dos que precisaram viver fora de seu país, no "contexto de empréstimo", como dizia Paulo.

Em nome de todos e todas que amam o nosso país "1964 nunca mais"!!!*

3. Ao Golpe Militar de 1964 sucederam-se os Atos Institucionais que tinham a intenção de "normalizar", tanto a vida da sociedade civil quanto da sociedade política, numa perseguição sem precedentes na nossa história a tudo que fosse ou pudesse vir a ser, do ponto de vista dos novos dono do poder, subversão.

O Ato Institucional nº5 (AI-5), de 13 de dezembro de 1968, assinado pelo segundo presidente militar após o Golpe de 1º de abril de 1964, Gal. Artur da Costa e Silva, é sem dúvida alguma o mais duro e arbitrário não só entre esses Atos, mas entre todos os seus similares da nossa história republicana, e o que, com certeza, mais consequências funestas impôs à população brasileira.

Em nome de assegurar "(...) autêntica ordem democrática, baseada na liberdade, no respeito à dignidade da pessoa humana, no combate à subversão e às ideologias contrárias às tradições de nosso povo, na luta contra a corrupção (...)", o presidente "iluminado" pelo Conselho de Segurança Nacional se outorgou o direito de poder decretar o recesso do Congresso Nacional e das Assembleias Legislativas e das Câmaras

---

* Pretendo, enquanto membro do CASC (Comitê de Acompanhamento da Sociedade Civil Brasileira), escrever um ensaio sobre a questão dos desaparecidos, torturados e mortos pelo Regime Militar Brasileiro, atualizando as estatísticas e informações desta nota, após publicação do Relatório da Comissão da Verdade, criada por lei assinada por Dilma Rousseff, em 18.11.2011, e, instalada em 16.12.2012, composta de 7 pessoas, com o objetivo de apurar a verdade sobre os horrores cometidos pelo Estado Brasileiro contra brasileiros(as), no período de 1946-1988, para legar à nação a verdade histórica.

de Vereadores de todo o país; a intervenção nos Estados e Municípios no sentido de nomear os governadores e prefeitos; de "suspender os direitos políticos de quaisquer cidadãos pelo prazo de 10 anos e cassar mandatos eletivos federais, estaduais e municipais". Entre outras limitações, os cassados poderiam, como medida de segurança, ter sua "liberdade vigiada, proibição de frequentar determinados lugares e domicílio determinado".

O AI-5 ainda determinava: a suspensão dos direitos políticos que poderia se estender a restrições ou proibições "ao exercício de quaisquer outros direitos públicos ou privados"; "demitir, remover, aposentar ou pôr em disponibilidade" homens públicos eleitos ou empregados de autarquias, empresas públicas ou de sociedades mistas, "(...) demitir, transferir para a reserva ou reformar militares ou membros das polícias militares (...)", sobre estado de sítio; confiscar bens "(...) de todos quantos tenham enriquecido ilicitamente (...)" após investigação; suspender "(...) a garantia de *habeas corpus*, nos casos de crimes políticos, contra a segurança nacional, a ordem econômica e social e a economia popular".

O fechamento do Congresso Nacional expôs o poder exacerbado do arbítrio, da centralização e do autoritarismo do AI-5, consagrado pelo Ato Complementar nº 38 daquele mesmo 13 de dezembro.

Paulo foi mais uma vez atingido por esses atos de exceção da Ditadura Militar. Com um *habeas corpus* na mão se viu de repente proibido de vir passar o Natal de 1968 com sua mãe, no Recife, diante da revogação deste, pelo AI-5.

Daí em diante foram anos de maior perseguição e terror, quando os agentes da "contrassubversão" cumpriam, item por item, o que determinava este Ato e a "Revolução de 31 de março". Cruéis e perversos "os salvadores da pátria", proclamavam ter vindo para implantar a "autêntica ordem democrática, baseada na liberdade, no respeito à dignidade da pessoa humana". Torturaram, trucidaram e mataram sem clemência.

Na verdade, o Golpe Militar de 1º de abril inaugurou a tortura "pós-moderna" que não deixava marcas nem provas em suas vítimas. Separou famílias. Propiciou o maior êxodo, para fora do país, de cientistas, artistas e intelectuais, entre muitos Paulo, que se tem notícia na história brasileira. Censurou letras de músicas populares, peças teatrais, livros e vários programas de televisão. Todas as modalidades de imprensa. Demitiu e destituiu professores, funcionários públicos e militares. Construiu cemitérios clandestinos.

Permitiu nascer uma corrupção e falta de ética até então sem precedente na história do país devido à falta de transparência da sociedade política, pois a sociedade civil esteve por anos totalmente interditada de saber e ou de participar do que acontecia na esfera do poder.

Em 31 de dezembro de 1978, no fim do governo do Gal. Ernesto Geisel, o Brasil pôde comemorar, aliviado, o fim do AI-5, e começar como resultado das lutas de seu povo a ter, mesmo que pequena e amedrontada, uma nova voz.

4. Os estudos, realizados pelo grupo que editou o já citado livro *Brasil: nunca mais*, afirmam que dois terços dos processos estudados se referem a organizações já proibidas pela legislação brasileira anterior ao Golpe Militar de 1964.

Os quase cinquenta movimentos clandestinos que foram alvo da repressão, muitos deles de orientação marxista, nascidos do Partido Comunista do Brasil (PCB), fundado em março de 1922, tinham um ponto em comum: a busca de uma sociedade socialista com a conquista do poder pelos trabalhadores, mas divergindo nas táticas de conquista desse poder. Entre outras, sobretudo, sobre o uso da violência ou não.

Alguns desses movimentos clandestinos tiveram como objetivo mobilizar setores rurais, a maioria, entretanto, tencionava atingir e sensibilizar os maiores centros urbanos do país. Eram engrossados por jovens estudantes, intelectuais, sobretudo professores universitários; militares das três armas, desde soldados e fuzileiros navais até majores e capitães; sindicalistas; operários e camponeses.

Esses movimentos foram incapazes da tomada do poder diante da falta de respaldo da sociedade civil, em geral, em decorrência do caráter violento deles; o pequeno número de militantes em relação à população armada das Forças Armadas e Policiais e suas ferozes repressões; e as dissidências internas com subdivisões e renovadas aglutinações.

A "Marcha da Família, com Deus pela Liberdade", uma passeata organizada por mulheres paulistas e que levou às ruas de São Paulo milhares de pessoas pedindo aos que, em surdina, já preparavam o Golpe, instruídos e financiados pelas forças de direita, internas e externas ao Brasil, dessem fim ao "governo comunista" do presidente João Goulart.

Assim, aqueles movimentos clandestinos, estou certa, caracterizaram-se pela ingenuidade quase suicida de seus militantes, que tencionavam tão somente pelo idealismo de seus destemidos e corajosos adeptos enfrentar os soldados e os oficiais das Forças Armadas, fortemente armados e treinados para captar e torturar "subversivos", e se "necessário fosse" fazê-los "desaparecer" ou matá-los das formas mais bárbaras possíveis. Trabalhavam em cooperação com setores das polícias estaduais organizados e treinados para estes mesmos fins, cujos soldados e sobretudo oficiais das três Forças Armadas e civis recebiam generosas "recompensas", tais como promoções e propinas. O financiamento dessa *indústria da morte* vinha de parcelas do orçamento da nação e das polpudas doações dos donos do capital nacional e estrangeiro, que queriam garantir este abominável e terrível status quo para cada dia se locupletarem mais da riqueza nacional. Trabalhavam "em segurança" acobertados pelos Atos Institucionais e pelas ameaças que implantaram o medo e o consequente e necessário silêncio de toda a sociedade civil brasileira, que assim se comportava temendo por sua própria vida. Foi um novo macarthismo, tempos de "cata às bruxas".

Os principais movimentos revolucionários que, desmobilizados pela repressão levavam quase sempre seus líderes a mortes violentas, segundo *Brasil: nunca mais*, foram:

— A Ação Libertadora Nacional (ALN), liderada pelo ex-deputado Carlos Marighella, cujo lema era "A ação faz a vanguarda". Tencionavam pela luta armada do "Exército de Libertação Nacional" derrotar o Regime Militar. A ALN, que atuou entre 1968 e 1973, em cooperação com outro movimento, o MR-8, sequestrou, em 1969, o embaixador norte-americano no Brasil como tática para exigir a libertação de 15 presos políticos. Seu líder foi morto numa emboscada armada, comandada pelo temido torturador, o delegado de polícia de São Paulo Sérgio Paranhos Fleury,* numa rua de elegante bairro de São Paulo, em novembro de 1969. O sucessor de Marighella, João Câmara Ferreira, foi sequestrado e morto sob tortura, em outubro de 1970, pelas mãos do mesmo delegado Fleury, num sítio usado para tais fins no estado de São Paulo.

— A Vanguarda Popular Revolucionária (VPR) formou-se em 1969, quando o então capitão do Exército, Carlos Lamarca, sediado no Quartel de Quitaúna, Osasco, São Paulo, resolveu, tirando grande quantidade de armas desse quartel, liderar um movimento armado com outros militares contra o regime estabelecido em 1964. Entre 1968 e 1971 o grupo realizou algumas ações importantes para a luta revolucionária. Em 1970, a VPR enfrentou forças do Exército e da Polícia Militar que tinham cercado sua área de treinamento de guerrilha na região mais pobre do estado de São Paulo, o Vale da Ribeira. Naquele mesmo ano de 1970, o movimento se responsabilizou pelo

---

* Fleury foi outro algoz da nossa história recente. Era delegado do DOPS/SP, conhecido por sua extrema malvadez e morreu num acidente em Ilhabela, até hoje por motivos não explicados, em 1º de maio de 1979, aos 46 anos de idade.

sequestro de três diplomatas que serviam no Brasil: um japonês, um alemão e um suíço. A VPR foi aniquilada em 1973 quando o Cabo Anselmo, agente policial infiltrado no movimento, levou seus "companheiros" a serem vítimas de uma chacina quando "juntos" tentavam, no Recife, reorganizar a VPR. Na verdade, a VPR estava esfacelada desde quando seu maior líder Carlos Lamarca foi morto no sertão da Bahia, em setembro de 1971, já corroído pela fome, pelo cansaço, pela solidão e pela falta de apoio das populações sertanejas, que, assustadas pelas pregações ideológicas da direita e intimidadas pelas armas do poder, o tinham abandonado à própria sorte.

— O Movimento Revolucionário 8 de outubro (MR-8), nome que tinha a intenção de imortalizar Che Guevara pela menção à data de sua morte (8.10.1967), teve sua origem em 1966 dentro do meio universitário. Em 1969 começou a ser perseguido após ter, em parceria com a ALN, sequestrado o embaixador americano no Brasil. Em 1971, abrigou os militantes da VPR inclusive seu mais importante dirigente, Carlos Lamarca, que morreu, na verdade, como militante do MR-8. Em 1972 quase todos os militantes do MR-8 perseguidos no Brasil se refugiaram no Chile, levando consequentemente à desativação desse movimento.

— A Ação Popular (AP), inicialmente, foi um movimento político inspirado nas ideias dos pensadores franceses Jacques Maritain, Emmanuel Mounier, Theilhard de Chardin e Padre Lebret, quando se aglutinaram, em 1962, muitos dos estudantes na Juventude Universitária Católica (JUC), um dos setores da Ação Católica Brasileira, esta também de origem nas congêneres da França. A AP controlava as diretorias da União Nacional dos Estudantes (UNE) e muitos de seus membros trabalhavam como voluntários num dos maiores e mais importantes movimentos de educação popular do princípio dos anos 60 no Brasil, o Movimento de Educação de Base (MEB), organizado pelos bispos da Igreja Católica por meio de seu órgão máximo, a Conferência Nacional dos Bispos do Brasil (CNBB). Entre 1965 e 1967 a AP foi mais e mais adotando posições marxistas até "se caracterizar como uma Organização ortodoxa, maoista típica", assumindo uma linha política bastante semelhante à do PCdoB, embora na prática não tenha se envolvido em ações de guerrilhas. A identificação entre AP e PCdoB se completou por volta de 1972-73. Em seguida, dois dos maiores líderes da AP — Paulo Wright e Honestino Guimarães — tendo sido presos e mortos pelo DOI-CODI, levaram ao desaparecimento do movimento em torno de 1974.

– O Partido Comunista do Brasil (PCdoB) organizou um movimento guerrilheiro na região amazônica, no sul do estado do Pará (área hoje pertencente ao estado de Tocantins), que durou de 1966 a 1975. Seus militantes, sobrevivendo em região inóspita, tiveram que enfrentar cerca de vinte mil soldados do Exército Nacional. Nesses combates morreram cerca de 61 membros das "Forças Guerrilheiras do Araguaia", após as forças legais terem reprimido cruelmente a população local para localizá-los.

Mencionarei apenas mais algumas siglas nomeadas em *Brasil nunca mais*, podendo o leitor encontrar detalhes de todos os movimentos aqui citados entre as páginas 89 e 113 deste livro. Foram eles: MOLIPO, TL, TLNE, PCBR, CORRENTE, FALN, PCR, MRT, MRM, OP-COR, PRT, POLOP, COLINA, OLAS, VAR-PALMARES, POC, PORT, FBI, OSI, MIM, MAR, FAP, CSR e MEL.

5. O Ato Institucional nº 2 (AI-2), de 27.10.1965, assinado pelo primeiro presidente do governo militar, Marechal Humberto de Alencar Castelo Branco, diz laconicamente no seu artigo 18:

"Ficam extintos os atuais partidos políticos e cancelados os respectivos registros." Parágrafo único: "Para a organização dos novos partidos são mantidas as exigências da Lei nº 4.740, de 15 de julho de 1965, e suas modificações."

O Ato Complementar nº 4, de 20.11.1965, baseado neste AI-2 e mais as exigências da citada Lei nº 4.740, deram as regras para a criação dos dois novos partidos políticos. Os parlamentares, portanto, tiveram que fazer suas escolhas e irem se vinculando a uma das duas legendas possíveis: na Aliança Renovadora Nacional (ARENA) ou no Movimento Democrático Brasileiro (MDB), oficialmente oposicionista.

Pelo Programa de Ação do Plano Político do MDB, posteriormente elaborado nos anos 1970, o partido "oposicionista" foi explicitamente abrindo o espaço para as ações que forçaram a abertura política através de normas que repudiavam a ditadura. Transformou-se em oposição de verdade.

"I — Implantação da normalidade democrática e a consequente condenação: a) de todos os tipos de ditadura; b) da institucionalização de regimes de exceção; c) do continuísmo (...); VI — o Movimento Democrático Brasileiro prosseguirá na sua luta: a) **pela revogação do AI-5**; (...) c) pela revogação do Decreto lei nº 477, que submete a mocidade estudantil e seus professores (...); d) revisão das leis de Imprensa e de Segurança para escoimá-las de suas normas draconianas e **a extinção das penas de morte, de prisão perpétua e de banimento**; e) **anistia ampla e total a favor de todos os civis e militares atingidos pelos atos de exceção e de arbítrio, praticados a partir de 1º de abril de 1964**; VII — Liberdade de organização partidária (...)" (*Documentação e atualidade política*, número 9, out./dez., 1978, Brasília, 1979, p. 73 a 81). (Grifos meus)

No final do ano de 1979, no período da última gestão do governo militar, a do Gal. João Baptista Figueiredo, a sociedade brasileira bradava por "anistia ampla, total e irrestrita". A ARENA e o MDB foram extintos.

Assim o MDB se transformou no PMDB — Partido do Movimento Democrático Brasileiro — e passou a ser o partido de oposição, assumindo a bandeira da luta possível pela democratização do Brasil.

6. Sobre a tortura um dos maiores psicanalistas brasileiros — Hélio Peregrino — escreveu um texto o qual transcrevo uma pequena parte, para que os leitores(as) possam melhor entender a narrativa que Paulo está fazendo sobre uma amiga sua que ainda se torturava perseguida pelo que sofrera no Brasil, mas sobretudo para

que possam perceber mais claramente a desumanização mesma desta prática repugnante e milenar.

"(...) a tortura busca à custa do sofrimento corporal insuportável introduzir uma cunha que leve à cisão entre o corpo e a mente. E, mais do que isto: ela procura, a todo preço, semear a discórdia e a guerra entre o corpo e a mente. Através da tortura, o corpo torna-se nosso inimigo e nos persegue. É este o modelo básico no qual se apoia a ação de qualquer torturador. (...) Na tortura, o corpo volta-se contra nós, exigindo que falemos. Da mais íntima espessura de nossa própria carne, se levanta uma voz que nos nega na medida em que pretende arrancar de nós um discurso do qual temos horror, já que é a negação de nossa liberdade. O problema da alienação alcança, aqui, o seu ponto crucial. A tortura nos impõe a alienação total de nosso próprio corpo, tornando estrangeiro a nós, e nosso inimigo de morte. (...) O projeto da tortura implica uma negação total — e totalitária — da pessoa, enquanto ser encarnado. O centro da pessoa humana é a liberdade. Esta, por sua vez, é a invenção que o sujeito faz de si mesmo, através da palavra que o exprime. Na tortura, o discurso que o torturador busca extrair do torturado é a negação absoluta e radical de sua condição de sujeito livre. A tortura visa ao avesso da liberdade. Nesta medida, o discurso que ela busca, através da intimidação e da violência, é a palavra aviltada de um sujeito que, nas mãos do torturador, se transforma em objeto." ("A tortura política",* e também transcrito no livro *Brasil. Nunca mais*, p. 281-282).

---

* Publicado no jornal *Folha de S. Paulo*, de 5 de junho de 1982, p. 3.

As técnicas de tortura mais utilizadas no regime militar do Brasil estão elencadas no livro supracitado no item 2 "Modos e instrumentos de tortura". Eram eles: pau-de-arara (sic), choque elétrico, "pimentinha" e dobradores de tensão, "afogamento", "cadeira do dragão" (em duas versões, uma do Rio de Janeiro e outra de São Paulo), "geladeira", e o uso de insetos e de outros animais e produtos químicos.

A tortura a que tinha se submetido a amiga com quem Paulo dialoga através do silêncio de solidariedade dele, nesta parte de seu texto, o pau-de-arara (sic), comum desde longa data e usada para "confissões" até hoje nas prisões e delegacias de polícia do Brasil, foi assim descrita por duas outras vítimas da repressão em depoimentos transcritos no livro *Brasil: nunca mais*, na página 34:

"(...) O pau-de-arara (sic) consiste numa barra de ferro que é atravessada entre os punhos amarrados e a dobra do joelho, sendo o 'conjunto' colocado entre duas mesas, ficando o corpo do torturado pendurado a cerca de 20 ou 30 cm do solo. Este método quase nunca é utilizado isoladamente, seus 'complementos' normais são o eletrochoque, a palmatória e o afogamento (Augusto César Salles Galvão, estudante, 21 anos, Belo Horizonte; carta de próprio punho, 1970)."

"(...) que o pau-de-arara (sic) era uma estrutura metálica, desmontável, (...) que era constituído de dois triângulos de tubo galvanizado em que um dos vértices possuía duas meias-luas em que eram apoiados e que, por sua vez, era introduzida debaixo de seus joelhos e entre as suas mãos que eram amarradas e levadas até os joelhos; (...) (Depoimento de José Milton Ferreira de Almeida, 31 anos, engenheiro, Rio; Auto de qualificação e interrogatório, 1976)."

Nessa época — do Regime Militar — a tortura adquiriu formas sofisticadas de fazer sofrer e degradar física e psicologicamente suas vítimas. Aplicada através de "métodos científicos", antes nunca conhecidos nos órgãos de repressão nacional e com a conivência de alguns médicos-legistas, não apresentava sinais nem marcas em tantos que tiveram seus corpos aviltados e violentados. Não foram poupados nem sacerdotes, nem mulheres grávidas, nem crianças. A tortura também não discriminou classe social, raça, idade e religião.

Nessa época importamos não só tecnologias industriais, consumismo, concepções econômicas e financeiras; métodos, livros, organização e estrutura educacional para "ajudar" a aliar-nos ao "bloco ocidental e cristão", mas também a tortura pós-moderna para que com ela pudéssemos "exorcizar as bruxas" que o "macarthismo" entendia estarem contaminados os corpos e as almas de nossos jovens.

"(...) O ensino deste método de arrancar confissões e informações não era meramente teórico. Era prático, com pessoas realmente torturadas, servindo de cobaias neste macabro aprendizado. Sabe-se que um dos primeiros a introduzir tal pragmatismo no Brasil foi o policial norte-americano Dan Mitrione, posteriormente transferido para Montevidéu, onde acabou sequestrado e morto.*

---

* Depois de ter "trabalhado no Brasil", em Belo Horizonte e no Rio de Janeiro, de 1960 a 1967, ele foi transferido para o Uruguai. Sabendo o que ele praticava,

Quando instrutor em Belo Horizonte, nos primeiros anos do Regime Militar, ele utilizou mendigos recolhidos nas ruas para adestrar a polícia local. Seviciados em salas de aula, aqueles pobres homens permitiam que os alunos aprendessem as várias modalidades de criar, no preso, a suprema contradição entre o corpo e o espírito, atingindo-lhe os pontos vulneráveis" (A. J. Langreti, *A face oculta do terror**). A extirpação do "marxismo dialético" tinha que ser conseguida a qualquer preço.

Essa "escola" aqui implantada deixou um saber que brasileiros — civis, policiais e militares —, muitos deles, posteriormente, com "cursos de especialização" em diversos "países amigos", do "Norte", fizeram uso de maneira tão eficiente que deixou, vale repetir, milhares de famílias brasileiras no luto eterno pela perda de seus e suas jovens idealistas que apenas *sonhavam* com um país mais sério e mais justo, e que não se submetesse mais às ordens e interesses externos.

7. Mocambo é a habitação típica da região litorânea do Nordeste brasileiro. São as casas de suas populações mais pobres construídas nas grandes cidades, nas zonas dos mangues, à beira-mar ou dos morros.

   Construído com material quase todo retirado no próprio local ou arredores onde vai ser edificado, o mocambo é simples, e se não fosse sua precariedade em termos de higiene sanitária — facilidade de aquisição da

---

os *tupamaros* o aprisionaram e depois o assassinaram com dois tiros na cabeça, em 10 de agosto de 1970.

* Rio de Janeiro: Civilização Brasileira, 1979, transcrito em *Brasil nunca mais*, p. 32.

doença de Chagas e de doenças infectocontagiosas por falta de água encanada e de saneamento para os moradores — seria, possivelmente, com orientação competente de técnicos de engenharia e saúde, uma solução ecológica alternativa adequada ao clima tropical, de uma região muito pobre, de um país em via de desenvolvimento, ou, como preferem dizer agora, uma potência emergente.

Basicamente para se construir o mocambo se necessita de folhas de coqueiro, varas, tábuas, caibros e barro. Estas folhas, depois de postas ao sol para secarem, são chamadas de "palhas de coqueiro", que passam a ter, evidentemente, mais resistência às intempéries e maior durabilidade enquanto material de construção.

Sobre o chão sem revestimento, de "chão batido" (o barro é socado, "batido" até se tornar consistente e firme), se erguem as paredes, que são uma tela feita com estas palhas secas do coqueiro amarradas nas varas verticais fincadas no chão, quando então tudo é recoberto com o barro macio e úmido. Após seco esse barro, as paredes assim feitas se tornam razoavelmente resistentes.

Às vezes, com divisões internas, com poucas janelas e apenas duas portas, cada uma delas composta de duas tábuas, para que a parte de cima permaneça aberta para a entrada do ar como se mais uma janela fosse e a parte inferior fechada impedindo a entrada de animais. O mocambo tem sempre a forma retangular, com as janelas abertas para os lados maiores e as duas portas para os lados menores, que são a frente e os fundos da casa.

Nela não falta o fogão de barro para cozinhar, mas quase sempre não tinham sequer um banheiro.

Os mocambos são cobertos também com essas mesmas palhas do coqueiro que antes de serem secadas ao sol são dobradas ao meio, no sentido de seu comprimento, que tem geralmente uns 2 metros, dobradura facilitada por um corte de facão que rasga todo o seu talo no seu eixo central. Sobre as paredes já secas se armam os caibros e sobre estes se deitam as palhas dobradas, uma bem juntinha da outra, quase superpostas, bem amarradas entre si e nos caibros, para que o interior do mocambo fique protegido do sol escaldante no verão e das chuvas torrenciais no "inverno" nordestino.

8. Tirar um cacho de bananas, ou qualquer outra fruta, "em vez" ou "de vez", significa no Nordeste brasileiro colher a fruta quando ela está suficientemente desenvolvida em seu tamanho, mas ainda não própria para o consumo. Isto para que os animais, sobretudo as aves, não se antecipem em saboreá-las antes de nós.

Assim tiradas "em vez" se tem o costume de "abafá--las" entre folhagens secas da própria bananeira ou em folhas de jornais velhos, agasalhando-as, como diz Paulo, para que amadureçam, cujo sinal é, na maioria dos inúmeros tipos de banana que temos no Brasil, a cor amarelo-ouro de suas cascas.

9. Empinar papagaio ou soltar pipa, arraia, cafifa, pandorga, quadrado, tapioca ou balde, qualquer que seja a denominação local que se lhe dê, vem sendo, através dos tempos,

um dos mais populares e difundidos brinquedos dos meninos brasileiros. Paulo não foi uma exceção.

Fácil de ser construído pela própria criança, que por isso se sente desafiada em seu engenho criador, pois é ela que escolhe tamanhos, cores e formas de seu papagaio entre os que mais lhe derem satisfação e alegria, e de preferência se diferencie dos de seus companheiros. O papagaio requer apenas, além dessa imaginação e desse gosto da criança por ele, um pouco de papel de seda, pequenas varetas, cola e alguns metros de linha fina e resistente.

Vinha sendo um brinquedo tipicamente masculino desde que para voar e alcançar grandes alturas, com o que seu dono se deslumbra e delicia, o papagaio necessita da altura do céu aberto e seu dono, o espaço amplo, que só as ruas e as praças podem oferecer, e que, portanto, nas sociedades machistas eram proibidas às meninas até poucas décadas atrás.

Uma experiência muito recente e localizada — na cidade de Campinas — em torno do papagaio foi a de seu uso como material didático para ensinar vários elementos básicos das ciências físicas e matemáticas para crianças.

Um pequeno grupo de professores dessas ciências da Universidade Estadual de Campinas (UNICAMP) introduziu, para alegria e o prazer de todos os envolvidos neste ato de ensinar-aprender, o estudo de medidas e contagens e da geometria através dos processos de confecção e do ato de empinar os papagaios com as crianças da favela São Marcos da mesma cidade. Nessas ocasiões, o grupo ensinava às crianças, científica e alegremente, a se apropriarem de conhecimentos básicos da física e da matemática através do método mais fácil, adequado e eficiente — o da unidade da teoria prática prazerosamente vivida e entendida.

O Museu, que funcionava no Parque Portugal, no bairro Taquaral, em Campinas, convidava todas as crianças interessadas na experiência para que elas socializassem seu saber, numa troca que estabelecia o diálogo epistemológico. Entre 1985 e 1990, todos os meses de agosto, quando os ventos sopram mais generosamente sobre quase todo o território brasileiro, o Museu promovia a "Festa do Papagaio". Posteriormente, este mesmo grupo de professores e cerca de vinte alunos dos cursos de matemática, física e engenharia da Unicamp criaram o "Museu Dinâmico de Ciências".

Ao me falar dessa experiência, um de seus professores reviveu a alegria dos tempos em que meninos e meninas enchiam os céus com papéis coloridos e linhas aprendendo conceitos como altura e distância, cateto e hipotenusa, tensão e pressão atmosférica, espaço e tempo, catenária e linha, infinito e finito, vento e corrente de ar, num espetáculo que unia mãos, cabeças e almas de pessoas de diferentes graus de conhecimento, de distintas classes sociais, gênero, idade ou religião num único objetivo — o ato de aprender o saber com prazer e sem competição.

A "aula" ao ar livre dispensava saber quem fazia o papagaio mais bonito, ou a rabiola mais comprida e colorida, ou quem o empinava mais alto. Verdadeira aula de aerodinâmica no céu aberto de agosto e de gosto aberto aos atos de criar, de observar, de entender e de se apropriar do conhecimento científico a partir do senso comum, sem a imposição do professor ou professora. Não eram aulas para "depositar" nos alunos as fórmulas, as equações e as regras que devem ser decoradas, escritas nas lousas das salas de aula fechadas e tristes. Estavam sendo aulas que negavam a "educação bancária". Eram aulas de saber alegre e prazeroso, de conhecer o mundo aberto e belo como ele pode ser.

10. Nos fins do século XIX e princípios do XX, quando os escravos recém-libertados foram se fixando nas maiores e mais importantes cidades brasileiras, ocuparam evidentemente as áreas então desprezadas pelas camadas médias e pelas elites locais. Sobravam-lhes, pois, os espaços espúrios tais como os alagados, os córregos e os morros.

Os córregos nada mais eram, muitos continuam sendo, do que valetas a céu aberto por onde passavam, grossas e sujas, as águas esverdeadas e impuras pelo excesso do lixo jogado, inclusive de esgotos. Onde não mais passavam as águas limpas das chuvas, antes que desembocassem no mar ou nos rios, onde às suas margens fétidas, em zonas sempre sujeitas às enchentes, as populações muito pobres construíam e continuam cada vez mais a construir suas casas. Onde crianças incautas tinham seu lazer nadando e "pegando" doenças as mais diversas.

Nos morros as moradias não apresentam maior conforto do que estas localizadas à beira dos córregos. Eram geralmente construídas com sucatas de diversos materiais, hoje são quase todas de tijolos. Seus habitantes têm que descer e subir as ladeiras a pé, e suas casas estão sujeitas aos ventos fortes ou às chuvas torrenciais da zona tropical que, a cada ano, desabam destruindo seus pertences facilmente e muitas vezes soterrando-os.

As casas dos morros ou dos córregos e alagados do Nordeste são as casas da população mais pobre ainda hoje, muitas vezes desprovidas de água encanada, luz, esgotos e coleta de lixo.

Assim, quando Paulo fala do "mundo dos meninos e das meninas dos córregos, dos mocambos e dos morros" está falando das crianças das camadas excluídas da sociedade. Dos excluídos da possibilidade não só de comer, mas também de frequentar a escola, de se vestir e dormir bem, de ter uma boa moradia e de poder banhar-se em águas limpas. De ter a possibilidade de *sonhar* por dias melhores.

11. "Ladrão de galinhas" era a denominação que dávamos, no Nordeste brasileiro, quando a violência dos arrombadores ainda não tinha tomado suas cidades, aos que faziam pequenos furtos quase sempre à noite e para sobreviverem sem o trabalho que a sociedade pouco dinâmica economicamente não podia lhes oferecer.

O termo indicava o ladrão que roubava fortuitamente o que encontrava nos quintais das casas mais abastadas. Roupas, objetos, frutas e até mesmo algumas galinhas.

"Gentinha" é a palavra que a arrogância das classes médias e altas brasileiras chamam os destituídos dos bens materiais, hoje em parte substituída por "gente diferenciada",* diante da possibilidade de incriminação na forma da

---

* "Gente diferenciada" foi o termo usado, recentemente, por mulher de classe alta, residente no bairro de Higienópolis, na cidade de São Paulo, em entrevista

Lei a quem daquele termo faz uso. Termos discriminatórios de classe que tencionam "arrancar" a *dignidade de ser* do outro. É como se o muito pobre ou miserável fosse um ser nefasto e não pudesse, de maneira nenhuma, possuir qualidades morais ou éticas porque não tem uma posição social privilegiada.

Assim, consideram-se "gentinha", "gentinha qualquer", como diz Paulo, ou "gente diferenciada", homem ou mulher, como indivíduos inferiores aos quais não se deve nenhuma consideração ou apreço. São todos, portanto, termos altamente pejorativos, que revelam a sociedade elitista, discriminatória e autoritária de nosso país.

12. Chamávamos "calungas de caminhão", em Pernambuco de anos passados, aos homens, geralmente negros — porque sendo um dos trabalhos braçais mais pesados da época a eles deveria "naturalmente" recair — que faziam a carga e a descarga de mercadorias nos caminhões.

    Como esse serviço de transporte de mercadorias dependia da força humana, os caminhões de carga levavam consigo esses homens necessários, cerca de cinco ou seis, que durante o trajeto se agarravam, de pé, firmes e eretos na carroceria, para sua suposta segurança. Atrás da boleia e "protegidos" também pelas laterais de madeira da carroceria pareciam esses homens fortes, aos olhos das elites, como "bonecos pequenos", "pessoas de pouca estatura",

---

a uma TV, para expor seu horror com o fato de que as autoridades cogitavam colocar uma estação do metrô na elegante avenida Angélica, próxima de sua residência. Isso ensejou uma enorme manifestação crítica de caráter político-ideológico contundente e bem-humorada contra a elite do local e a favor do povo e da estação neste bairro.

"bonecos de madeira", leitura ensejada pelo menosprezo das sociedades de ranço escravocrata, assim, elitistas, discriminatórias e autoritárias, como a nordestina do Brasil.

Certamente o termo "calunga de caminhão" tem relação com as divindades do culto banto chamadas calungas, pois eram bantos: congos (ou cabidas), benguelas e ovambos, cerca de 600 mil, os negros e negras capturados de várias maneiras em Angola e trazidos para o trabalho escravo no Brasil, a partir do século XVII. No período anterior "as peças" eram trazidas da Guiné. Do início do século XVII até o ano de 1815, durante o ciclo da Costa de Mina (hoje região de Gana, Togo, Benin e Nigéria), trouxemos para o trabalho escravo no Brasil cerca de 1,3 milhão de homens e mulheres da África. Vieram também sudaneses (área hoje correspondente a Moçambique): iorubas (ou nagôs), jejes (ou daomeanos), minas, hauçás, tapas e bornus.*

Nos maracatus de Pernambuco, de rituais, música e danças de origem africana, que imitam cortejos reais dos reinados africanos, Calunga é a boneca de madeira, ricamente vestida, que no carnaval vem logo à frente dos cortejos, carregada por uma mulher jovem. Essa figura imprescindível, pois sem ela o cortejo não sai às ruas, veio de Angola e simboliza uma entidade ou alguma rainha já morta.

13. O Nordeste brasileiro tem a tradição de festejar, mais que outras datas de origem religiosa católica, como Natal e

---

* Dados tirados da *Historia do Brasil*, São Paulo: Publifolha, 1997, p. 75 e da Wikipédia.

Páscoa, as noites às vésperas dos dias de São João, 24 de junho, e de São Pedro, 29 do mesmo mês, seus santos mais queridos e venerados.

Fogos de artifícios, "traques" (pacotinhos de papel de seda com uma diminuta quantidade de pólvora que estouram ao se chocar com o solo); "estrelinhas" que "choram" das mãos das crianças suas pequenas gotas de fogo coloridas; "rojões" (pistolas de pólvora que estouram com enormes ruídos a grandes alturas como se trovões fossem); "busca-pé" (um "fogo" que aproveita o caminho aberto pelo medroso que corre para, "perseguindo-o", estourar em seus pés), entre outros foguetes, ao lado das grandes fogueiras de lenhas; dos lindos balões de papel colorido, leves e rápidos subindo ao céu para deleite de quem os observava, tão lindos quanto perigosos, infelizmente sem ainda se darem conta disso, crianças e mesmo adultos; e dos fios cheios de bandeirolas de papel de seda coloridas desfraldadas por todo o recinto do "arraial" fazem dessa festa religiosa uma festa pagã, que plena de barulhos e alegria se prolonga até as madrugadas nordestinas.

A dança mais comum, de meninos com as meninas ou de moças com rapazes, vestidos à moda caipira nordestina, é a quadrilha — uma imitação das danças das cortes nobres europeias — animada pelas ordens do "puxador" e pelas músicas típicas, sobretudo o baião, o xaxado, o xote, a rancheira e a mazurca, que se repetem entre "casamentos" de mocinhas "grávidas" e noivos que tentam fugir, celebrados por delegados de polícia zelosos das famílias cristãs e padres moralistas preocupados com o pecado. Ambas as simulações — as quadrilhas e os "casamentos" — eternizam atos sociais muito valorizados na região, dando vida especial às festas juninas no clima autenticamente nordestino do forró.

As comidas são parte essencial destas festas. A batata-doce ou o milho verde assados nas brasas das fogueiras se acrescentam às pamonhas e à canjica.

A pamonha é cozida dentro de um recipiente feito com a palha do próprio milho, que lhe deu o creme. Este é obtido ralando o "milho verde" (diz-se deste cereal antes dele estar maduro, quando ainda macio e tenro) e depois o peneirando, ao qual se adiciona o açúcar, o leite de coco e uma pitada de sal. Tudo a gosto! Coloca-se, com muito cuidado, este creme na bolsa de palha do milho e depois de bem fechada se deixa cozinhando, por horas, em enorme caldeirão com água. Serve-se quente a ponto da manteiga nela posta se derreter e encher nossa boca d'água.

A canjica, da qual Paulo fala com gosto de criança nordestina, prepara-se semelhantemente à pamonha, sendo que ela é cozida diretamente por horas e horas a fio nos tachos de cobre até que tenha consistência de um macio pudim, cheiroso e de cor amarelo-clara. Estando assim "no ponto", a canjica é derramada nas travessas e então salpicada com pó de canela, com capricho, fazendo buquês de cheiros que se mesclam com o sabor inigualavelmente delicado da canjica que é servida fria.

As festas juninas hoje são realizadas em quase todas as escolas do país, tornando-se, assim, "nacionais" e tal qual no Nordeste, vividas com alegria e sensibilidade por todas as camadas sociais. Nas regiões Sudeste e Sul foram adicionados o *quentão*, bebida alcoólica elaborada com cachaça, gengibre, açúcar, canela em pau e outros ingredientes a gosto, devido às baixas temperaturas dessas regiões no inverno; e doces de arroz, de batata-doce, roxa e amarela.

É a época das mocinhas pedirem casamento com bom marido a São João ou a Santo Antônio (seu dia é 13 de junho, mas é tradicionalmente comemorado na época de São João e São Pedro), fazendo "rezas" com velas acesas e orações em súplica ou promessas que a cumprirão ou não, dependendo de se conseguirem o noivo ou não; de verem nas sombras do escuro o destino registrado nas águas de uma bacia de alumínio, de preferência vendo o rosto do amado com o qual breve se casará; de andarem sobre as brasas de carvão cobertas de cinzas que as fogueiras abandonaram no chão pela madrugada e não ficarem com os pés queimados porque este é o sinal de que não morrerão até as próximas festas juninas.*

Assim, junho é no Nordeste brasileiro o mês da fé católica verdadeira misturada com os sonhos de nobreza, com as crendices, e com músicas, ruídos, danças e "casamentos". O mês das comidas típicas, de roupas e bandeirolas muito coloridas, de "fogos" que explicitam a paixão por sua terra, embora sejam terras de tanto sofrer, de rezas, e sobretudo no sertão, da espera da dádiva das chuvas que faz de um dia para o outro a vegetação ressequida florescer em verde exuberante. Tão exuberante e forte quanto seu povo e suas festas.

---
* Sobre o tema leiam, oportunamente, na crônica "Segredos da Sedução", no livro de Nita e Paulo Freire, *Nós dois*, no prelo pela Editora Paz e Terra.

14. Com "mãos" de milho verde (o milho fresco antes de secar), Paulo recorda e perpetua uma medida, em desuso no Brasil, que indicava a quantidade de espigas de milho. Em Pernambuco "uma mão" era igual a cinquenta espigas, em Alagoas a vinte e cinco espigas, em São Paulo a sessenta espigas e no Rio Grande do Sul a sessenta e quatro espigas.

15. Desde quando o general Dantas Barreto, ministro da Guerra do então presidente da República Hermes da Fonseca (15.11.1910 a 15.11.1914), foi apresentado como candidato ao governo de Pernambuco por Pinheiro Machado, que mandava abertamente no chefe supremo da nação, o militar já se considerava governador eleito.

    De fato, "eleito" pela intervenção/decisão do governo federal através do Comando das Armas local — hoje a 7ª Região Militar do Exército, Pernambuco — pelo "voto de bico de pena", isto é, pela declaração oral e pública do voto, e outras fraudes eleitorais, tais como o registro nos livros de apuração dos votos a favor do candidato do governo sonegados do adversário, Dantas Barreto depois de ter assumido o governo implantou o terror. Sua missão era substituir a oligarquia de Rosa e Silva e atemorizando os jornalistas e os "coronéis" mais afoitos estabelecer um governo forte, autoritário, de caráter militar.

    Para isso, Dantas Barreto criou a "Turma do Lenço", de que fala Paulo, que assim se chamava porque ocultavam o rosto com um lenço durante as suas "ações exemplares". A "Turma" era formada por poucos oficiais e soldados da Polícia Militar de Pernambuco, pelos que a isto se prestavam, comandados pelo coronel Francisco

Melo. Coronel de passado comprometido com pelo menos um ato de covarde massacre. Tinha sido ele quem comandou o fuzilamento de marinheiros dentro do próprio navio, já anistiados da "Revolta da Chibata", liderada pelo destemido marinheiro João Cândido, para que não houvesse apenas a aplicação da *pena de chibata* aos marinheiros, ele queria o extermínio dos revoltosos.

A "Turma do Lenço" mostrou sua excelência em serviço, entre outras ações de terror institucionalizado, surrando o importante e respeitado jornalista Mario Mello, expulsando do estado o jornalista Assis Chateaubriand, que vindo para o Rio de Janeiro fundou os Diários Associados.

O jornalista assassinado cuja morte Paulo lamenta é Trajano Chacon, que aos 34 anos de idade na plenitude de sua carreira profissional foi mais uma das vítimas da perversidade da "Turma do Lenço", quando, em 11 de agosto de 1913, em plena Rua da Imperatriz, no centro do Recife, foi espancado até a morte, após sair de uma comemoração pela criação dos cursos jurídicos no Brasil.

Os que assistiram à cena ficaram revoltados e indignados, mas sobretudo amedrontados e assustados, silenciaram-se diante do crime bárbaro. Estes entenderam que nada podiam fazer e que a "pena exemplar" que o general-governador e sua "Turma do Lenço" estavam executando publicamente, às escuras, porque a iluminação pública tinha sido estrategicamente apagada, não se destinava só a eles que ali estavam paralisados de medo e aos jornalistas críticos, mas a todos os pernambucanos e pernambucanas adversários políticos do governador.

A morte vil de Trajano Chacon era vingança por dois editoriais supostamente redigidos por ele, os quais na realidade não eram de sua autoria, criticando as atuações covardes do governador, publicados no jornal *O Pernambuco*, de propriedade de Henrique Milet, professor da Faculdade de Direito do Recife, amigo de Trajano e de toda a família Chacon.

Milet, emocionado e revoltado pela morte injusta e vã do amigo e colaborador, concluiu seu discurso no sepultamento do jornalista, cujo corpo tinha sido levado por uma multidão ao cemitério, com uma frase que parecendo fatídica era tão somente a explicitação antecipada do que a própria história fez, e que tantas vezes faz, com aqueles e aquelas que são apenas algozes de seu povo.

"Trajano Chacon está sendo enterrado morto, o general Dantas Barreto está sendo enterrado vivo!"

Realmente, embora o governador tenha terminado seu mandato, não conseguiu, como era comum na época, eleger seu sucessor. Apesar de todo o terror político e policial do governo Dantas Barreto, enfrentando esta trágica situação e aos que o faziam cruelmente, o povo elegeu o líder das oposições Manuel Borba para sucedê-lo.

Ainda segundo as informações do sobrinho de Trajano, sem as quais eu não poderia ter escrito esta nota — desde que minhas pesquisas nos livros de história vinham sendo infrutíferas — o professor de ciências políticas da Universidade de Brasília, Vamireh Chacon, que prontamente e com interesse e paixão de quem vem sendo um dos maiores estudiosos da história das ideias no Brasil e não somente por sua afinidade afetiva com o jornalista assassinado, disse-me que esta truculência para com seu tio foi a gota d'água para acabar com a carreira política de Dantas Barreto, que faleceu na obscuridade, no Rio de Janeiro, conforme previu Milet no enterro de Trajano Chacon.

A secular história da impunidade dos opressores no Brasil tem aqui mais um bom e triste exemplo. Levados os assassinos ao tribunal, eles foram inocentados porque o governador demitiu, um após outro, os promotores encarregados do processo pela morte de Chacon, Francisco Barreto Campelo, João de Deus e Mena Barreto de Barros Falcão. Entretanto, mesmo sob a ameaça do governador e tendo ficado a "Turma do Lenço" de prontidão nas portas da imprensa, os promotores não se intimidaram em cumprir suas obrigações de denunciar e não acobertar os assassinos. Substituídos estes três promotores, Dantas encontrou um outro que, defendendo seu crime executado pelos policiais, absolveu a todos com a conivência de um júri escolhido a dedo, composto de funcionários públicos, apesar de os réus terem confessado em detalhes como tinham matado Trajano.

Rui Barbosa, jurista notável e um dos homens públicos de bem desse país, lúcido, corajoso e crítico, pondo-se como sempre o fazia ao lado dos injustiçados e da justiça, pronunciou no Senado Federal um discurso como necrológio do jornalista pernambucano assassinado, demonstrando sua repulsa ao governo pernambucano e aos seus crimes, solidarizando-se com a família do morto.

Trajano Chacon, que soube honrar sua cidadania lutando sempre por seu país — tomou armas ainda bem jovem, ao lado de Plácido de Castro, para a anexação do hoje estado do Acre ao Brasil —, é por seu trabalho pelo jornalismo crítico, consciente e ousado o patrono da Associação de Imprensa de Pernambuco.

16. O movimento de que fala Paulo é conhecido no Brasil como Revolução de 1930.

Desde poucos anos após a proclamação da República (1889) o Brasil vinha sendo governado pela aristocracia agrária ligada ao plantio e venda do café. As então Províncias Minas Gerais e São Paulo, as maiores produtoras da riqueza nacional, naquele momento, indicavam e "elegiam" o presidente da República num revezamento do poder público como se privado fosse.

Os movimentos de descontentamento vinham surgindo desde os anos 10 e 20 do século XX contra esta política de monocultura-exportadora e agrária, que determinava que grande parte da população, as classes populares, se perpetuasse na miséria. As classes médias sobreviviam como funcionários públicos, nomeados quer fossem necessários ou não, abarrotando as repartições públicas dentro da *política de clientelismo* do Estado ou lutando pelos poucos empregos criados nas três instâncias das atividades produtivas pela iniciativa privada ou ainda tentando ganhar a vida improvisando pequenos e precários trabalhos, na forma de economia paralela de baixa produtividade.

O movimento armado eclodiu em outubro de 1930, negando este estado de coisas, liderado por Getúlio Vargas, ex-ministro da Fazenda do próprio presidente ainda em exercício, Washington Luiz, e ex-presidente (era assim que se chamavam até 1930 os que hoje chamamos de governadores de estados) da Província do Rio Grande do Sul, que tinha perdido as eleições de março de 1930, realizadas sob as regras legais e os vícios já descritos praticados pelo poderes estabelecidos.

O assassinato de João Pessoa, em julho de 1930, no centro do Recife, então presidente da província da Paraíba, que tinha formado com Vargas a chapa derrotada na condição de vice-presidente, foi o estopim para a deflagração do movimento armado, mesmo que o crime na realidade não tivesse tido relação com a crise instaurada pelo continuísmo determinado pelas fraudes eleitorais ou mesmo com a crise econômica que afetava a todos. A desgraça deveria dar dividendos políticos, e as "forças revolucionárias" souberam catalisar o clima de derrota ao se proclamaram indignadas com o "assassinato político" de João Pessoa.

Em 3 de novembro de 1930 o "governo revolucionário" tendo deposto o presidente Washington Luiz poucos dias antes do dia em que este empossaria a nova chapa vitoriosa dos governistas, enfatize-se, encabeçada por mais um paulista, Júlio Prestes de Albuquerque (o Vice foi Henrique Batista Soares, baiano), indicou, através da Junta Pacificadora, seu chefe maior Getúlio Vargas para o cargo máximo da nação.

Após dificuldades e conflitos uma Assembleia Constituinte é eleita pelo voto direto em 1933. A nova Constituição foi proclamada em 1934, e rezava que o presidente deveria ser eleito pelo Congresso Nacional para uma gestão de quatro anos. Sinal evidente das manobras varguistas que lhe garantiu continuar no poder. Quando o país se organizava três anos depois para novas eleições, Vargas deu um golpe de Estado em 10 de novembro de 1937, quando então governou o Brasil em declarada ditadura até ser deposto, em 29 de outubro de 1945.

Sua queda se deve, sobretudo, às contradições que se acirraram entre sua forma autoritária de governar e o desejo da necessária liberdade criado pelo clima do fim da Segunda Grande Guerra que se generalizou, não só na Europa e EUA, mas também no Brasil.

Com inegável vocação autoritária de caudilho, mas com alta capacidade de governança, Vargas, populista, foi certamente o mandatário que mais revolucionou a história política, econômica e institucional do país, pois foi ele e sua equipe de governo que criaram, com todos seus acertos e erros, o Estado Nacional brasileiro.

O ano de 1930 foi o marco entre um Brasil arcaico e retrógrado e a constituição desse Estado moderno com a criação do aparato burocrático de Estado; com o surgimento de uma classe média mais consistente e numerosa; com a preocupação com os problemas sociais, antes tidos como "casos de polícia". Foi Vargas quem criou, ainda em 1930, o Ministério da Educação e Saúde Pública e o do Trabalho em respeito, sobretudo, à classe trabalhadora, decretando leis educacionais e trabalhistas necessárias a essa nova infraestrutura.

Pelo reconhecimento de seu trabalho como presidente, Vargas voltou ao poder eleito pelo povo, em 1951, para uma nova gestão que deveria durar cinco anos. Esta foi bruscamente interrompida pelo seu suicídio, em 24 de agosto de 1954, como "resposta" aos seus inimigos que o acusavam e a seus familiares de corrupção.

Há divergências entre os historiadores brasileiros na interpretação da "Revolução de 1930". Teria sido ela promovida pela burguesia industrial, que queria e teria obtido o poder até então secularmente detido pelos latifundiários, ou teria sido um movimento das camadas médias, civis e militares, querendo estabelecer a justiça social e política no Brasil?

Não quero deixar de assinalar o perfil e caráter ímpar de Getúlio, assim chamado por toda a população brasileira, como também sua vontade política de comandar a construção de um país melhor, mais sério e mais justo, realmente dinâmico em todos os seus níveis e aspectos. Homem baixo, fumador de charutos, gordo, de olhar profundo e comunicativo, que gostava de receber, de ler e de guardar em seus bolsos os bilhetes vindos do povo quando das raras vezes que aparecia em público; risonho e afável, mas sereno quando lhe convinha; de grande poder de persuasão; de vida regrada e reservada; agnóstico, mas usufruindo da proximidade com o clero católico; carismático e jovial; caudilhesco, conciliador e estadista ao mesmo tempo; homem de clemência, mas implacável para com seus inimigos, político lúcido e ágil; austero para com os deveres e sagaz e sensível para com os problemas nacionais, Vargas foi sem dúvida o maior representante do *populismo* brasileiro.

Assim, assistindo e valorizando o proletariado, deixou consagrarem-se suas reivindicações, "doou-lhe" leis protecionistas e lhe impôs coerções ao mesmo tempo que queimava os estoques excedentes para proteger os cafeicultores e beneficiou a burguesia industrial com medidas industrialistas. Facção que enriquecida se tornou hegemonicamente dominante.

Enfim, Vargas, sobretudo na primeira gestão de quinze anos ininterruptos, dinamizou a nação brasileira em todos os seus níveis, ângulos e aspectos, mas infelizmente não no que se referia à conscientização política. Ditadura e politização são incompatíveis.

Tinha um projeto utópico e por este lutou destemidamente sem se distanciar, entretanto, do *nacionalismo* e do *populismo*. Ditou e impôs, mas também mudou e construiu, com seu idealismo mesmo que pouco democrático, mas com imensa sensibilidade patriótica. O povo nunca dele se esqueceu, mesmo que nos últimos anos venha percebendo nele suas fragilidades, seu modo despótico de governar por tantos anos a nossa república nascente, democraticamente inexperiente. A Vargas, entretanto, não podemos negar o grande mérito de ter feito desse país um Estado Nacional.

17. Wladimir Herzog era respeitado jornalista brasileiro, quando, com apenas 38 anos de idade, foi intimado a depor pelos órgãos de repressão do governo militar.

    Apresentou-se na manhã de 25 de outubro de 1975 e na tarde deste mesmo dia morreu nas dependências do DOI-CODI* — Destacamento de Operações de Informa-

---

* O DOI-CODI foi criado em 1970, no governo do Gal. Emilio Garrastazu Médici.

ções — Centro de Operações de Defesa Interna — então o órgão de segurança das Forças Armadas, centralizado no Exército, depois de ter sido barbaramente torturado.

O comandante do II Exército, com sede em São Paulo, responsável pelo fato distribuiu, no dia seguinte, uma nota à imprensa comunicando o suicídio de Herzog.

O corpo do jornalista foi ultrajado também depois de morto: serviu para a farsa de ser fotografado como se tivesse se enforcado. A cadeira posta à frente de seu corpo inerte como sinal da "evidência" de que nela tinha subido para jogar seu corpo, não escondia, ao contrário, expunha o fato de que seus pés alcançavam o chão... , e sua cintura se nivelando com a baixa altura da cadeira deixa ver a flexão de seus joelhos e suas pernas paralelas ao chão...

A família e a sociedade se mobilizaram e três anos depois, em 25 de outubro de 1978 o juiz Marcio José de Morais declarou em sentença ser a União responsável pela prisão, tortura e morte de Wladimir Herzog.

Rubens Beirodt Paiva foi preso em sua residência no Rio de Janeiro, no dia 20 de janeiro de 1971, após uma chamada telefônica que, sob a alegação de entregar uma correspondência vinda do Chile, pedia seu endereço.

Logo em seguida seis pessoas em trajes civis invadiram sua casa, todos armados, e sem se identificarem levaram o deputado federal cassado para as dependências do quartel da Polícia do Exército, onde funcionava o DOI--CODI do I Exército.

Esta divisão do Exército negou, apesar das provas, que Rubens Paiva estivesse ali detido. Lá ele tinha sido visto por outros presos políticos e a família tinha assinado recibo quando da devolução do carro próprio que o deputado, pessoalmente, conduzira até o quartel, no Rio de Janeiro.

Desde jovem Rubens Paiva tinha estado ligado às causas nacionalistas, como na luta pela criação da Petrobras, cujo lema era "O petróleo é nosso". Quando ainda deputado tinha sido um dos membros da CPI-IBAD (Comissão Parlamentar de Inquérito do Instituto Brasileiro de Ação Democrática), "que apurou o recebimento, por alguns generais comprometidos com o golpe militar, de polpudas verbas em dólares, provenientes do governo dos Estados Unidos, em 1963" (*Brasil nunca mais*, p. 269-270).

Este esquema de corrupção tanto comprometedor para os corruptores — os governantes da nação do Norte que creem ser e propalam ser honestos e mestres da democracia — quanto para os que se deixaram corromper, os generais que fizeram a "revolução" em nome do combate à corrupção foram denunciados por Paiva. Este "merecia", portanto, do ponto de vista dos militares, punição severa, pois tinha sido um dos denunciantes do caso. O Ato Institucional nº 1, de 9 de abril de 1964, tinha cassado seu mandato parlamentar, assim como as mínimas garantias de sua vida.

Após ter sido preso para "averiguações", acusado pelo "crime" de manter correspondência com exilados políticos brasileiros que moravam no Chile, Rubens Paiva sofreu torturas que seu corpo não aguentou.

"Desaparecido", sua morte foi reconhecida somente dez anos após seu sequestro e morte. Seus restos mortais jamais foram entregues à sua família e aos que o admiraram como um dos grandes homens públicos do Brasil.

Myrian Verbena* cresceu ao lado dos filhos de Freire como se verdadeira prima fosse. Nascida em Belém do Pará, Myrian veio viver em Pernambuco aos sete anos de idade acolhida pela generosidade de uma tia de meu marido, Esther Monteiro.

Nesta época apenas, um muro, no qual se abriu um portão que nunca se fechava, separava a casa de Paulo da de sua tia Esther. Era então uma grande família que *sonhava* com um novo Brasil.

Nos anos 70, Myrian, como um sem-número de jovens de sua geração, filiou-se a um dos movimentos revolucionários clandestinos que lutavam para estabelecer aqui uma sociedade menos malvada, como costuma dizer Paulo, mais justa e mais humana. Por isso foi assassinada por um caminhão das forças da repressão que colidiu intencionalmente com seu carro, junto com seu companheiro, quando viajava numa estrada de Pernambuco. Como em todos os outros casos, o poder não se responsabilizou pelo fato. O discurso oficial declarou ter sido mero acidente de automóvel, tão comum nas nossas estradas...

18. Chamávamos nos anos 1990 no Brasil "PCs colloridos", e Paulo criou a expressão/conceito "des-colloridos", ao

---

* Vale a pena ler a belíssima e emocionada carta de Paulo ao saber de sua morte, em seu livro por mim organizado, *Pedagogia dos sonhos possíveis*, em fase de preparação para Paz e Terra, intitulada "Myrian 'dorme profundamente'".

comportamento de Paulo César Farias e do presidente Fernando Collor de Mello que, se dizia, desviavam verbas públicas, enriquecendo ao apoderarem-se dos bens públicos ou dilapidando os cofres com obras públicas de valores superfaturados e outras distorções decorrentes dos negócios ilícitos, ilegais ou "fantasmas".

Paulo, obviamente, quis nesta parte de seu trabalho ir além desses fatos muito graves, quis denunciar esta generalizada prática de corrupção, de desrespeito à população pelas diferentes formas de comportamento antiético, antipolítico e antissocial que temos conhecido das elites políticas e econômicas brasileiras, que vêm vilipendiando, à maneira de P.C. e de Collor, a nação brasileira, protegidos pela impunidade quase total e generalizada que vem vigorando no Brasil desde a invasão de suas terras, por Portugal, em 1500, pois pensam eles serem os donos de tudo e de todos.

19. A historiografia brasileira vinha registrando o caráter do povo brasileiro como o de homens e mulheres dóceis. Essa ideológica interpretação não vem se confirmando, sobretudo nos últimos anos de nossa história.

As grandes contradições geradas pelas miseráveis condições de vida de muitos dos oprimidos — e a tradição arrogante, autoritária e discriminatória dos opressores — vêm gerando, secularmente, diferenças tão gritantes entre as classes sociais, que têm propiciado episódios de lamentáveis e vergonhosas violências quase sempre contra os excluídos, gerando um clima de insuportável falta de segurança em todos os rincões e a todas as classes sociais do país.

Estudos sobre a Exclusão Social no Brasil, no período a que Paulo se refere, dizem que ela cresceu 11% entre 1980 e 2000, revertendo a tendência verificada entre os anos 60 e 80, quando houve queda de 13,6% (*Atlas da Exclusão Social no Brasil*, vol. 2).

"No início dos anos 60, o país tinha 49,3% de excluídos. A taxa caiu para 42,6% em 1980, mas retornou para 47,3% em 2000." Esse aumento do índice é causado pelo aparecimento de um novo tipo de exclusão relacionado à violência e ao emprego, que se soma à "velha exclusão" atrelada à pobreza e à educação. A "nova exclusão" aparece nos grandes centros urbanos, como São Paulo, em que a população pobre, submetida à violência, convive lado a lado com uma camada social mais rica (...) há uma relação entre índices de desigualdade e a violência: a "ostentação" da riqueza é um motor da violência. "(...) Entre 1960 e 1980, os excluídos no Brasil eram, em sua maioria, imigrantes da zona rural com grandes famílias, pessoas de baixa escolaridade, baixa renda, mulheres e negros; entre 1980 e 2000, passou a haver predomínio de nascidos nos grandes centros urbanos, integrantes de pequenas famílias, pessoas escolarizadas, desempregados, homens e brancos. A mudança no perfil indica que a exclusão atingiu também setores da antiga classe média brasileira. Estamos diante de uma exclusão mais difícil de combater" (*Atlas da Exclusão Social no Brasil*, vol. 2).

Um dos organizadores da pesquisa, Marcio Pochamann, afirmou: "É mais fácil combater o analfabetismo e a pobreza do que combater a violência e criar novos postos de trabalho."

Como decorrência desse estado de coisas estabeleceu-se, então, no Brasil um *duplo comando de poder*, um do Estado através da polícia; outro, o poder paralelo a este formado pelos que se constituíram do direito de "fazerem justiça com as próprias mãos". São os "justiceiros", homens contratados para matar, e as gangues dos traficantes de drogas e armas. Na verdade, desde os anos 80 vivemos um clima de uma verdadeira "guerra civil" em nosso país, que se acirra dia a dia, espalhando o medo de tudo e de cada um com relação ao outro. Guerra que perturba, indiscriminadamente, a vida cidadã e a dos policiais que estão a serviço da ordem social necessária. As políticas oficiais de combate ao crime não estão conseguindo reverter a alta criminalidade e os consequentes níveis de mortalidade.

Voltemos ao tema tratado por Paulo em seu texto: as chacinas determinadas pela questão da exclusão de classes e pela "impunidade escancarada".

Sistemáticos extermínios de menores, prática sinistra que também se generalizou no Brasil na década de 90 a partir desse poder paralelo, tomado de alto grau de arbítrio, fuzilou, em 23 de julho de 1993, oito "meninos de rua" que dormiam, embrulhados até a cabeça com cobertores em trapos, nas calçadas da Igreja de Nossa Senhora da Candelária, um dos símbolos do Rio de Janeiro. Policiais vestidos à paisana os metralharam sem ao menos terem a certeza de quem matavam, certamente porque seus corpos cheiravam mal, não comiam, não eram acolhidos por suas famílias e, assim, abandonados, precisavam para sobreviver do "crack" e de roubar.

O Brasil, em seus verdadeiros cidadãos, chorou, se envergonhou e se pôs em prontidão e de luto.

Impune por este caso, a autoritária e inescrupulosa Polícia Militar do Rio de Janeiro invadiu uma favela logo depois do crime da Candelária, a Vigário Geral. Na calada da noite, alguns de seus homens, vestidos de civis e como sempre encapuzados, quiseram se vingar dos traficantes de drogas daquele morro, que não estavam dando o montante de propina ilegal e ilícita prometida. Mataram, um a um, algumas mulheres e alguns homens, todos inocentes; uns que bebiam cerveja e pacatamente conversavam num bar próximo; outros e outras que dormiam entre as poucas horas de que dispunham entre as muitas horas de trabalho pesado de cada dia.

No bar sete corpos tombaram. Na casa invadida fuzilaram oito pessoas de uma mesma família trabalhadora, evangélicos que faziam da fé o *élan* de suas vidas, deixando viva apenas uma criança. Após o sangue derramado ter sido lavado, a tenacidade dessa comunidade transformou esta casa num centro de cultura e de resistência.

Pelas ruas os policiais fizeram mais seis vítimas mesmo entre aqueles que clamavam por suas vidas e gritavam, desesperadamente, que eram trabalhadores, não vagabundos. Muitos ao redor viam e ouviam. Nada puderam fazer a não ser se desesperar.

Vinte e um inocentes pagaram o preço dos dias vividos nos morros da miséria e da injustiça, e do dinheiro da corrupção policial não recebido.

Os morros do Rio continuam diariamente fustigados pela polícia, pelos "justiceiros", pelos traficantes de drogas, que lá fazem seus "quartéis-generais" como consequência, sobretudo, das misérias que assolam os descendentes da população negra e miscigenada. Atualmente as UPPs (Unidade Policial Pacificadora) e várias ações sociais vêm diminuindo a violência nas favelas cariocas.

Um ano antes o palco de episódio igualmente estarrecedor ocorreu na cidade de São Paulo, com o agravante de que a violência recaiu sobre homens presos sob a tutela e responsabilidade do estado de São Paulo. Do estado mais rico e dinâmico do país.

Trucidados pelas forças no poder, os presos do Pavilhão 9 da então Casa de Detenção do Complexo Penitenciário do Carandiru foram o alvo dessa tirania desenfreada dos que se creem fazedores da justiça e da ordem.

O massacre ocorreu no dia 2 de outubro de 1992, mas só veio a público na tarde do dia seguinte, porque "era preciso" esconder tal fato para que as eleições para prefeito da capital, no dia seguinte, ocorressem na "normalidade", isto é, conforme os interesses dos donos do poder.

Após briga entre os presos desse pavilhão, quando um deles, "passador de drogas", tinha recebido o dinheiro mas não tinha distribuído a droga — prática comum nos presídios, patrocinada pelos próprios policiais corruptos —, "zelosos" funcionários da carceragem gritaram que estava havendo uma rebelião.

Sem que tivessem competência jurídica ou administrativa para isto, os guardas das muralhas telefonaram para o Comando do Policiamento Metropolitano. Imediatamente chegou seu comandante e com ele as tropas de choque famosas pela violência, as da ROTA (Rondas Ostensivas Tobias de Aguiar), do COE (Comando de Operações Especiais) e do GATE (Grupamento de Ações Táticas Especiais). Chegaram também ao Carandiru o secretário adjunto para Assuntos Penitenciários e juízes da Vara de Execuções Criminais, que se reuniram na sala da diretoria do presídio. Telefonaram para o secretário de Segurança Pública de então, que determinou ao diretor da Casa de Detenção que "passasse o comando" ao Cel. Ubiratan, comandante do Comando do Policiamento Metropolitano.

Assim ordenando o secretário abriu mão de seu poder civil e político na área da segurança pública, entregando indevidamente, neste caso, a população presa ao massacre da polícia militar.

O coronel Ubiratan — que ironicamente morreu anos depois por arma de fogo de sua propriedade, deflagrada por pessoa de sua intimidade em sua própria casa — imbuído de amplos poderes, não quis que nenhum civil participasse da sua "operação de guerra", deixando fora de "seu" campo de ação até a voz de juízes, que na ocasião já se encontravam no presídio. Na realidade, concretizou-se uma ação militar violenta, com requintes de perversidade e crueldade numa área civil, fato sem precedentes na história carcerária do Brasil.

As barricadas montadas às pressas pelos presos não impediram que essas tropas, sabidamente violentas, entrassem no Pavilhão 9 e fossem executando, cela após cela, os seus ocupantes em poucos minutos.

Portas de celas enferrujadas que não se abriram pouparam alguns por poucos minutos. Homens que a pressa de matar dos policiais não podia esperar abri-las com um pouco mais de esforço do que o simples empurrar a porta com os pés. Foram 300 policiais "armados até os dentes" contra cerca de 1.000 homens indefesos.

Os que sobreviveram — feridos e aterrorizados — foram postos no pátio central daquele pavilhão, totalmente nus, sentados e com as cabeças inclinadas sobre seus joelhos, prática infelizmente comum nos presídios de todo o mundo; obedeciam a todas as ordens porque evidentemente já estavam rendidos. Os que se moviam eram mordidos por cachorros amestrados para matar. Outros, após terem sido indagados sobre o crime que tinham cometido antes de suas prisões, eram retirados do pátio e desapareceram. Ironicamente o pivô da briga foi poupado porque estava na enfermaria para curativos.

As famílias dos 111 mortos exigiram uma indenização do Estado alegando que seus parentes não estavam tentando fugir, não fizeram revide e que o massacre foi pura barbárie e intenção de "eliminar" alguns "elementos" ali detidos, conforme interpretação dos advogados criminalistas de defesa. O princípio é óbvio: nus não revidam nem fogem, apenas obedecem e se submetem até como estratégia para tentar sobreviver. Exterminar presos indefesos é crime contra os direitos humanos. Alguns processos já foram julgados e ganhos pelas famílias, que aguardam o pagamento através de "precatórios", outros ainda tramitam na justiça. Nenhum dos culpados do massacre foi condenado.

Aos primeiros rumores da "rebelião", ainda no fim da tarde de sexta-feira, 2 de outubro, dois membros da Comissão de Direitos Humanos da Ordem dos Advogados do Brasil — a OAB vem sendo uma das instituições mais atentas e preocupadas, porque se autodeterminaram a isso, com as questões político-jurídico-éticas da sociedade brasileira — dirigiram-se ao Carandiru, mas foram impedidos de lá adentrar. Ouviram do diretor que o presídio estava sob o comando da Polícia Militar, que não autorizava a entrada de ninguém. Eram eles os doutores Flávio Straus e Margarida Helena de Paula.

No sábado 3 de outubro, dia das eleições, com os primeiros vazamentos do "segredo de Estado", —, outros dois membros da OAB, João Benedito de Azevedo Marques e Ricardo Carrara, foram ao presídio, conseguindo então adentrá-lo e colher mais informes sobre a dimensão da tragédia. Retornaram e então mobilizaram a sociedade civil.

A OAB, pela sua então Comissão de Direitos Humanos, e outras organizações vigilantes com as injustiças político-sociais que vêm sofrendo os segmentos oprimidos/excluídos do Brasil convocaram a imprensa nacional e estrangeira para fazerem as denúncias com a intenção de que semelhante ignomínia não permanecesse no silêncio dos algozes e na impunidade dos opressores representantes do próprio Estado.

Na segunda-feira 5 de outubro, um jurista de clara e explícita opção política a favor dos oprimidos, membro dos mais atuantes da OAB de São Paulo, o criminalista Jairo Fonseca, que me forneceu detalhes para a redação desta nota, conseguiu entrar no presídio e conversar com os sobreviventes do Pavilhão 9 acompanhado da imprensa. Nesta ocasião, esses sobreviventes afirmaram que estavam em suas celas, que não estavam tentando fugir como alegaram seus agressores, que alguns companheiros que foram vistos no pátio havia "desaparecido" do presídio e outros detalhes degradantes daquela tarde de horror e pavor.

A maioria dos presos do Pavilhão 9 era réu primário e aguardava julgamento, poucos cumpriam penas e outros já tinham cumprido suas penas, e lá estavam por conta da retrógrada, lenta e injusta máquina judiciária do Brasil.

A mobilização de várias entidades nacionais organizadas, às quais se juntaram a America's Watch, que mandou imediatamente depois do massacre uma representante, e a Anistia Internacional, exigiram a apuração dos fatos para punição dos culpados. Infelizmente, o autoritarismo e elitismo brasileiro apurou, depois de meses de inquérito e interrogatórios, que faltavam provas para incriminar a cúpula político-policial do Estado. Foram indiciados os policiais que tinham agido por "ordens superiores". Todos evidentemente acobertados pela impunidade institucionalizada entre os opressores.

O Instituto Médico Legal de São Paulo em seus laudos apontou como *causa mortis* dos 111 presos perfurações em seus corpos por facas, baionetas, revólveres e mordidas de cachorros. A ROTA fez jus à sua fama posto que, tendo sido a responsável pelo 3º andar do Pavilhão 9, lá foram encontrados 80 corpos do total de 111 massacrados.

Os presos tinham consigo no momento do massacre muitas armas brancas: barras de ferro e estiletes que eles mesmos fazem dentro do presídio, para proteção pessoal de outros presos e dos agentes carcerários. Tinham oficialmente em suas mãos 13 revólveres, um deles inexplicavelmente pertencente ao Exército Nacional, mas todos com ferrugem e outros sinais de que não estavam sendo usados, o que, aliás, foi constatado por perícia técnica do Instituto de Criminalística de São Paulo.

Fato também altamente comprometedor para os invasores do Carandiru é o de que todas as armas foram arrecadadas na mesma noite da "rebelião" com o Pavilhão sem iluminação e coberto de destroços e muita água que inundava o presídio devido à abertura de torneiras e canos estourados, fazendo com que 11 corpos de presos só fossem localizados no dia seguinte. Para se ter uma ideia da fraude dos policiais, nos últimos 12 anos apenas 5 armas de fogo tinham sido recolhidas das mãos de detentos do presídio todo, que era de mais de cerca de 8 mil homens. Assim, evidentemente, foi a "eficiência" policial que "plantou" essas armas após a matança, como álibis a favor deles, como bons repressores que são.

É importante salientar que nenhum policial foi ferido pelos detentos nem tampouco nenhum foi morto neste triste episódio. Como a luz tinha sido cortada no presídio no fim daquela tarde chuvosa, o escuro fez tropeçar e esbarrar em paredes ásperas e empecilhos nos caminhos ficando por isso alguns policiais, entre esses seu chefe, com arranhões e escoriações.

As filas de familiares que se formaram à frente da Casa de Detenção do Carandiru, no centro da cidade mais importante do país, desde quando foi divulgado o massacre, era sinal da impotência e da indignação daqueles e daquelas que sequer podiam saber o destino — vivo ou morto? — de seus maridos, pais, filhos ou irmãos, em dias e noites longos de espera. Souberam das demissões do diretor do presídio e do secretário de Segurança Pública entre choros de desespero e dor, de desesperança e de revolta diante dos corpos nus dos seus entes expostos em caixões abertos, lado a lado, sem dignidade mostrados ao mundo.

Tal episódio revestido de tamanha tragicidade foi a gota d'água para a decisão da desativação do Complexo do Carandiru, efetivada em 2002. No local foi construído o Parque da Juventude

20. Os "barracões" eram as "vendas" ou mercearias, construídas próximas à casa do senhor de engenho, de sua propriedade, onde o camponês que lavrava a terra do "seu senhor" se abastecia dos gêneros necessários à sua sobrevivência. No barracão, o lavrador, o "morador do engenho", como chamávamos no Nordeste, e sua famí-

lia podiam comprar "fiado", isto é, podiam comprar sem desembolsar o dinheiro na hora, levando para sua humilde e pouco confortável casa "tudo" de que precisava para seu dia a dia. Apenas alguns alimentos básicos: feijão, farinha de mandioca, o próprio açúcar que ele fabricava no engenho, carne de charque, café, óleo comestível, pão, coco seco e poucos suprimentos ou objetos a mais que a família juntava à própria e parca produção de jerimum, batata-doce e macaxeira (mandioca) e criação de porcos e galinhas. O barracão também lhes abastecia do querosene para as lamparinas e os candeeiros, das velas, do fósforo, do sabão, de cordas e vassouras, das sandálias e das roupas, dos lençóis e da "cama de lona" e pouco mais do que isso para "ir levando a vida", isto é, ter o mínimo para sobreviver e ter força para o trabalho de sol a sol que rachava sua pele e envelhecia seu corpo.

O barracão tinha, na verdade, uma função política — pois no fim do mês geralmente o consumo do lavrador no barracão era maior do que seu ganho mensal — jamais explicitada, obviamente, e certamente nunca percebida por seus usuários. Assim, por mais que tentasse economizar para pagar as contas que se acumulava mês a mês, ano a ano, o "morador" ia ficando nas labutas do plantio, limpeza e corte da cana e da moagem e purgação no engenho propriamente dito, servil e agradecido ao senhor que "generosamente" lhe adiantava comida e "serventias" para o seu todo dia. Tal como queria o senhor. Eram as coisas da escravidão no Nordeste que ainda permaneciam em muitas de suas maneiras perversas após a "libertação" em 13 de maio de 1888.

Com as facilidades de transporte — podendo assim o lavrador se locomover quando precisava; a *conscientização* do trabalhador rural quer por frequentar as Ligas campesinas, quer pelo próprio trabalho nômade de engenho a engenho, ou de fazenda a fazenda, em contato com outros explorados/oprimidos a que foram condenados, contraditoriamente, após a legislação trabalhista ter assistido o trabalhador/a rural, em 1963, certamente decretaram a falência dos barracões dos senhores de engenho. Infelizmente, nas zonas rurais de maior atraso, o trabalho escravo e o "barracão" ainda existem no país, em pleno século XXI, conforme recentes denúncias de instituições como o MST e as Pastorais da Terra, bem como pela imprensa nacional.

21. Aluízio Pessoa de Araújo e Genove Araújo são meus pais. O leitor pode ler várias menções de Paulo a eles e ao Colégio Oswaldo Cruz neste livro, bem como no *Política e educação** e na *Pedagogia da esperança*, todos três de sua autoria. Consultar também Ana Maria Araújo Freire, *Centenário de nascimento: Aluízio Pessoa de Araújo*, Recife: Ed. Do Autor, 1997, e, Ana Maria Araújo Freire (org.)., *Centenário de nascimento: Francisca de Albuquerque Araújo-Genove*, São Paulo: Ed. Roteiro, 2002.

22. A questão da poluição das águas no Brasil é muito séria, quer sejam das do mar, quer sejam das dos rios, riachos e córregos. Nelas se jogam lixos de toda espécie, inclusive dejetos e resíduos industriais de toda natureza, tornando

---

* A ser publicado em sua 9ª edição pela Paz e Terra.

este um dos mais sérios problemas sanitário-econômico-
-ecológico do país.

Os detritos das usinas, dos engenhos de açúcar ou das fábricas de papel de que nos fala Paulo nesta parte de seu livro, denunciando a insensatez de quem joga a *calda* nas águas, poluindo um sem-número de nossos rios, advém da fabricação do álcool a partir da cana-de-açúcar.

Após a moagem da cana se obtém o "caldo-de-cana" e com seu cozimento, depurando-o, um xarope ou "mel de engenho". Em seguida, microrganismos são introduzidos para que se fermente esse mel e se obtenha então o álcool, após se retirar os excedentes como a água e as próprias células vivas introduzidas. Há ainda, entretanto, uma sobra que não vinha sendo aproveitada, chamada *calda* ou vinhoto ou tiborna, e é este resíduo putrescível que, irresponsavelmente ainda jogado nos rios, os desvitaliza.

Esse processo, aqui simplificadamente descrito, mas que tão bem ilustra o desprezo de empresários e governantes pela VIDA em nome do desenvolvimento, tem deixado belos e antigos rios de águas límpidas se transformarem em rios sem movimento que exibem tristemente um sem-número de flores, plantas, algas e peixes mortos. É que a *calda* sendo um rico material orgânico precisa de oxigênio "roubando-o" então das águas dos rios, levando os verdadeiros habitantes dos rios, microscópicos ou macroscópicos, animais ou vegetais, à morte pela falta do oxigênio em seu habitat que antes era original e totalmente seu.

23. Sabemos que em muitas partes do mundo se cultivam as estórias de mal-assombrados, das sombras dos mortos e das mortas que vagueiam pelas casas e palácios, de preferência nas noites escuras ou iluminadas apenas pela lua cheia.

Mas creio que no Nordeste brasileiro há um gosto muito especial levado pelo medo mesmo, quase terror que paralisa, em se falar e a pôr "vida" nesses mortos(as) tidos como sem espaço, insepultos, como para descobrir estórias para fazer história.

Na minha infância, como na de Paulo, conheci mil e uma dessas estórias, ouvindo-as de Maria, minha "mãe-preta", e de seu velho e negro pai; de Rosinha e de "seu" Candido — fiéis e queridos servidores por décadas a fio de minha primeira família; e de Corina, querida amiga, que também morava junto a nós. "Vivi" também essas estórias, como Paulo, experimentando-as quando morei numa enorme casa que meus pais adquiriram depois de abandonada há muitos anos pelos antigos proprietários. Abandonada não por seu sem-número de cômodos, mas pelas tragédias vividas nela pela família que a construíra com esmero e luxo. Compraram-na num leilão público pelo preço mínimo, porque naqueles idos anos 40 no Recife foi o único candidato que se atreveu enfrentar viver num enorme espaço onde "vagavam almas penadas", mal-assombrados, que rondavam e se escondiam nela vindos do outro mundo.

A da governanta alemã morta pelas balas dos soldados da "Revolução de 1930", por ato vil, pois ela simplesmente olhava, curiosamente, da janela do seu quarto o que acontecia na rua. Atingiram com seus tiros não só a estrangeira, mas também um grande espelho, que assim estilhaçado, dizem os crentes, os fiéis às estórias do "outro mundo", atraía mal-assombrados. Nele, eu menina, mirando-me tinha medo de ver o rosto da alemã e não o meu próprio me deparando também com as almas dos outros mortos daquela casa. O da mulher, que ali se suicidara e o dos filhos e filhas do ex-proprietário que a doença cedo levara para "o além".

Numa visita ao então governador de Pernambuco, nos anos 90, em conversa descontraída quando falávamos sobre a arquitetura francesa no Recife e o local da construção escolhido por Maurício de Nassau — um espaço parecido no qual tinha seu palácio em Haia — para edificar aquele Palácio do Governo onde estávamos, ele, eu, Paulo, e alguns amigos, o assunto se desviou para as tão saboreadas estórias dos mal-assombrados, tão ao gosto, repito, do povo pernambucano. O governador narrou então, com humor e riso respeitoso, as diferentes versões que funcionários e visitantes daquele palácio repetem, declaradamente crentes ou não, por décadas, dos mal-assombrados da casa do governo.

Uma delas é sobre Agamenon Magalhães, que foi interventor do Estado de Pernambuco, nomeado por Getúlio Vargas, que apareceria muito amiúde, vagando, a partir das 8 horas da noite, pelos quartos e salas onde tinha vivido. Às vezes, ele é visto de corpo inteiro às vezes, sem cabeça, correndo atrás de pessoas ou voando pelos corredores largos e compridos ou sobrepondo seu rosto de traços chineses aos rostos das telas a óleo dos outros governadores que se perfilam na galeria dos mandatários do Estado, como sugerindo o esvaziamento do poder de seus antecessores e sucessores. Agamenon, pernambucano, e realmente um estadista, apareceria quase sempre gemendo; outras vezes gritando, quase sempre pedindo rezas e missas, mas sempre demonstrando sua preocupação com o povo pelo qual dedicou muitas das suas atenções e práticas enquanto "governador" por tantos anos de sua vida.

Creio que essas imagens assustadoras de Agamenon nasceram "instruídas" pelos seus inimigos políticos que desejavam destruir sua imagem de homem público, amoroso de seu povo, estrategicamente alimentadas na capacidade medrosamente criativas desse mesmo povo.

O povo pernambucano vem acreditando na "alma penada" de Agamenon como em tantas outras, porque ela deveria, por um lado, voltar ao mundo para, sofrendo pelo medo que causava aos vivos, expurgar seus pecados como mandatário autoritário — a ele não faltou esta faceta condenável — e, por outro lado, para que não ficasse esquecido, para que fosse perpetuado como governante preocupado, que foi, com os problemas sociais e econômicos de seu estado e das suas camadas populares.

Estas estórias carregadas do conhecimento mítico são, na verdade, a verbalização do inconsciente popular, que tende a corporificar num só ente os diferentes lados; antagônicos; que caracterizam os seres humanos, o do bem e o do mal.

Assim, essas estórias de mal-assombrados que tanto ainda aterrorizam crianças e adultos nos fazem, como fez em Paulo e em mim, entender a unidade do bem e do mal, do real e do imaginário coletivo, nessa dicotomia que a vida mesma determina no construir antropológico, social, político e histórico dos seres humanos. Com estas estórias assumimos a ambiguidade humana que há em cada um de nós.

24. *Pinico do céu* é uma expressão popular que, indicando o alto índice pluviométrico de uma determinada área, demonstra a irritação de quem vive nas áreas urbanas quando as chuvas caindo, abundantemente, são vistas apenas pelos transtornos que lhes causam. Daí seu pouco respeitoso ou nada aristocrático termo que, obviamente, os homens e mulheres do campo, da chuva precisando, jamais a ela assim se referem. *Pinico do céu* é o mesmo que pinico do mundo (Veja nota nº 23 da *Pedagogia da esperança* de Paulo Freire, de minha autoria).

25. São dessa época e como resultado dessas rodas de intelectuais curiosos em torno dos caixotes de livros importados, porque vinham trazendo ideias de "outros mundos", que Paulo começou a formar sua biblioteca. A formar pelo diálogo com novos autores o seu entendimento muito próprio de *ler o mundo*.

No seu livro de anotações das obras adquiridas, que ora consulto, que começa em 1942 e prossegue, pacientemente anotados, autor, título, valor pago ou "oferta" e número de volumes de cada obra, ano após ano, até 1955, encontro catalogadas obras de autores nacionais e de autores estrangeiros, editados no "Sul" do Brasil, no Rio de

Janeiro ou São Paulo, ou em muito maior número de casos, nas casas editoras da Espanha, da Argentina e do México, da França ou da Inglaterra e dos Estados Unidos ou mesmo de Portugal, importados pelas livrarias do Recife.

Através desse registro, feito de próprio punho por Paulo, de 572 livros, podemos observar que ele começou a ler obras em espanhol em 1943; em francês, em 1944, e em inglês, em 1947, deduzindo-se que após as compras dos livros ele os lia.

Citaria, entre outros, estes autores estrangeiros, constantes desse seu livro de registro: Aguayo, Claparède, Dewey, Lasky, Ingenieros, Maritain, Balmes, Taine, Sforza, Snedden, Duquit, Kant, Ortega y Gasset, Trancovich, Mourrais, Max Becker, Durkheim, Chersteton, Aldous Huxley, Burchardt, Raymond Aron, Croce, Vaissière, Gerald Walsh, Macnab, Labriola, Platão, Schopenhauer, Haechel, Berdiaeff, Campanella, Andre Cresson, Gustavo Le Boun, Horne, Aristóteles, Messer, Elizando, Charlote Burkler, Bastide, Adler, Toynbee, Weigert, Enrique Pita, Brunner, Vico, Spengler, Shakespeare, Nordeaux, Reinach, Rousseau, Bally, Backhauser, Vosseler, Maeterlinck, Saussure, Douzat Bernanos, Montavani, Leite de Vasconcelos, Tomás de Aquino, Sarmiento, Renan, Gurvitch, Nietzsche, Lucien Lefèvre, Dante, Lascki, Jean de Lery, Jean Piaget, Fritz Tiahn, Fouillé, Scheller, Santo Agostinho, Maliart, Bergson, Werner Jaeger, Ballesters, Guillermo Dilthey, Richard Wickert, Lorenzo Luzuriaga, Paul Monroe, Espasandicr, H. Marrou, Riboulet, Renê Huber, Richard Lewis, Wilcken, Virgil Gheorghin, Martin Grabunann, De Hovre, Lewis Munford, Peter Petersan, Bühler, Gregovius, Winn, Dottrans, José Forgione, Luella Cole, Adolf Meyer, Charles Norris Cochrane, Butts, P. Barth, Hobbes, Klineberg, Juan Gomes, Arnold Rose, L. C. Dunn, Michael Leiris, Homero, Louis Halphen, Charles Bemout, Roger Doucet, Erwin Rohde, Kilpatrick, Zaniewski, Pierson, Erich Kahler, Lowie, Spencer, Roger Ginot, W. A. Lay, Ernesto Neumann, Frank Freeman, Hermann Nahl, Spranger, Margaret Mead, Huizinga, Castiglioni, Kaufmann, Radice, Vanquelin, Eça de Queiroz, Gentile, Olsen, Fernandez Ruiz, Ponce, Bode, Perkins, Skinner, Kronemberg, Charmat, Zulliger, Richepin, Ebagné, Platão, Nicholas Hans, Maugier, O'Shea, Gonzague de Reynold, Roger Cousinet, Nelly Wolffneur, James Conant, Charlotte Wolff, Nicholas Hans, Ernest Schneider, Kieffer, Findlay, Julius Koch, Karl Roth, Herbert Read, Andre Beley, Geronimo de Moragas, Stekel, Schumpeter, Krieck, Baudonnin, Elmer Von Kannan, Comenius, Bodin, De Havre, Dostoievski, Frederick Eby, Ernest Green, J. B. Bury, M. A. Block, Slavson, Emile Callot, Labrousse, Wilhem Dilthey, James Campbell, Bertrand Russel, Sidney Hook, Berenice Baxter, Rose Marie Mossé-Bastides, Pierce, John Wynne, Volpicelli, John Scott, Pitirim Sorokin e Hany Brandy.

Entre os autores nacionais constantes do rol dos livros de Paulo, citaria, entre outros: Tristão de Atayde, Gilberto Freyre, Joaquim Ribeiro, Artur Ramos, M. Querino, Leonel Franca, Pedro Calmon, Otávio de Freitas Júnior, Anísio Teixeira, Hermes Lima, Otto Maria Carpeaux, Oswald de Andrade, José Veríssimo, Oliveira Viana, Antonio Candido, Florestan Fernandes,

Afrânio Peixoto, Adonias Filho, Murilo Mendes, Plínio Salgado, Valdemar Valente, Carneiro Ribeiro, Euclides da Cunha, Pinto Ferreira, Silvio Romero, Amaro Quintas, Joaquim Nabuco, Sergio Buarque de Holanda, Silvio Rabelo, Viriato Corrêa, Fernando de Azevedo, Pascoal Leme, Carneiro Leão, Graciliano Ramos, Olívio Montenegro, Machado de Assis, Carlos Drummond de Andrade, Manuel Bandeira, Vinicius de Moraes, Mauro Mota e Ruy Barbosa.

É importante atentar que Paulo leu mais autores estrangeiros sobre seus temas de interesse: antropologia, linguística, filosofia, literatura, gramática, história e educação do que autores brasileiros sobre essas mesmas áreas do conhecimento. Isso não evidencia uma escolha deliberada dele por obras estrangeiras por mais válido que fosse conhecê-las, mas acima de tudo tal fato comprova a pequena produção nacional nessas áreas do saber, como aliás em quase todas as outras, e uma presença pouco expressiva de casas editoriais no Brasil dos anos 40 e 50.

Assim, antecedendo à formação de seu pensamento genuinamente brasileiro, preocupado com a realidade nacional, Paulo se ocupou e analisou obras de mais de uma centena de autores europeus, americanos e latino-americanos. Escolhia os mestres do pensamento de várias partes do mundo para criar concepções próprias, e autores brasileiros e portugueses por ter sido sempre atento ao bem falar e escrever. Porque ele estava preocupado com a linguagem esteticamente bela, certa e poética de nossa língua tanto quanto com a *leitura do mundo* precisa, correta, verdadeira e objetiva de nossa realidade.

Viveu, portanto, a contradição entre as ideias de tantos lúcidos pensadores estrangeiros para "partejar" de suas experiências profissionais educativas as mais diversas e dessas ideias aliadas às dos pensadores nacionais, como também de suas vivências e experiências de criança e de adolescente — como tem afirmado, sobretudo, nesta sua obra —, o seu pensar absolutamente original e peculiar de pensar o mundo, de pensar os brasileiros e as brasileiras, a brasilidade mais autêntica. Partindo dessas influências todas Paulo devolveu ao mundo, sobretudo ao Brasil, essas "leituras" e essas vivências reelaboradas criticamente como possibilidade para a transformação das sociedades.*

Infelizmente ele não prosseguiu com este registro através do qual poderíamos então vermos elencados Marx, Hegel, Gaston Bachelard, Spinoza, Marcuse, Jean-Paul Sartre, Simone de Beauvair, Merleau-Ponty, Durkheim, Nietzsche, Lenin, Rosa Luxemburgo, Heiddeger, Ernani Maria Fiori, Álvaro Vieira Pinto, Gramsci, Albert Memmi, Frantz Fanon, Amílcar Cabral, Nyerère, Zevedei Barbu, Erich Fromm, entre outros, que tanto o fizeram refletir a partir dos fins dos anos 50 até 1997, quando faleceu.

---

* Conferir em Ana Maria Araújo Freire. *Paulo Freire: uma história de vida*. Indaiatuba: Villa das Letras, 2006. Prêmio Jabuti 2007, Categoria Biografia, 2º Lugar; 2ª edição, Rio de Janeiro: Paz e Terra, 2013.

26. A questão da expulsão da escola, da evasão escolar e do fracasso escolar, foram assim compreendidas e explicitadas por Paulo, já no inicio de sua gestão frente à SMED/SP:*

"Em primeiro lugar, eu gostaria de recusar o conceito de *evasão*. As crianças populares brasileiras não se evadem da escola, não a deixam porque querem. As crianças populares são *expulsas* da escola — não, obviamente porque esta ou aquela professora, por questão de antipatia pessoal, expulse estes ou aqueles alunos ou os reprove. É a estrutura mesma da sociedade que cria uma série de impasses e de dificuldades, uns em solidariedade com os outros, de que resultam obstáculos enormes para as crianças populares não só chegarem à escola, mas também, quando chegam, nela ficarem e nela fazerem o percurso a que têm direito. Há razões, portanto, internas e externas à escola, que explicam a 'expulsão' e a reprovação dos meninos populares."

Prossegue informando sobre como enfrentaria a questão como secretário da Educação do município de São Paulo:

"Atacaremos, ao nível da Secretaria da Educação, sobretudo as internas, perseguindo: o uso bem-feito do tempo escolar — tempo para a aquisição e produção do conhecimento, a formação permanente dos educadores, o estímulo a uma prática educativa crítica, provocadora da curiosidade, da pergunta, do risco intelectual."**

---

* Conferir —, no *A educação na cidade*, São Paulo: Cortez, 5ª edição, 2001, p. 35, entrevista de 26.2.1989.
** Idem, ibidem.

O "Número de alunos reprovados no Ensino Fundamental, por Série" indica que, em 1999, foram reprovados em todo o Brasil 3.735.880, sendo 1.023.016, na 1ª Série; 683.056, na 2ª Série e 499.037, na 5ª Série.*

Esses dados ficam mais explícitos se observarmos as **taxas** de reprovação no nível fundamental, que no período 1999/2000 foi de 21,6,%, sendo de 11,9% entre 1ª e 4ª séries, e de 9,2% entre a 5ª e 8ª séries, demonstrando um avanço com relação a de 1995/1996 que tinha sido de 30,2%. A taxa de evasão foi 4,8% em 1999/2000 (entre 1995 e 1996 tinha sido de 5,3%); e o "Abandono", em 2000, de 12,0%. (idem, idem).

A taxa de Aprovação também foi positiva, de 77,3% (1999/2000), quando em 1995/1996 tinha sido de 64,5%; e a de Reprovação de 10,7%, 1999/2000. A "Idade Mediana de Conclusão", em 2000, era de 15 anos e o "Tempo Médio Esperado de Permanência no Sistema", em 1999, era de 8,5 anos.**

Felizmente, os dados oficiais mais recentes, tanto os acima apresentados como os que abaixo informarei, nos mostram que está havendo uma reversão mais significativa desse quadro, indicando que a sociedade brasileira vem sendo uma sociedade menos elitista, autoritária e discriminatória, que interdita os seus espaços privilegiados, neste caso, a escola, aos segmentos e regiões mais desvalorizadas socialmente.

Vejamos estas novas informações:

---

* Fonte: MEC/INEP/SEEC.
** Fonte: MEC/INEP e IBGE, Perfil da Educação Brasileira.

Em 2007, o Abandono Escolar do Ensino Fundamental teve uma taxa de 3,2% e a do Ensino Médio de 10,0%.*

As taxas de Aprovação Escolar foram, em 2007, de 85,8% para o Ensino Fundamental e de 77,0% no Ensino Médio. As taxas de Reprovação Escolar foram de 11,0% no Ensino Fundamental (pouco maior do que a de 1999/2000) e de 13,1% no Ensino Médio; e as taxas de Abandono Escolar foram 3,2% e de 10,0%, respectivamente, para os ensinos Fundamental e Médio.**

27. O Movimento de Cultura Popular — MCP, justiça se faça, foi o primeiro de uma série de movimentos político-educacionais que surgiram nos anos 1960 no Brasil. Tentou, resgatando a cultura popular, *com* o povo orientado por intelectuais, levar a práxis cultural revolucionária para a transformação do país.

O MCP nasceu oficialmente no Recife em 13 de maio de 1960. Seus Estatutos foram publicados no *Diário Oficial* do estado de Pernambuco, de 23 de agosto e de 12 de setembro de 1961, registrado como pessoa jurídica em 19 de setembro do mesmo ano, no Cartório do 2º Ofício do Bel. Emílio T. R. dos Anjos, do Recife.

Segundo seus Estatutos, a finalidade do MCP era educativa e cultural, e seus objetivos: "1 — Promover e incentivar, com a ajuda de particulares e dos poderes públicos, a educação de crianças e adultos; 2 — Atender ao objetivo fundamental da educação que é o de desenvolver plenamente todas as virtualidades do ser huma-

---

* Fonte: Indicadores Educacionais do Mercosul 2007, http://www.sic.inep.gov.br.
** Fonte: Indicadores Educacionais do Mercosul 2007, http://www.sic.inep.gov.br.

no, através de educação integral de base comunitária, que assegure, também, de acordo com a Constituição, o ensino religioso facultativo; 3 — Proporcionar a elevação do nível cultural do povo preparando-o para a vida e para o trabalho; 4 — Colaborar para a melhoria do nível material do povo através de educação especializada; 5 — Formar quadros destinados a interpretar, sistematizar e transmitir os múltiplos aspectos da cultura popular."* Entre as 102 pessoas que fundaram o MCP, declino apenas o nome de: Paulo Freire, Norma e Germano Coelho, Abelardo da Hora, Vicente do Rego Monteiro, Ariano Suassuna, as irmãs Cristina e Lúcia Tavares, Francisco Brennand, Anita Paes Barreto, Antonio Bezerra Baltar, José Otavio de Freitas, Dolores Coelho, Hebe Gonçalves, Hermilo Borba Filho, Maria Antonia Amazonas MacDowell, Maria Lúcia Moreira, Paulo e Moema Cavalcanti, os irmãos Silvio e Marcos Lins, Paulo e Argentina Rosas, Silvio e Liana Loreto e Zuleide Aureliano.

28. Chegar a este assentamento do MST, em nosso primeiro contato direto com os acampados(as) desse movimento de democracia e cidadania, foi antes de tudo um ato de coragem, certamente menor do que eles e elas praticam no dia a dia para as suas sobrevivências e luta política, mas para nós intelectuais urbanos pelo menos um ato de ousadia. Saímos Paulo, eu e Frei Sérgio numa manhã de sábado de 1991, num carro bastante usado e velho, de

---

* Conferir no Memorial do MCP, Coleção Recife, vol. XLIX, Recife, Fundação de Cultura do Recife, 1986, pp. 56 e 57; e Germano Coelho, *MCP: História do Movimento de Cultura Popular* Recife: Ed. do Autor, 2012, p. 499.

Pelotas a Bagé, o mesmo em que na noite anterior tínhamos viajado de Porto Alegre a Pelotas.

No ponto em que o asfalto tinha acabado aguardavam-nos, numa casa pobre, semidestruída, os educadores(as) que queriam a nós se juntar para numa caravana chegarmos ao assentamento "Conquista da Fronteira", no Rio Grande do Sul.

Conquista sim, dos Sem-Terra. **Fronteira** também sim, do Brasil com o Uruguai.

Num frio de inverno, úmido e acabrunhante, e num carro ainda menor e mais precário do que o anterior "pilotado" por vereador da região treinado naquelas "estradas", tivemos que romper, enfrentando grandes perigos, os quase 60km de lodaçal que separavam a "civilização" do assentamento. Poucos outros carros nos acompanharam — os motoristas dos ônibus fretados se negaram a fazer a aventura —, cujas cores no fim da viagem não podíamos sequer saber, recobertos que ficaram do lodo escuro e escorregadio daquela região. Todos ficaram marrom-esverdeados.

Soubemos então que os esforços dos assentados junto aos poderes públicos locais vinham sendo inúteis no sentido de ao menos cobrir de cascalhos e pedregulhos aquela e outras estradas que levavam às suas propriedades. A cada período prolongado de chuvas correspondia sofridamente por quem plantava as suas sementes, quase sempre uma safra de alimentos perdidos pela impossibilidade de levá-los aos centros consumidores.

A "concessão" da doação das terras aos Sem-Terra não incluía o sucesso de uma fazenda autogerida por aquelas famílias, muitas delas analfabetas, que ali em paz trabalhavam em comunidade. Era preciso, do ponto de vista do opressor, que a experiência não desse certo. Apesar do lodo, da falta de estrada asfaltada e do analfabetismo, a teimosia desse povo tratando de superar e aos poucos superando estas negatividades, está "dando certo".

29. Francisco Julião saiu do Brasil para viver "nordestinamente em Cuernavaca", México, como diz Paulo. Após o Golpe Militar de 1964, perseguido por causa de sua luta política ao lado dos camponeses(as) nordestinos, sentiu-se obrigado a sair do país.

A exploração dos trabalhadores da região canavieira vem sendo, desde os tempos coloniais, das mais terríveis e cruéis. Escravidão de fato até fins do século XIX redundou para os descendentes dos escravos uma situação de instabilidade, de enormes dificuldades, sempre crescentes, para a obtenção das condições mínimas para as suas sobrevivências: falta de garantia de trabalho, "salários" ínfimos pagos ou negados pelos exploradores do trabalho humano ao lado de outras explorações financeiras, assassinatos de líderes camponeses e dos que simplesmente reclamavam seus parcos pro labore ou outros direitos não recebidos, vinha e ainda vem sendo o cotidiano dos homens e das mulheres dos canaviais brasileiros.

As primeiras expressões de revolta e negação da vida de misérias nas quais viviam os camponeses(as), ocorreram quando os trabalhadores do Engenho Galileia, em Pernambuco, em 1955, fundaram a "Sociedade Agrícola e Pecuária dos Trabalhadores de Pernambuco". Essa primeira "liga camponesa" tinha como objetivo lutar por posse de terra e reforma agrária.

Os cantadores-violeiros das feiras e das praças públicas do interior do Nordeste trataram de difundir a "Liga" entre os lavradores. Uma das funções desses "homens letrados" vem sendo, historicamente, a de perpetuar o velho saber, transmitir divulgando as novas criações e ideias aos que não sabem ler nem escrever. O trabalho dos cantadores é, portanto, educacional e político.

Cantando versos geralmente improvisados na hora, ou cantando os de outros poetas publicados na "literatura de cordel" (folhetos impressos quase artesanalmente e vendidos nos lugares frequentados pelas camadas populares, tratando desde fatos históricos e suposições políticas a escândalos sexuais, quando são expostos para que se vejam suas xilogravuras, dependurados em cordões estendidos de uma árvore a outra, ou de um poste a outro), a verdade é que as ideias da "Liga" por traduzirem *sonhos de ser mais* antigos e profundos, vingou.

Assim, essa população analfabeta estava podendo se organizar em torno de uma associação própria para reivindicar melhores dias para si e suas famílias.

Julião, advogado, deputado estadual e depois federal, socialista, assistiu profissionalmente esta Liga e estimulou a formação de outras "Ligas". Elas proliferaram sob sua orientação e de outros militantes.

Em 1961, o movimento camponês tinha adquirido caráter nacional e nesse mesmo ano, em novembro, as "Ligas" realizaram o I Congresso Nacional de Lavradores e Trabalhadores Agrícolas, em Belo Horizonte, cuja pauta de reivindicações incluía: reforma agrária, direito de livre organização dos camponeses e extensão dos direitos dos trabalhadores urbanos aos rurais.

Estima-se que, em 1963, já existiam 218 "Ligas" espalhadas pelo país, das quais 64 somente em Pernambuco.

Além de Julião, outros que orientavam na organização dessas "Ligas" eram padres da Igreja Católica, que atuavam no Norte e Nordeste do país; e comunistas de várias orientações, que criaram, por exemplo, a ULTAB — União dos Lavradores e Trabalhadores Agrícolas do Brasil cuja atuação se concentrou no Centro e no Sul do país.

A consciência política e a organização desses movimentos levaram os latifundiários, sobretudo os usineiros todo-poderosos do Nordeste, com pavor de perderem seus privilégios se colocarem camuflada ou ostensivamente com as "Ligas" e seus associados. A situação foi se tornando cada vez mais insuportável para os dominantes quando a voz do campesinato se traduziu na decretação dos seus direitos trabalhistas pelo governo federal, em 1963, e Miguel Arraes foi eleito governador de Pernambuco, em 1962, por uma coligação que incluía socialistas e comunistas e que apoiava, abertamente, as lutas camponesas.

A elite nordestina ligada à indústria açucareira, até hoje com ares de aristocracia poderosa, fez-se então aliada de todos os que conspiravam contra o poder estabelecido, o do governo do presidente João Goulart, e dos governadores que estavam aliados às aspirações e necessidades das camadas populares.

As Ligas Camponesas, divididas, foram esfaceladas com facilidade pelo Regime Militar. Seu líder maior — Francisco Julião — se asilou no México, D.F., voltou ao Brasil com a Anistia e como não conseguiu eleger-se Deputado Federal por Pernambuco, voltou ao México, Cuernavaca, onde faleceu de ataque cardíaco aos 84 anos, em 10.7.1998.

Os(as) campesinos(as), entretanto, guardaram a semente que, após a abertura política, a partir de 1979, germinou nos movimentos dos "Sem-Terra", que crescem e se fortificam cada vez mais, mesmo que muitos de seus líderes injusta e cruelmente estejam sendo silenciados para sempre.

Zumbi dos Palmares tanto quanto Paulo Freire foram, sem dúvida alguma, mentores políticos e ideológicos fundamentais para a organização destes movimentos do campesinato brasileiro.

30. A SUDENE foi criada no governo do presidente desenvolvimentista Juscelino Kubitschek com o incentivo, o apoio e o esforço do competente economista Celso Furtado, seu primeiro superintendente. Partindo das necessidades reais da região nordestina e a ela se destinando, a SUDENE tinha o intuito de minorar as adversas condições socioeconômicas da região, com repercussões funestas na maioria da sua população, geradas historicamente pelas diferenças dos estágios de desenvolvimento econômico e educacional dessa região com relação às do Sul e do Sudeste do país.

Segundo *SUDENE dez anos*, editado pelo próprio órgão e publicado pelo Ministério do Interior, em 1969, "A Superintendência do Desenvolvimento do Nordeste (SUDENE) foi criada em 15.12.1959, pela Lei nº 3.692, assinada por Juscelino Kubitschek, com o objetivo precípuo de executar a nova política de desenvolvimento do Nordeste. Sua criação, resultante da afirmação de uma nova mentalidade, pressupunha a introdução de novos métodos administrativos e modificações do esquema operacional do Governo na Região, em vista do que a Lei lhe atribuiu as seguintes finalidades:

a) estudar e propor diretrizes para o desenvolvimento do Nordeste;
b) supervisionar, coordenar e controlar a elaboração e execução de projetos a cargo de órgãos federais na Região e que se relacionam especificamente com o seu desenvolvimento;
c) executar, diretamente ou mediante convênio, acordo ou com contrato, os projetos relativos ao desenvolvimento do Nordeste que lhe forem atribuídos por lei;
d) coordenar os programas de assistência técnica, nacional ou estrangeira, ao Nordeste.

"Como instrumento de trabalho para execução pela SUDENE, das diretrizes da nova política, seria estabelecido por lei um *Plano Diretor, plurienal*, no qual seriam discriminados, pelos diferentes setores, os empreendimentos e trabalhos destinados ao desenvolvimento específico da Região. A SUDENE deveria ainda, com a cooperação dos órgãos que atuavam no Nordeste, elaborar um plano de emergência para o combate aos efeitos das secas e socorro às populações que viessem a ser atingidas, no caso de sua incidência.

"Em função da estratégia de desenvolvimento estabelecida, a área do Nordeste foi redefinida, compreendendo os estados do Maranhão, Piauí, Ceará, Rio Grande do Norte, Paraíba, Pernambuco, Alagoas, Sergipe, Bahia, o território de Fernando de Noronha e parte do estado de Minas Gerais, compreendida no Polígono das Secas.

"A Lei, prevendo as resistências com que se haveria de defrontar uma agência de finalidade tão renovadora, de caráter técnico-político-econômico, procurou estruturar a SUDENE de forma que sua autoridade de *Órgão de planejamento* se beneficiasse com o respaldo das representações políticas regionais, tornando membros do seu Conselho Deliberativo os governos dos nove Estados da redefinida área do Nordeste. A coesão da atuação federal seria, por sua vez, assegurada pela participação, no Conselho Deliberativo, do diretor do Departamento Nacional de Obras Contra as Secas (DNOCS), do superintendente da Comissão do Vale do São Francisco (CVSF), de um representante do Estado-Maior das Forças Armadas, de representantes das agências financeiras governamentais (Banco do Nordeste, Banco do Brasil e Banco Nacional de Desenvolvimento Econômico) e de um representante de cada Ministério Civil (p. 29).

"O Nordeste destacava-se, há dez anos, pelo seu subdesenvolvimento, entre as áreas do território brasileiro marginalizadas pelo desenvolvimento desencadeado no Centro-Sul. A grande disparidade nos níveis de crescimento econômico alcançados por essas duas importantes Regiões do País, ao lado de constituir grave problema à continuidade do desenvolvimento brasileiro, dava lugar ao surgimento de ameaças de desagregação da unidade nacional, ameaças que tinham a sua origem em posições divergentes quanto às soluções a serem adotadas para a correção dessa disparidade."

"A criação da Superintendência do Desenvolvimento do Nordeste, SUDENE, em 1959, constituiu uma resposta da nação brasileira a esses desafios e aos do próprio desenvolvimento nordestino. À SUDENE coube, através de objetivos explícitos num *plano de desenvolvimento* regional, orientar e conduzir os esforços que desenvolveram com vistas à solução dos problemas de uma Região onde vive um terço da população nacional" (*SUDENE dez anos*, p. 11).

Em 1998, toda a porção mineira do Vale do Jequitinhonha e o norte do Espírito Santo foram incorporadas à área da SUDENE.

A SUDENE foi extinta, em 1999, no governo de Fernando Henrique Cardoso, sob a alegação de generalizada corrupção na alta hierarquia e ineficiência desta. Foi reimplantada em 2007, mas até hoje ainda não conseguiu cumprir os objetivos para a qual foi reformulada. Espera-se, porque fundamental para a região, o ressurgimento de uma "NOVA SUDENE", modernizada, atuante e capaz de resolver os problemas que continuam afligindo o Nordeste e sua população, que convive com os piores resultados nos índices de desenvolvimento social e humano do país.

31. O ISEB — Instituto Superior de Estudos Brasileiros — foi, como seu próprio nome explicita, um centro de altos estudos dos problemas político-econômico-socioculturais

brasileiros centrados na perspectiva do nacionalismo desenvolvimentista.

Nasceu de um grupo de intelectuais preocupados em debater a problemática brasileira, não como um simples exercício acadêmico, mas tencionando formular um projeto para o desenvolvimento nacional para uma nova sociedade brasileira.

Estavam alguns de nossos intelectuais e políticos os de visão mais progressistas e democráticos preocupados com o subdesenvolvimento do país e o contingente cada vez maior de miseráveis. A Segunda Grande Guerra tinha acirrado as contradições brasileiras e veio à tona o clima de liberdade e aspiração por melhores condições de vida. O ISEB foi criado exatamente nesse clima, nesse momento do fim do período da guerra na Europa e no Japão e da ditadura de Vargas. Portanto, o momento era propício para os debates acerca dos *sonhos* de liberdade, igualdade e paz.

Do grupo de intelectuais que se reuniu no Parque Nacional de Itatiaia, em 1952, formou-se oficialmente o ISEB, em 14.7.1955, por decreto do então presidente da República Café Filho, que substituía Vargas após seu suicídio em 1954, e que estava tendo a tarefa de completar o mandato presidencial para o qual tinha sido eleito pelo voto popular em 1950 como vice-presidente do Brasil.

Os *isebianos* elaboraram ideias e projetos dentro da "filosofia do desenvolvimento", da "ideologia desenvolvimentista" — com as quais sonhavam influenciar as ações dos governos, dos intelectuais, dos estudantes, dos sindicalistas, dos militares — afirmativamente críticas e conscientes, que assim poderiam transformar o Brasil num país desenvolvido e justo, sem concentração de renda, através, entre outras medidas, de uma reforma agrária.

Com esse intuito mantiveram cursos de formação para discussão e divulgação dos principais temas da época: industrialização ou não; permanecer um "país essencialmente agrícola" ou não; o Estado deveria participar do projeto desenvolvimentista ou apenas o planificaria; o Estado deveria fazer intervenções na iniciativa privada ou permitiria a livre lei de mercado; aceitar ou não o capital estrangeiro ou aceitá-lo associando-o ao capital nacional; nacionalismo ou "entreguismo" (entregar-se ao imperialismo internacional); quais os modelos econômico-financeiros nacionais capazes de levar ao desenvolvimento nacional; autonomia ou dependência; quais mudanças qualitativas ou quantitativas para o processo de produção; educação das massas e valorização da cultura nacional; alienação e níveis de consciência do povo brasileiro* etc.

Juscelino Kubitschek e João Goulart, presidentes da República no período dos áureos tempos do ISEB, tiveram com este instituto estreito relacionamento absorvendo das suas elaborações filosóficas, científicas e ideológicas, substratos para subsidiar várias ações político-econômicas efetivas de seus governos.

O ISEB foi mais uma das instituições brasileiras que fecharam suas portas após o Golpe Militar de 1964.

---

* Na tese de doutorado e livre-docência de Paulo é inegável a influência de Álvaro Vieira Pinto, um dos *isebianos* históricos, quando ele adotou, mas avançou na compreensão e na utilização das categorias de "consciência ingênua" e "consciência crítica".

32. A juventude estudantil começou a se organizar, independentemente no Brasil, a partir de 1937, mas só ganhou sua forma política mais autêntica quando terminava a Segunda Guerra Mundial e, internamente, combatíamos a ditadura de Vargas.

Desse clima de busca de liberdade surgiram a UNE (União Nacional dos Estudantes), que aglutinava os universitários; a UME (União Metropolitana de Estudantes); a UBES (União Brasileira dos Estudantes Secundaristas), e a UEE (União Estadual de Estudantes), esta sob a liderança da UNE.

A mais importante destas agremiações, a UNE, foi posta na ilegalidade em abril de 1964, mas mesmo assim continuou se reunindo e atuando politicamente na clandestinidade.

Um desses encontros clandestinos ocorreu em outubro de 1968, em Ibiúna, no interior de São Paulo, quando, entre chuvas e denúncias dos moradores, 800 estudantes foram presos para responder a inquéritos. Muitos desses permaneceram trancafiados, alguns por vários anos. Outros partiram para o exílio forçado.

A UNE ressurgiu com a abertura política em 1979, mas só em 1992 começou a atuar de maneira mais significativa, politicamente falando. Foi quando a UNE convocou os estudantes, universitários e "secundaristas" para em união aos milhares em passeatas pelas ruas ou em comícios nas principais cidades do Brasil, com as "caras pintadas" de verde e amarelo, dar o sinal de guerra contra a falta de ética na política e contra o governo e a pessoa do então presidente Collor.

Ao lado de membros das instituições mais progressistas do Brasil, a OAB (Ordem dos Advogados do Brasil), a ABI (Associação Brasileira de Imprensa), e partidos políticos de orientação ideológica de esquerda e até alguns de centro, dos líderes sindicais trabalhistas e de representantes de diferentes igrejas, dos operários e do povo em geral, esses jovens "cara pintada" gritaram em coro: "Fora Collor!", "Abaixo a corrupção!" e "Ética na política!".

Entre risos e choros; canções e hinos, com os líderes históricos dessas organizações progressistas, esses estudantes de caras pintadas fizeram discursos de repúdio tremulando as bandeiras do Brasil nas praças e nas ruas, mostrando à nação que os anos de repressão, que tinham distorcido ou "esquecido" o ensino de nossa história nas escolas, que tinham imposto um clima de medo que fez silenciar seus pais, avós, irmãos, tios e amigos, estava, contraditoriamente, explodindo na vitalidade crítica de sua juventude. No repúdio à corrupção e na esperança de construir um Brasil melhor, mais sério e mais justo, demonstravam também que tinham tomado para si a enorme força política que tiveram nos anos 40, 50 e, sobretudo, nos primeiros anos dos 60 quando fundaram o CPC (Centro Popular de Cultura) e colaboraram também com os trabalhos do MCP (Movimento de Cultura Popular) e na alfabetização de Angicos, sob a coordenação geral de Paulo Freire e do líder estudantil de então Marcos Guerra.

Os adolescentes, pintando suas caras à maneira de nossos índios que pintam seus corpos inteiros anunciando que estão em guerra, estavam na verdade declarando guerra à desonestidade, à irresponsabilidade e à corrupção.

33. Uma das ex-professoras presentes nesta conversa, que Paulo menciona, recordou a história de um homem que, tendo conseguido seu endereço na cidade de Natal onde morava, pediu aos outros alfabetizandos(as) uma ajuda financeira e, precariamente, viajou de Angicos à capital do estado.

Tendo-a localizado e, de repente, "batendo palmas" em sua residência — prática nordestina, antes das campainhas elétricas, para chamar alguém da casa, batendo com as palmas de suas mãos — queria ter com ela uma conversa. Uma conversa simples. Simplesmente uma pergunta: por que do seu "misterioso desaparecimento" e de todos os outros professores e professoras de Angicos parando, de repente, com aquela coisa gostosa que era aprender a ler e a escrever?

Ela apavorada, do portão de sua casa, sem ao menos convidá-lo para a sombra do terraço, como é comum no Nordeste, conversar, dizia nervosamente:

"Volte, volte para casa! Volte para Angicos! Eu também não sei por que nós deixamos de alfabetizar vocês!!! Não sei... !!! Não sei... !!! Não sei..."

Depois que o homem se foi, rememorava, "Conjeturei: um dia ele entenderá o que se passou... porque não pude convidá-lo para entrar em minha casa... porque não pude informá-lo sobre a interrupção de nosso trabalho", olhando para todos os lados da rua para ter certeza de que não tinha havido nenhuma testemunha espreitando aquela "inconveniente visita". Em seguida correu para dentro de casa e cheia de pavor se trancou, ainda com muito medo para refazer-se do impacto sofrido.

Depois juntou seu "material subversivo" e rapidamente tratou de enterrá-lo no quintal de sua casa. Enterrou não só um material de alfabetização, mas a possibilidade de continuar, de imediato, o processo já em estágio adiantado, de alfabetizar aquele povo miserável, conscientizando e politizando não só este homem que viajou de Angicos a Natal, mas também os seus companheiros que tinham financiado a viagem. Na verdade, ele viera em busca de garantir a retomada do processo de *ler e escrever a palavra e o mundo* dele e de sua comunidade.

Ele voltou talvez percebendo ou mesmo sabendo, talvez sem entender claramente que na busca de alfabetizar-se estava a sua esperança e de seus pares do *sonho de Ser Mais*, que lhes possibilitaria fazerem-se *sujeitos da história*, a preocupação central desse trabalho conscientizador de Paulo Freire. De qualquer maneira a semente da *conscientização* estava lançada e a história mostrou que esse processo foi irreversível.

Ela sabia, claramente, naqueles dias de terror de 1964, por que não podia voltar a Angicos, tinha entendido e tinha sentido em sua própria pele o que estava ocorrendo no Brasil contra sua população oprimida e excluída. Ela sabia que esse clima estava sendo imposto não só a ela e a ele, a professora e o aluno visitante, mas a milhões de brasileiros e de brasileiras pelo Regime Militar, a partir de abril de 1964.

Em agosto de 1993, quando nos contou esses fatos, lá em Angicos, não só ela, mas todos nós tivemos a certeza de que aquele trabalho interrompido 30 anos antes não tinha interditado, antes, contraditoriamente, tinha aguçado generalizadamente por todo o nosso país a curiosidade dos oprimido-excluídos para a *leitura da palavra e de mundo*.

34. As ideias centrais de *Educação e Atualidade Brasileira* — a tese de Paulo Freire que foi escrita para concorrer ao cargo de professor catedrático da Escola de Belas Artes, da então Universidade do Recife — posteriormente foram trabalhadas numa nova linguagem incorporando, implicitamente, novas e traumáticas experiências do Golpe e do exílio, dando origem a *Educação como prática da liberdade*.*

    Tendo sido aprovado nesse concurso público, que entre outras condições exigia a feitura e aprovação de uma tese, obteve assim o título de doutor em História e Filosofia da Educação e imediatamente depois, conforme a legislação em vigor na época, o de Livre-Docente.**

35. Nos anos 30, o Presidente Getúlio Vargas, preocupado com o estado de subnutrição da grande maioria da população brasileira, quis introduzir no cardápio de todo dia da nação o uso da soja, desde que desse grão se dizia ter mais proteínas do que o feijão.

    A intenção era a de introduzir a soja como complemento do tradicional feijão, mas o paladar, como uma das

---

* Este foi o seu primeiro livro, publicado no Brasil, em 1967, quando, já exilado, Paulo morava no Chile.
** Veja detalhes no livro de minha autoria *Paulo Freire: uma história de vida*, já mencionado, nas p. 92 a 104.

manifestações culturais de um povo, falou mais alto, devido em parte à falta de compreensão real do fato da subnutrição, mas certa e preponderantemente pelo gosto pouco agradável para nós brasileiros(as) da soja. Quer como "leite", quer como "carne vegetal", mas sobretudo como substituto do feijão, como o alimento diário e principal de nosso almoço, a soja vem sendo repudiada até os dias de hoje.

A feijoada sendo o prato mais típico e mais apreciado pelo povo brasileiro, composta de diferentes partes da carne de porco — salgadas, defumadas e "embutidas" — que se deixam cozinhar, por horas, junto com o feijão preto e a carne bovina charqueada, a tudo isso se juntando um bom tempero de alho, cebola, "cheiros verdes" (ervas frescas) e umas poucas folhas secas de louro, é realmente um prato de sabor inigualável. Forte, suculento e generoso como o próprio povo brasileiro, é um prato que se serve com laranja, farinha de mandioca, couve mineira refogada, uma boa cerveja bem gelada e um cálice de cachaça.

Tradicionalmente saboreada nas quartas-feiras ou sábados, em mesa com muitas pessoas, quando se conversa sobre o sabor da própria feijoada e outros assuntos nacionais como futebol e samba, não poderia esse prato como não pode até hoje, ser feito com soja.

O Brasil é hoje o maior produtor de soja do mundo e tem nela uma de suas maiores fontes de renda, cuja produção se destina à fabricação de óleos comestíveis, margarinas e como componente de rações animais, quer para o consumo interno, quer para exportação.

Enfim, não há como se pensar nem em comer e mui to menos saborear uma soja-feijoada!!!

36. O "fracasso escolar" das camadas populares, em geral, e da população negra, em particular, a que Paulo se refere, tem sido assustador dentro dos preceitos do que venho chamando *ideologia da interdição do corpo*, e se liga, inexoravelmente, ao "fracasso no desemprenho social", nascido ambos da sociedade brasileira: autoritária, discriminatória e elitista.*

No Brasil, quase a totalidade da população negra pertence às camadas populares como uma das heranças escravocratas que o elitismo discriminatório e interditador nos legou. Somente a partir do ano de 2003, como decorrência da luta por igualdade e da *conscientização* da negritude por parte dos negros e das negras, algumas políticas públicas estão sendo postas em prática para reverter este quadro, entre outras, "as cotas para negros(as)" nas universidades, que tanto têm gerado discussões, e as nomeações do Presidente Lula de três ministros negros(as) de seu governo: Marina Silva, ex-ministra do Meio Ambiente, que se alfabetizou adulta; a ex-governadora do Rio de Janeiro e ex-ministra da Assistência e Promoção Social Benedita da Silva; e Gilberto Gil, pesquisador, compositor e cantor, ex-ministro da Cultura. Posteriormente o Presidente Lula nomeou Joaquim Benedito Barbosa Gomes

---

* A esse respeito, ver Paulo Freire, *Pedagogia da Esperança*, nota nº 39, e Ana Maria Araújo Freire, *Analfabetismo no Brasil: da ideologia da interdição do corpo à ideologia nacionalista, o de como deixar sem ler e escrever desde as Catarinas (Paraguaçu), Filipas, Madalenas, Anas, Genebras, Apolônias e Gracias até os Severinos*, 3 ed., São Paulo: Cortez, 2000.

como Ministro do Supremo Tribunal Federal, com mandato a partir de 25.6.2003. Desde 22.11.2012 ele é o Presidente desta Corte do Poder Judiciário.

Segundo dados do *Anuário estatístico do Brasil — 1992*, do IBGE, o número médio de anos de estudos das pessoas de 10 anos e mais de idade, segundo a cor, era, em 1990, de 5,7 anos de estudos para a "cor branca"; de 3,4 anos para a "cor preta" e de 3,7 anos para a "cor parda" (p. 370).

O mesmo anuário de 1992 indica que, em 1990, 80,4% da população brasileira era alfabetizada (a taxa de analfabetismo era, portanto, de 19,6%, entre pessoas de 15 e mais anos). Entre as pessoas da população "branca" 87,9% (superior à média) eram alfabetizados(as) e 12,1% (inferior à média) eram analfabetos(as); enquanto entre a população "preta" as percentagens eram de 69,9% (alfabetizados(as)) e 30,1% (analfabetos(as)) e as da cor "parda", 70,7% (alfabetizados(as)) e 29,3% (analfabetos(as)), demonstrando que o "tom" branco prevalece mesmo que na miscigenação, pois as taxas dos indivíduos oriundos de "preto" com "branca" ou "preta" com "branco" indicavam a sua "superioridade" em relação ao "negro" e à "negra", que, tinham e continuam tendo as maiores taxas de analfabetismo e as menores de alfabetização no Brasil.

Dados posteriores indicaram a mesma tendência anterior: que as taxas de analfabetismo vão crescendo do branco para o pardo e deste para o negro. As taxas são, para as pessoas de 15 ou mais anos, respectivamente: de 8,4%, 20,7% e 21,7%, na população assim distribuída de 54,0% de brancos, 39,5% de pardos e 5,7% de negros. O analfabetismo funcional, entre pessoas que frequentaram até 4 anos de escolaridade, apresenta dados ainda mais estarrecedores: é, na mesma sequência, de 22,7%, 40,7% e 41,8%.

Os dados mais atuais disponibilizados, que refletem as medidas a partir do governo Lula, nos dizem de melhorias significativas nas estatísticas educacionais brasileiras, de modo geral, embora ainda revelem o quanto temos que enfrentar para eliminar as injustiças que recaem sobre os mais pobres e as "pessoas de cor", com inegável repercussão na democratização da sociedade brasileira. As taxas de analfabetismo, em 2009, em pessoas de 15 anos e mais, era de 30,2% entre os brancos, 10,2% entre os pretos e 58,8% entre os pardos (69,0% de "afrodescendentes", expressão igualmente de cunho ideológico). Que entre pessoas de 18 e 24 anos de idade, com 11 anos de estudos, era de 36,2% entre os homens e 40,6% entre as mulheres; 41,6% entre os brancos, 36,1% entre os negros e 34,4% entre os pardos; e que entre pessoas de 25 e 64 anos de idade que frequentavam a escola em 2009, era 4,8% para os homens, 6,6% para as mulheres e de 5,6% para os brancos, de 6,3% entre os pretos e de 5,9% entre os pardos.*

37. Não se pode falar de fome no mundo sem deixar que JOSUÉ DE CASTRO, médico, sociólogo, antropólogo, escritor, ensaísta, professor universitário e geógrafo, nascido no Recife, em 1908, ocupe o lugar de maior destaque que seu trabalho e sua pessoa merecem.

Ele foi fundador e membro de várias organizações internacionais ligadas ao problema da fome, inclusive

---

* Fonte IBGE: Pesquisa Nacional por Amostragem a Domicílio, 2009.

na FAO — Organização das Nações Unidas para Alimentação e Agricultura — quando foi presidente de 1952 a 1956. Cientista arguto e alma generosa, preocupado com os interditados ou excluídos de alimentar-se, em todo o mundo, se viu, em 1964, quando embaixador do Brasil junto aos Órgãos das Nações Unidas (ONU), em Genebra, sem seus direitos políticos, cassados que foram pelo governo militar. Morreu de saudades do Brasil, como exilado, em 24 de setembro de 1973, poucos dias depois de ter completado 65 anos de idade, na capital francesa, quando exercia a docência na Universidade de Paris, respeitado pelo mundo, mas proibido de entrar em seu próprio país.

Na Conferência Mundial sobre Meio Ambiente Humano, em Estocolmo, em 1972, disse com plena consciência científica e política de cidadão do mundo:

"É preciso considerar a degradação da economia dos países subdesenvolvidos como uma poluição do seu meio humano, causada pelos abusos econômicos das zonas de domínio da economia mundial; a fome, a miséria, os altos índices de frequência de enfermidades aceitáveis com um mínimo de higiene, a curta duração da média de vida, tudo isto é produto da ação destruidora da exploração do mundo segundo o modelo da economia de domínio."

"(...) diz-se que nas regiões subdesenvolvidas não existem preocupações com os aspectos qualitativos de vida, mas apenas com a possibilidade de sobreviver, isto é, com a luta contra a fome, contra as epidemias e contra a ignorância generalizada. Esta posição esquece que estes são apenas sintomas de uma grave doença social: o subdesenvolvimento como produto do desenvolvimento".*

A agudeza do pensamento de Josué de Castro, ao lado de sua concepção política, científica e humanística da vida levou-o a publicar, antes de completar 40 anos de idade, o *Geografia da fome*,** abordando clara e lucidamente o tema da fome, quebrando tabus arraigados e compreendendo este fenômeno na totalidade da vida humana e de seu ambiente. Preocupava-se com a fome e sua solução e a relacionava com a questão da harmonia e do equilíbrio ecológicos, além da econômica. Do cuidado do ser humano e do meio ambiente para a sobrevivência digna dos dois.

Josué de Castro sabia da dificuldade política da solução para esta calamidade mundial. Calamidade que foi denunciada por ele pela primeira vez em livro de 1951:

"Quando, em 1943, os Delegados das Nações Unidas, reunidos em Hot Springs para tratar dos problemas de alimentação e nutrição, assinaram um protocolo comprometendo-se a promover a elevação dos padrões de vida e da nutrição desses povos, estavam longe, talvez, de avaliar o alcance e, ao mesmo tempo, a complexidade do compromisso assumido. Só com o decorrer dos tempos é que se verificou a dificuldade de estruturar uma política efetiva para a FAO, ou seja, para o orga-

---

* Revista *POLIS*, edição especial "Alternativas contra a fome", p. 31, governo de São Paulo, s.d.
** Seus primeiros trabalhos publicados sobre o assunto foram *O problema fisiológico da alimentação no Brasil* (1932) e *O problema da alimentação no Brasil* (1933). Sucederam-se muitos deles, sendo os mais famosos *Geografia da fome*, de 1946, e *Geopolítica da fome*, de 1951.

nismo encarregado de encarar o problema em sua expressão universal."*

Na década de 1940 enuncia o problema da ecologia até entao desconhecida:

"Não queremos dizer com isto que o nosso trabalho seja estritamente uma monografia geográfica da fome, em seu sentido mais restrito, deixando à margem os aspectos biológicos, médicos e higiênicos do problema; mas que, encarando esses diferentes aspectos, sempre o faremos orientados pelos princípios fundamentais da ciência geográfica, cujo objetivo básico é localizar com precisão, delimitar e correlacionar os fenômenos naturais e culturais que ocorrem à superfície da terra. É dentre desses princípios geográficos, da localização, da extensão, da causalidade, da correlação e da unidade terrestre, que pretendemos encarar o fenômeno da fome. Por outras palavras, procuraremos realizar uma sondagem de **natureza ecológica**, dentre deste conceito tão fecundo de **Ecologia**, ou seja, do estudo das ações e reações dos seres vivos diante das influências do meio."** (grifos meus)

Foi à raiz da fome no Brasil:

"A fome no Brasil é consequência, antes de tudo, de seu passado histórico, com os seus grupos humanos, sempre em luta e quase nunca em harmonia, com os quadros naturais. Luta, em certos casos, provocada e por culpa, portanto, da agressividade do meio, que iniciou abertamente as hostilidades, mas, quase sempre, por

---

* *Geopolítica da fome*, 1ª edição, Rio de Janeiro: Casa do Estudante do Brasil, 1951; 4ª edição, Ed. Brasiliense, 2º volume, p. 411.
** Josué de Castro, *Geografia da fome*, 4ª edição, s.d., p. 18.

inabilidade do elemento colonizador, indiferente a tudo que não significasse vantagem direta e imediata para os seus planos de aventura mercantil. Aventura desdobrada em ciclos sucessivos de economia destrutiva ou, pelo menos, desequilibrante da saúde econômica da nação: o do pau-brasil, o da cana-de-açúcar, o da caça ao índio, o da mineração, o da 'lavoura nômade' do café, o da extração da borracha e, finalmente, o da industrialização artificial baseada no ficcionismo das barreiras alfandegárias e no regime de inflação. (...) Em última análise, esta situação de desajustamento econômico e social foi consequência da inaptidão do Estado Político para servir de poder equilibrante entre os interesses privados e o interesse coletivo. Incapacidade do poder político para dirigir, em moldes sensatos, a aventura da colonização e da organização social da nacionalidade, a princípio por sua tenuidade e fraqueza potencial diante da fortaleza e independência dos senhores de terras, mandachuvas em seus domínios de porteiras fechadas, indiferentes aos regulamentos e às ordens do Governo que viessem a contrariar seus interesses (...)."*

Transpôs com seus estudos os muros do Brasil, sobretudo quando publicou *Geopolítica da fome*. Esta obra foi traduzida para 25 idiomas e serviu, em grande parte, para a política oficial da FAO, embora modestamente tenha afirmado Castro:

"Este livro é uma pequena contribuição individual ao indispensável trabalho coletivo, visando a apressar o ama-

---

* Idem, p. 216-218.

durecimento desta ideia — a premente necessidade de iniciar-se uma batalha mundial pelo extermínio da fome."*

Acrescenta:

"O primeiro de nossos objetivos é demonstrar que a **fome, apesar de constituir fenômeno universal, não traduz uma imposição da natureza**. Estudando a fome em diferentes regiões da Terra poremos, em evidência, o fato de que, via de regra, não são as condições naturais que conduzem os grupos humanos à situação de fome, e sim certos fatores culturais, produtos de erros e defeitos graves das **organizações sociais** em jogo. A fome determinada pela inclemência da natureza constitui um acidente excepcional, enquanto que **fome como praga feita pelo homem** constitui uma condição habitual nas mais diferentes regiões da Terra: toda terra ocupada pelo homem tem sido por ele transformada em terra da fome"** (grifos meus).

Acima de tudo, dos partidos políticos, das raças, da cor, de gênero, sem negar jamais sua ideologia, Castro viu o problema da fome como um humanista político que foi, sem preconceitos e sem *a priori*.

"(...) nós encararemos a realidade da fome sem preconceitos políticos, sem uma ideia preconcebida de qual será a ideologia política apta a resolver o problema. Abordaremos o estudo da fome como problema humano, **como o mais agudo problema de toda a humanidade** e, portanto, de todos os partidos."*** (grifos meus).

---
* Castro, *Geopolítica da fome*, 8ª edição, Brasiliense, vol. 1, p. 69.
** Idem, p. 72.
*** Idem, p. 71.

Insistindo que a fome é um problema político-social econômico, afirmou:

"Com a apreciação do mapa mundial da fome e com a análise dos fatores que condicionam a sua distribuição regional ficou demonstrado, de maneira patente, que **a fome coletiva é um fenômeno de categoria social**, provocado, via de regra, pelo aproveitamento inadequado das possibilidades e recursos naturais **ou pela má distribuição dos bens de consumo obtidos**. Diante da evidência dos fatos apresentados já não é possível admitir-se ser a fome um fenômeno natural, uma vez que ela é condicionada muito mais por fatores de natureza econômica do que pelos de natureza geográfica. **A verdade difícil de ser ocultada é que o mundo dispõe de recursos suficientes para permitir o uso de tipos adequados de alimentação por parte de todas as coletividades.** E se, até hoje, muitos dos Hóspedes da Terra continuam sem participar do seu banquete, é que todas as civilizações, inclusive a nossa, se têm estruturado e mantido à base de uma extrema desigualdade econômica."* (grifos meus)

Para a luta contra a fome apresentou algumas soluções técnicas e políticas:

"(...) o primeiro objetivo a conquistar é, sem dúvida alguma, um aumento ponderável da produção mundial de alimentos. Para tal, faz-se necessário **ampliar as áreas cultivadas**, através do **seu uso adequado, e elevar a produtividade per capita e por unidade de área.** A ampliação da área de cultivo mundial é uma legítima aspiração que pode ser obtida principalmente pela incorporação, à

---

* Idem, 2º volume, p. 383.

agricultura de extensas zonas tropicais de solos e de zonas subpolares de podsols. Segundo Robert Salter, esses tipos de solo recobrem cerca de 28% da superfície da Terra e, no entanto, seu emprego na agricultura não ultrapassa atualmente 1% do seu total. (...) A verdade é que não basta produzir alimentos lançando mão de todas as técnicas disponíveis; **é preciso que esses alimentos possam ser adquiridos e consumidos pelos grupos humanos que necessitam** isto porque, se não se procede à adequada distribuição e expansão dos correspondentes níveis de consumo, **logo se formarão os excedentes agrícolas criando-se o grave problema da superprodução ao lado do subconsumo.** Daí, a necessidade de que a **política de alimentação** cuide tanto da produção quanto da distribuição adequada dos produtos alimentares, e daí a necessidade de que **esta política seja planejada em escala mundial**"* (grifos meus).

"(...) os novos conceitos de fertilidade mostrando as possibilidades de renovação dos solos e as aquisições mais recentes no campo da física nuclear e da química permitindo a obtenção da síntese artificial de alimentos vieram a nos dar ganho de causa contra os neomalthusianos e suas profecias macabras."**

Como um sábio vidente previu a possibilidade de tempos melhores e também a permanência do destino cruel imposto aos destituídos do mundo com retorno trágico para toda a população mundial, como comprovam

---

* Idem, 2º volume, p. 408.
** Prefácio do autor para a 4ª edição, 1º volume, p. 39.

os atuais distúrbios, mortes, fome e guerras na África, em pleno século XXI:

"A luta contra a fome e a sua possível eliminação da superfície da Terra não constitui, portanto, utopia, nem o fantasmagórico sonho de um mundo de fadas, mas um objetivo perfeitamente **realizável nos limites da capacidade dos homens e das possibilidades da Terra**. O que se faz necessário é proceder-se a um melhor ajustamento dos homens às terras por eles ocupadas e uma melhor distribuição dos benefícios com que a terra costuma brindar o homem. No momento atual, **essa batalha contra a fome não constitui mais uma tarefa de idealismo quixotesco**, porém uma necessidade que transparece à análise fria e realista da atual situação política e econômica do mundo. **Dos resultados desta batalha depende mesmo a sobrevivência de nossa civilização, desde que só pela eliminação dos focos de miséria** que gangrenam o nosso mundo será possível a economia em massa, na qual nos lançamos tão avidamente, sem atentarmos para o fato de que não estávamos socialmente preparados para essa aventura econômica. Sem um **levantamento dos padrões de vida das populações mais pobres, que constituem dois terços da humanidade, torna-se impossível manter os níveis de civilização em que vive o terço restante**. É que esta civilização se baseia nos altos níveis de produção que estão sempre a exigir a contínua ampliação dos mercados, somente possível pela incorporação à economia mundial dos dois terços que hoje vivem à margem da mesma. Assim, só ampliando o poder aquisitivo e a capacidade de consumo desses grupos marginais, **poderá** a nossa civilização sobreviver e prosperar, dentro de sua atual estrutura econômica e social"*(grifos meus).

Insiste Josué de Castro no desacerto do desequilíbrio econômico mundial, com sua lucidez habitual:

"É preciso, antes de tudo, procurar extirpar do pensamento político contemporâneo esse conceito errado da economia como um jogo, no qual devem existir sempre uns que tudo percam para que outros tudo ganhem."**

Afirmando que "a fome e a guerra não obedecem a qualquer lei natural, são na realidade criações humanas",*** Josué de Castro nos convida à reflexão e à humanização, apontando para a concretização desta utopia do caminho democrático, do direito de comer.

"(...) Para manter no mundo princípios democráticos que dignifiquem a condição humana, o mundo terá, antes de mais nada, que eliminar por completo o degradante estigma da fome."****

Josué de Castro sabia que as elites do mundo reagiam contras suas teorias e suas ações, mas em nenhum momento de sua vida diminuiu seu entusiasmo de lutar e sua esperança numa nova sociedade na qual todos pudessem comer. Lutou, infatigavelmente, por um mundo em que não houvesse famintos, por um mundo realmente democrático.

Não se pode esquecer que foi esse brasileiro que, destemidamente, desmistificou tabus e crenças elitistas e deu status de conhecimento científico ao problema da fome.

---

* Idem, 2º volume, p. 384.
** Idem, 2º volume, p. 385.
*** Idem, 1º volume, p. 59
**** Idem, 2º volume, p. 418.

Foi pioneiro quando deu ênfase a que neste novo campo de investigação se considerasse o político, o econômico, o social e o ecológico. Foi pioneiro também em apresentar soluções viáveis — mas então (e até hoje) desprezadas pelos dominantes — para o problema da fome. Por tudo isso, devemos e precisamos conhecer o pensamento de Josué de Castro. Nos orgulharmos dele.

Quando o governo Lula lançou como uma das metas prioritárias de seu governo o programa FOME ZERO, estava estabelecendo uma solução para o terrível problema da fome denunciado pelo recifense Josué de Castro, fundamentada em sua obra.

O Programa Fome Zero foi antecedido pela "Campanha de Betinho" que surgiu no e do clima de deposição do então presidente Collor quando o "movimento pela ética" se desdobrou no "Movimento Ação da Cidadania contra a Fome, a Miséria e pela Vida" de caráter suprapartidário que teve início em abril de 1993, devendo terminar quando "for erradicada a fome e a miséria de 32 milhões de pessoas, não antes", conforme pretendia e declarou o próprio Betinho — Herbert José de Souza — na entrevista ao jornal mensal *Muito mais*.*

38. A distribuição da renda nacional brasileira vem sendo, secularmente, terrivelmente injusta, denunciando a sociedade elitista, discriminatória e autoritária, enfim, que interdita os segmentos menos valorizados socialmente ao consumo de bens materiais e culturais.

---

* Ano III, nº 15, março/94, p. 12.

O número de brasileiros(as) abaixo da pobreza, os indigentes, não parou de crescer nos fins do século passado, tanto em números absolutos, eram 47,2 milhões em 1994, aumentando para 54,5 milhões em 1999, quanto em números relativos, quando houve oscilações pouco significativas: em 1995, eram 33%; em 1996, 34%; em 1998, 33%; em 1999, 35% da população (PNAB, 2001), num total estimado de 169.590.693 pessoas, segundo o IBGE — Censo Demográfico 2000.

O quadro da "Distribuição da renda do trabalho, Brasil-1999" também indica a discrepância entre as classes sociais: "(...) 50% dos trabalhadores com menores salários se apropriam de apenas 13,9% da renda oriunda do trabalho. Os 50% que ganharam mais ficaram com 86,1%."*

Felizmente, esta realidade está sendo revertida, segundo dados de 2010 (com novas denominações das classes sociais brasileiras), pois começou a haver menos diferenças gritantes entre estas classes no Brasil, embora ainda estejamos longe de uma justa e equilibrada distribuição da renda nacional. Atualmente estima-se que: 28% de nossa população são *Excluídos*; 26% são da *Média Intermediária*; 19% da *Média Alta*; 18% da *Média Baixa* e 9% da *Alta*,** num crescimento sem precedentes, entre nós, das camadas médias.

---

* Fonte: IBGE/PNAD. Elaboração DIEESE
** Pesquisa da DataFolha, publicada no jornal Folha de S.Paulo, em 22 de janeiro de 2012.

39. O Brasil vinha tendo um sistema democrático muito frágil. As eleições realizadas durante a sua história, com exceção das ocorridas nos últimos anos, são provas disso.

Na "Primeira República" (1889-1930) as eleições se caracterizaram pelas fraudes generalizadas: pelos "votos de cabresto" (o camponês era obrigado a votar em quem seu senhor ordenasse), pelo voto comprado (pagos com dinheiro ou com alimentos ou dívidas pagas pelo candidato, etc.), pelo voto "bico de pena" (declaração do voto em voz alta e anotado pelo funcionário), pela "degola" (impugnação de eleitos malvistos pelo poder) e toda sorte de falcatruas.

De 1930 a 1945 tivemos Getúlio Vargas no poder ou pela força das armas (em 1930) ou eleito pelo Congresso por ele mesmo manipulado (em 1934) ou continuando no poder por um golpe de Estado (em 1937 até 1945). Com sua queda em 29.10.1945, José Linhares, presidente do Supremo Tribunal Federal, foi empossado e exerceu a Presidência da República de 30.10.1945 a 31.01.1946, pois não havia pessoa na linha sucessória para ser empossado no cargo mais alto da nação — nem presidente da Câmara nem do Senado Nacional — como decorrência da ditadura estabelecida em 1937.

Tivemos eleições livres, mas ainda carregadas de algumas das mazelas já apontadas, em 1945, 1950, 1955 e 1960, quando foram eleitos o Gal. Eurico Gaspar Dutra, Getúlio Vargas, Juscelino Kubitschek e Jânio Quadros, respectivamente. Dutra governou por todo o período para o qual foi eleito de 31.1.1946 a 31.1.1951. Vargas assumiu seu primeiro mandato eleito pelo povo em 31.1.1951, mas tendo se suicidado em 24.8.1954 não pôde, para desespero do povo, completar seu mandato. Sucederam-no neste conturbado período da história brasileira João Café Filho, que tinha sido eleito vice-presidente na chapa com Vargas, que por motivo de doença exerceu o mandato apenas de 24.8.1954 a 8.11.1955; o presidente da Câmara dos Deputados Carlos Coimbra da Luz de 8.11.1955 a 11.11.1955 e o presidente do Senado Nereu de Oliveira Ramos de 11.11.1955 a 31.01.1956, numa história sem precedentes de tentativas de golpe da direita e contragolpes dos legalistas, tentando aqueles impedir e estes garantir a posse do novo eleito Juscelino Kubitschek.

JK governou de 31.1.1956 a 31.1.1961, fazendo um dos governos mais dinâmicos e democráticos que temos conhecido. Construiu Brasília e transferiu a capital do Rio de Janeiro para o Brasil Central, em 21 de abril de 1960. Seu governo não fez nenhum preso político e a imprensa foi livre. Ousadamente proclamou que seu governo faria "50 anos de desenvolvimento em 5". Cumpriu a promessa, embora tenha privilegiado a indústria automobilística, desativou, inescrupulosamente, a enorme rede ferroviária do Brasil, determinando um novo sistema de transporte que tem se mostrado inadequado e precário, causando prejuízos enormes para a economia nacional.

Jânio Quadros, que lhe sucedeu, considerado na época um fenômeno político, de vocação ditatorial, renunciou ao cargo máximo da nação após sete meses no poder (31.1.1961 a 25.8.1961).

Como João Goulart, vice-presidente eleito na chapa com Jânio, estava em missão oficial do Brasil na China, o presidente da Câmara dos Deputados Paschoal Ranieri Mazzili assumiu o período de transição de 25.8.1961 a 8.9.1961. Com o Golpe de 1964 contra o governo Goulart novamente Mazzili ocupou o cargo máximo da nação de 2.4.1964 a 15.4.1964, quando os governos militares se sucederam, evidentemente sem eleições livres para Presidente da República.

Foram estes os governos militares: Humberto de Alencar Castelo Branco, de 15.4.1964 a 15.3.1967; Gal. Artur da Costa e Silva, de 15.3.1967 a 31.8.1969, tendo sido substituído, por motivo de doença, pela Junta Militar composta dos três ministros das Forças Armadas: Gal. Aurélio de Lira Tavares (Exército), Almirante Augusto Rademaker (Marinha) e Brigadeiro Márcio de Souza e Melo (Aeronáutica), que governaram de 31.8.1969 a 30.10.1969; Gal. Emilio Garrastazu Médici, de 30.10.1969 a 15.3.1974; Gal. Ernesto Geisel, de 15.3.1974 a 15.3.1979; e Gal. João Batista Figueiredo, de 15.3.1979 a 15.3.1985.

Com a pequena abertura política, iniciou-se a campanha pelas "Diretas já", que não logrou a expectativa dos brasileiros. Houve então eleições no restrito Colégio Eleitoral, formado pelos membros do Congresso Nacional, deputados e senadores, em 15.3.1985, quando foram eleitos Tancredo Neves/José Sarney. Tancredo ficou gravemente enfermo na madrugada do dia de sua posse, assim, foi empossado na presidência da República o vice eleito. Posteriormente, com a morte de Tancredo, em 21.4.1985, José Sarney se tornou, efetivamente, o presidente do país até 15.3.1990.

Em 1989, ao comemorarmos um século de República, a inexperiência democrática dos brasileiros e das brasileiras* elegeu Fernando Collor de Mello presidente da República, que, empossado em 15.3.1990, "renunciou", impedindo seu impeachemant na sessão de julgamento em 29.12.1992. Mais uma vez, fomos governados por um vice-presidente, Itamar Franco, de 29.12.1992 a 31.12.1994, quando entregou a faixa presidencial a Fernando Henrique Cardoso, eleito para o período de 1.1.1995 a 1.1.1999. Como este conseguiu a emenda constitucional que possibilitava a reeleição, candidatou-se novamente e foi vitorioso nas eleições para um segundo mandato, de 1.1.1999 a 1.1.2003.

Luiz Inácio Lula da Silva, do Partido dos Trabalhadores, candidato pela quarta vez, saiu vitorioso no 2º turno das eleições de 2002, cujo mandato compreendeu o período de 1.1.2003 a 1.1.2007. O resultado consagrando sua vitória foi conhecido na mesma noite do 2º turno das eleições, 29.10.2002, às 23h43min, diante de fato inédito no mundo dos votos terem sido feitos, totalmente, em urnas eletrônicas. Lula obteve 52.793.364 votos, correspondente a 61,27% dos votos válidos dos brasileiros e brasileiras. Seu adversário foi o paulista José Serra (PSDB), que obteve 33.370.739 votos, correspondente a 38,725% dos votos válidos.

Lula foi reeleito, em 2006, no 2º turno das eleições, com 58.294.228, correspondente a 60,83% dos votos váli-

---

* Pelo Código Eleitoral Provisório de 24/2/1932 as mulheres casadas poderiam votar com autorização do marido; as viúvas e solteiras se tivessem renda própria. As mulheres votaram e foram votadas pela primeira vez, sem restrições, nas eleições de 3 de maio de 1933.

dos. Seu adversário foi o paulista Geraldo Alckmin, também do PSDB, que obteve 37.543.024, correspondente a 36,17% dos votos válidos.

Embora a campanha eleitoral de 2010, que levou a primeira mulher Dilma Rousseff à Presidência da República do Brasil, tenha tido um processo muito conturbado diante das calúnias e difamações levantadas contra ela por seu adversário José Serra e sua esposa Monica Serra, Dilma, como a chamamos, foi eleita em 31.10.2010, no 2º turno, com 56,05% dos votos válidos (55.752.529 votos), enquanto Serra obteve 43,95% dos votos válidos (43.711.388 votos).

Estes resultados ou o que hoje vivemos no Brasil — "a esperança que venceu o medo" —, o avanço na superação da inexperiência democrática, se deve, tenho convicção, ao desvelamento e proclamação feita por Paulo em sua teoria e na sua práxis de luta cotidiana política para que o nosso país fosse de todos e todas nós. Assim sendo, tanto das pessoas das classes médias e altas quanto das da classes populares. Incentivando a organização, a colaboração, a união e a síntese cultural dos oprimidos(as) no processo de resgate do opressor(a), através da organização das instituições e dos movimentos sociais progressistas, libertadores, transformadores, Paulo abriu a possibilidade de todos as mulheres e homens brasileiros se fazerem *sujeitos da história, de terem voz ativa e crítica*. De conscientizarem-se para biografarem-se ao *dizerem a sua palavra*.

Acredito que a eleição de Lula por duas vezes e a de Dilma são o resultado desse trabalho de décadas de Paulo de convocação das classes populares para participarem da vida pública, de se inserirem nos destinos do país ao votarem a seu favor e da nação, como direito de cidadãos que são. O povo "respondeu" à convocação de meu marido nessas três eleições ao *dizerem a sua palavra*.

Para concluir, a possibilidade que tivemos de construir a democracia econômico-político-social-cultural que temos hoje no Brasil e que pode tornar-se mais e mais autêntica, radical e verdadeira, não há como se negar, se deve, sobretudo, ou em grande parte, ao trabalho ético-político-pedagógico de Paulo. De Paulo Freire.

Este livro foi composto na tipologia Dante MT Std, em corpo 12/15, e impresso em papel off--white no Sistema Cameron da Divisão Gráfica da Distribuidora Record.